岩 波 文 庫

33-701-1

フランス革命期の公教育論

コンドルセ他著
阪 上　孝 編訳

岩 波 書 店

凡例

一　本書にはフランス革命期に展開された主要な公教育論を収録した。

二　収録した公教育論の原題と翻訳に使用したテキストは、各訳文の最後に記した。使用テキストのうち、『公教育委員会議事録』については、James Guillaume : *Procès-verbaux du Comité d'instruction publique de l'Assemblée Législative*, Paris, 1889, James Guillaume : *Procès-verbaux du Comité d'instruction publique de la Convention Nationale*, 6 vol., Paris, 1891-1907 に拠ったが、読者の便宜を考えて、該当箇所の指示はギヨームの資料集の現在手に入る新版 J. Ayoub et M. Grenon : *Edition nouvelle présentée, mise à jour et augmentée des Procès-verbaux du Comité d'instruction publique publiés et annotés par J. Guillaume*, 9 vol., Editions L'Harmattan, 1997(J. Ayoub et M. Grenon と略記)の巻、頁を示した。

三　翻訳にあたっては、使用したテキストのほかに、Bronislaw Baczko : *Une éduca-*

tion pour la démocratie, Editions Garnier, 1982, Dominique Julia : *Les trois couleurs du tableau noir*, *La Révolution*, Editions Belin, 1981 を参照した。

四　註については、原註は本文中の当該箇所に＊をつけ、段落の後に付した。訳註は、短いものは本文中に〔 〕で、長いものは番号を付して各訳文の最後に置いた。

五　巻末に、地図とフランス革命期の公教育にかんする年表、および人物略伝を付した。

目　次

一　公教育の全般的組織

解説　公教育の確立は、フランス革命の大きな目標の一つであった。一七九一年憲法は「すべての市民に共通で、不可欠な教育の部分について、無償の公教育が組織される」とし、一七九一年九月に、タレイランが公教育についての報告を行なった。しかし立憲議会はまもなく解散し、あらためて立法議会が召集されたために、タレイラン報告は審議されなかった。

立法議会議員に選出され、一七九一年一〇月一四日に公教育委員会委員に選ばれたコンドルセは、公教育委員会の公教育案をまとめた。この案は一七九二年二月に公教育委員会で承認され、四月二〇日と二一日に立法議会で報告された。しかしその翌日、オーストリアにたいする宣戦布告がなされ、コンドルセが心血を注いだ公教育案は審議されずに終わった。

コンドルセは、人間には無限の自己完成能力があること、自由で平等な社会の実現には、自分で考え判断することのできる自律的市民を育てることが不可欠であること、科学研究の進歩が人類の解放をもたらすこと、を確信していた。コンドルセ案の特徴は、この確信にもとづいて、知育重視の教育体系、教育の政治権力と宗教からの独立、教育の機会均等を主張した点にある。コンドルセ案は、知育中心主義と国立学術院にかんして批判を受けたが、革命期のすべての公教育論の基礎となった。この報告は、同年一二月に印刷・配布されることになり、その機会にコンドルセは自分の考えを敷衍《ふえん》し、批判に応える多数の註を書き加えた。

コンドルセ

公教育の全般的組織についての報告と法案

一七九二年四月二〇、二一日

教育の目的

諸君、

人類に属するすべての個人に、みずからの欲求を満たし、幸福を保証し、権利を認識して行使し、義務を理解して履行する手段を提供すること。

各人がその生業を完成し、各人に就く権利のある社会的職務の遂行を可能にし、自然から受け取った才能を完全に開花させ、そのことによって市民間の事実上の平等を確立し、法によって認められた政治的平等を現実のものにする方策を保証すること。

これらのことが国民教育の第一の目的でなければならない。そしてこの観点からすれば、国民の教育は公権力にとって当然の義務である。

教育を組織して、諸技術の完成が市民全体の喜びとそれに携わる人々のゆとりを増進させるようにすること。教育を組織して、大多数の人々が社会に必要な職務を果たすことができるようになり、知識の絶え間ない進歩がわれわれの必要を満たすこのうえなく豊かな泉を開き、災厄から救い、個人の幸福と共同の繁栄の手段となるようにすること。最後に、各世代の肉体的・知的・道徳的能力を培い、それによってあらゆる社会制度が向かうべき究極目標である人類の全般的で漸進的な完成に貢献すること。

こうしたこともまた教育の目標であり、社会の共通の利益と人類全体の利益によって公権力に課せられた義務である。

われわれはこの二つの観点からわれわれに課された義務を考えたが、その最初の一歩から、教育制度全般のうちで、全体を損なわずに切り離すことができ、また、新しい制度の実現を早めるには、分けて検討することの必要な部分があることに気づいた。すなわち、公教育施設の配分と組織である。

じっさい、教育の各段階の正確な範囲、どの程度の権威を親が保持し、どの程度の権威を教師にゆだねるか、当局が設ける寄宿学校の生徒の集会、身体および精神の能力の成長を厳密な意味での教育に結びつける手段、などについてはさまざまな意見があるにしても、教育組織は同一でありうるであろう。また他面では、教育施設の場所の確定と教科書の作成は、これらの施設の開設よりもずっと以前に必要だから、われわれに託された仕事のうちで、この部分にかんする法律の決定を急がなければならなかった。

われわれの基本的立場

教育の全般的組織の計画において、まず配慮すべきことの一つは、教育を平等で全員に行き渡るようにすることであり、もう一つは状況の許すかぎり完全なものにすることだ、とわれわれは考えた。さらにわれわれは、すべての人が受けることのできる教育を全員に平等に与えなければならないけれども、すべての個人がより高度の教育を受けることが不可能だからといって、いかなる階層の市民にたいしてもそれを拒むということになってはならない、と考えた。前者はそれを受けるものに有益であり、後者はそれを受けないものにも有益だから、両者をともに確立せねばならないのである。

あらゆる教育の第一条件は真理のみを教えることにあるから、公権力が教育にあてる諸機関は、あらゆる政治的権威から可能なかぎり独立していなければならない(1)。しかしこの独立は絶対的ではありえないから、同じ原則から、それらを人民の代表者で構成される議会のみに従属させなければならないという結論が出てくる。というのは、議会はあらゆる権力のうちでもっとも腐敗しがたく、個別利害にもっとも左右されにくく、見識のある人々の世論の影響にもっともよく従うからである。とりわけ、議会の本質はすべての変革を生み出すことにあるのだから、知識の進歩に敵対することがもっとも少なく、この進歩がもたらすはずの改革に反対することがもっとも少ないからである。

最後にわれわれは、教育は人々が学校を卒業したとたんに彼らを見捨てるようなことがあってはならず、あらゆる年齢の人々に及ぶべきであること、どんな年齢であっても学ぶことは有益であり、学ぶことができること、また幼年期の教育が非常に狭い範囲に限られているために、それだけいっそう次の段階の教育が必要であること、に注意を払った。まさにこの点に、社会の貧しい階級が今日投げ込まれている無知の主な原因があるからである。彼らには、初等教育を受ける可能性よりも、その利点を保持する可能性の方がはるかに不足しているのだ。

われわれは、今後、わが国には次のように語る人が一人もいなくなることを望んだ。法律は私に権利の完全な平等を保証したが、私には権利を知るすべが与えられていない。私は法律にのみ服従すればよいのだが、無知のために周囲のすべての人々に服従せざるをえない。私は知る必要のあることを子供のころに教えてもらったが、生活のために働かねばならなかったので、そのとき学んだ初歩の観念はまもなく消え去ってしまった。私に残っているのは、自分が無知なのは自然の意志ではなく社会の不正のせいだという苦々しい感情だけだ、と。

公権力は貧しい市民たちに次のように語りかけなければならない、とわれわれは考えた。諸君は両親の財産状態のせいで必要最低限の知識しか得ることができなかった。しかしわれわれは、諸君がそれらの知識を保持し、拡大するのに好都合な手段を保証する。もし諸君が自然から才能を賦与されていれば、諸君はその才能を伸ばすことができるだろう。そしてその才能は諸君にも祖国にも役立つであろう、と。

こうして、教育は普遍的でなければならない、つまり、すべての市民に広められなければならない。教育は、経費の必然的な限界や人口の分布状態や子供が教育に割きうる時間が許すかぎり、まったく平等に分け与えられなければならない。教育はそのさまざまな段階をつうじて人間の知識の全体系を包括し、どんな年齢の人にも彼らの知識を保持し新しい知識を獲得する便宜を保証しなければならない。

最後に、いかなる公権力も、新しい真理の展開を妨げたり、個々の政策や一時的な利害に反する理論の教育を妨げたりするほどの権威や影響力をもってはならない。

これらが、われわれの仕事を導いた原理であった。
われわれは教育の五段階を次のように区分した。その名称は以下の通りである。（一）初等学校、（二）中等学校、（三）学院《アンスティテュ》、（四）リセ、（五）国立学術院(2)。

初等学校

初等学校では、各人が身を処し、自分の権利を十分に享受するのに必要な事柄を教える。この教育はその授業を受けて、たとえば陪審員や市町村の吏員のような、すべての市民が従事できることの望ましいもっとも簡単な公務に就こうと望む人にとっても十分なものとなるであろう。

人口四〇〇人の集落ごとに、一つの学校と一人の教師が配置される。

ある県の住民が散らばっていたり、もっと小さな集落に分かれているからといって、住民が平等な利益を享受しないなどということは正しくないから、四〇〇人の人口がある地域から一〇〇〇トワーズ〔約二キロメートル〕以上離れたところに村があるような地区にはすべて、一つの初等学校が設置されるであろう。初等学校では、読み書き——これには当然いくらかの文法的知識が必要である——が教えられる。これに加えて、算術の四則、土地や建物を正確に測る簡単な方法、地方の産物や農業と工芸の技術についての初歩的な説明、基礎的な道徳観念とそこから引き出される行為の規範の説明、最後に、子供の理解できる範囲での社会秩序の原理の説明、が付け加えられる。

これらの教育は四つの学年に配分され、それぞれの学年は、普通の能力をもつ子供が一年で履修するものとされる。この四年間という期間は、一人の教員しかいない学校には適切な区分であり、また、もっとも貧しい家庭の子供にとっては、学習を始めてから有用な仕事に雇われたり徒弟奉公に出たりするまでの期間にちょうど相当する。

公開講座

毎日曜日に、教員は公開講座を開き、この講座にはどんな年齢の人でも出席することができる。われわれはこの制度によって、必要でありながら初等教育には組み込めなかった知識を若者に与える手段をもつことになる。さらにこの講座で、道徳の原理と規範がもっと広く説明され、市民が権利を知り行使するうえでぜひ知っておかねばならないような国法の分野についても説明されるであろう。

こうして初等学校では、社会科学の基本的な真理がその適用に先だって教えられる。

いかなる階級の市民にたいしても、フランスの憲法も権利の宣言でさえも、崇拝し信じるべく天上から下された書として提示されることはなくなるであろう。憲法や権利の宣言にたいする市民の熱意は先入見や幼年期に植えつけられた習慣にもとづくものではなくなり、市民たちは次のように教えられるであろう。諸君が社会にたいして負う義務と社会にたいして要求することのできる権利とを諸君に教える権利の宣言も、諸君が命を賭して護るべき憲法も、単純な原理――自然と理性が命じ、諸君が幼年期から永遠の真理であることを学んできた単純な原理の展開にすぎない、と。自分の理性のみに従うことをせず、他人の理性から自分の意見を受け取る人々がいるかぎり、たとえすべての束縛の鎖が断ち切られても無駄であろうし、かりにこれらの見せかけの意見が有益な真理であったとしても、無益であろう。人類は依然として、二つの階級――自分で考える人々の階級と鵜呑みにする人々の階級、主人の階級と奴隷の階級――に分かれたままだからである。

このように、生涯にわたって教育を継続すれば、学校で得た知識がすぐに記憶から消え去るようなことはなくなり、有益な精神活動が保持されるであろう。さらに継続的な教育をつうじて、人々は、知っておくべき新しい法律や農業における観察や経済的な方法を教わるであろう。最後に、人々は、自分で学ぶ技術、たとえば、辞書で単語を探したり、書物の目次を利用したり、図表や地図や見取り図をもとにして物語や地誌や覚書や抜粋を理解するなどの技術を教わるであろう。これらの学習の手段は、もっと広い教育においては習慣だけで習得できるのだが、短期間に限られ、授業数も限られている教育においては、直接に教えざるをえない。

われわれはここでは、子供向けの教育であれ、成人向けの教育であれ、直接的な教育についてのみ語った。というのは公教育の階梯、配分、範囲こそ、公教育施設を組織するのに先だって知っておかねばならぬ唯一のことだからである。それ以外の手段はわれわれの仕事の別の分野の対象である。

直接的な教育とは別の方法としては、たとえば国民の祝日は、農村の住民と都市の市民に自由の輝かしい時代を思い出させ、美徳によってその生涯が尊敬される人々を永く記念し、彼らが生涯をとおして示した献身と勇気をたたえることによって、農村住民と都市市民が知っておくべき義務を重視するように教えるであろう。他方、学校内の規律をとおして、子供が善良で正しくなるように教育することに注意が払われるであろう。子供が学んだ原理をたがいに他の子供にたいして実行するようにさせ、そのことによって、子供は行動を原理に合致させる習慣を身につけ、同時に、原理をもっとよく理解しその有用性と正しさをいっそう強く感じるようになる。* われわれは、大人のためにも子供のためにも、苦労なしに読め、すぐに役立つものであれ楽しみのためであれ、早く手に入れたくなるような書物を作るであろう。もっとも単純な人々にも楽しくやさしい教育、とりわけ有益な教育を受ける機会を与えれば、彼らのためになるだろう。これまで、学習の多くがやる気をなくさせるほど難しく、偏見によって無意味な学習が重んじられてきたために、人々は教育を敬遠してきたのである。

＊ 学校や体育競技や祝祭日を用いて、正義、平等への愛、寛容、人間愛、気高い心などを心のなかにしっかりと根づかせるのにもっとも必要な感情を、子供に身につけさせるのはいたって容易であろう。子供たちを、選挙とか会議の議事進行とかいった社会的役割のいくつかに慣れさせることさえできよう。

しかしその場合、子供たちが、これらの形式を教師が演じさせる役割としてのみ考えたり、うわべだけの偽善的な習慣やペダンチックな気風を身につけたりすることのないようにしなければならない。子供には、さほど複雑でない利害やきわめて単純な関心しかないから、自分の周りにあるすべてのものを非常によく観察するのであり、彼らをだますことはきわめて難しい。教師が自分たちをだまして馬鹿馬鹿しいことをやらせているのだ、と子供たちがいったん気づけば、彼らはたっぷりと仕返しをするだろう。

さらに、快活で利口な子供を一度でも茶化したりすると、それが学校のなかで代々つづき、率直に行なえばきわめて有益な制度が、子供たちの目から見ると馬鹿げたものになってしまう。

体育はけっしてないがしろにされないが、この訓練にあたっては、身体のすべての力の均等な発達と、さまざまな労働が押しつけた習慣の結果を打破することに注意が払われる。

この案に含まれる教育の範囲があまりに広いという非難にたいしては、われわれはこう答えることができよう。子供には、うまく作られた初等教科書を与え、教師には、原理の説明法や生徒の知力に応じてもっと容易に教える方法を自習するための教師用の書物を用意すれば、この教育の範囲が子供の普通の能力を超えることはけっしてない。そのほかにも、教育方法を簡単なものにし、あまり訓練を受けていない人々をも真理に近づかせる手段がある。このような手段についての知識と経験にもとづいて、基礎的な知識の一覧表――すべての人に提供することが必要で、すべての人が獲得できる基礎的な知識の一覧表が作られたのである。

反対に、われわれの案は市民全体に向けた教育の範囲をあまりに狭く限っていると非難されるかもしれない。一校一名の教師で満足せざるをえず、子供の通学できる距離に学校を設置することが必要であること、また貧しい家庭の子供が学習に費やしうる年数が短いことから、われわれは初等教育を狭い範囲に限らざるをえなかった。しかし良い法律が民衆の状態の改善と財産のもっと平等な分配を必然的に生み出し、教育方法の改善が実現されるときが来れば、また負債と無駄な支出が減り、国庫収入のより大きな部分を真に有益な使途に用いることが可能になるときが来れば、この範囲を拡げることは容易であろう。*

＊ 憐憫、親切、両親や兄弟や遊び仲間への愛情、感謝といった自然的感情は、子供の心のうちで早くから成長する。これらの感情が習慣になれば道徳観念をもたらす。そしてこれらの観念の組み合わせから、利益を追求するためにわれわれが守るべき規則、とくに自然的感情に反すれば必ず生じる心の苦痛を覚えることなく利益を追求するためにわれわれが守るべき規則、が生まれる。

これが自然な順序だから、教育においても容易にそれに従うことができる。短いお話は道徳感情を発達させ、導くものであり、注意深く行なわれれば、道徳感情を確固たるものにするのに役立つであろう。その次に、もっとも簡単な道徳観念の分析が行なわれるべきである。このようにすれば、道徳的規則を教えたり、証明したりする必要はなくなり、ただそれに注意を向けさせるだけでよくなる。道徳的規則は、それを確実に守らせる感情とともに、すでに子供たちの精神のなかに存在しているからである。

度量衡の統一が成し遂げられ、すべての量が十進法に従うようになれば、市民生活に必要などんな計算でも、簡単な四則計算と小数の計算の二、三の原則についての知識で十分であろう。

距離や畑の面積や壁の高さを測り、溝を掘ったり土を運ぶのに必要な仕事量を見積もったりする能力は、すべての人に役に立つ。しかしこれらの作業を他人のためではなく、自分だけのために行なう人には、もっとも単純な方法を知ることも、些細な間違いを避ける手段を知ることも必要ではない。このような人がこれらの仕事を行なうための知識を得るには、まったく初歩的な、いわば見ただけで証明されるような幾何学の命題だけで十分なのである。

一般の人々に役立つ簡単な機械にかんする理論についても同じである。

子供は厳密な証明が分からないか、あるいは記憶しないということを考えに入れると、子供たちが命題を聴き、それを自分の目で確かめることのできる事実として記憶すれば、通常はそれで十分である。

普通に見られる植物のうちで有益なものと有害なものについての知識や、その土地の動物、土壌、鉱石についての知識を教え、さらに農業や園芸についてのいくつかの原理を教えることが容易であり、有益であることは、おそらく誰も否定しないであろう。

物理学の基礎知識は、魔術師や奇跡をでっちあげたり物語ったりする連中から身を護るだけのためであっても、必要である。教師たちに、毎週の公開講座で物理学の基礎知識のいくつかをときどき講義してほしいとさえ思う。こうしたあやしげな連中の行なう魔術や奇跡、たとえば、ガラス製のアヒルがナイフに刺したパンを取りにくるとか、人が出した質問の回答がまったく白紙の書物の中で見つかるとか、槍の穂先で火が燃え上がるとか、生贄《いけにえ》に水をかけているのに火刑台に火がつくとか、いったん凝結した血が液化するとか、エレア〔古代イスラエルの預言者〕や聖ジャンヴィエ〔ナポリの守護聖人、紀元三〇五年に殉教〕の奇跡とか、その他諸々のこの種のことについてくりかえし講義することは、費用もかからないし、難しくもないだろう。

このような手段は、迷信を打破するのにもっとも簡単でもっとも有効な手段の一つである。自然全体が普遍的で必然的な法則に従うことを、人がいったん確信すれば、気まぐれでねたみ深い権力の名において、彼を惑わすことはけっしてできないだろう。

これらの教育はすべて読書の結果であり、また書くことを義務づけるから、必然的に、子供たちはすらすらと読み書きする習慣を身につけることになるだろう。そうならなければ、読み書きは依然として骨の折れる仕事のままであろう。同様に、子供たちは、市民全員の言語や書き方の上達をもたらすのに必要な文法や綴りの知識を、苦もなく習得するだろう。真の平等を維持するには、言語によって人間が二つの階級に分けられることがなくなることが重要なのである。

中等学校

中等学校は、より長い期間子供の労働に頼らずにすますことができ、子供の教育にもっと長い年数をかけ、場合によっては若干の学費をあてることのできる家庭の子供のために設けられる。

各地区と、人口四〇〇〇人以上の各都市に一つの中等学校が設けられる。初等学校について述べたのと同じ方策によって、学校の分布が不平等にならないようにしなければならない。教育内容はどの学校でも同じだが、入学を予定される生徒数に応じて、一校あたりの教員の数は一人だったり二人だったり三人だったりする。

技術に必要な数学、博物誌および化学の基礎知識、道徳と社会科学の原理についてのより広範な説明、商業の基礎的講義が中等学校の教育の基本をなす。

教員は毎週すべての市民に開かれた講演会を開く。各校には小図書館と、若干の気象観測の用具、機械や織機の模型、博物学の標本などを備えた小陳列室とが設けられる。これらの施設は大人にとっても新しい教育手段となるであろう。おそらく、これらの収集品は最初はほとんどないに等しいであろうが、次第に寄贈によって増加し、交換によって完全なものになるだろう。それらは観察と研究の興味を広め、この興味がやがて観察と研究の進歩に貢献するであろう。

この段階の教育はまた、いくつかの点ですべての人のための教育、あるいはむしろ、すべての人のための教育をもっと完全に平等なものにするのに必要な教育と考えることができる。たしかに、子供を中等学校にやるほど豊かでない農民の子供は、実際には中等教育から除外される。しかし農民の子供が手工業に従事しようとする場合には、当然、近隣の都市で徒弟修業をすまさなければならないし、その地の中等学校で少なくとも彼らにもっとも必要になる知識を学ぶだろう。他方では、農民には一年のうちに教育に時間を割くことのできる農閑期があるが、職人にはこの種の暇がない。こうして自分一人で自発的に学ぶという農民の利点は、より広範な授業を受けるという職人の利点と釣り合う。この観点からすれば、中等学校の設置によって平等は破壊されるよりもむしろ維持されるのである。

さらに、製造業が進歩するにつれて、作業はますます細分化され、各人はまったく機械的で少数の単純作業になった仕事にのみ従事するようになる。仕事はよりうまくより速く遂行されるようになるが、それは単に慣れの結果であり、精神はまったく活動していない。こうして技術の進歩は人類の一部にとっては愚鈍の原因になり、それぞれの国民の内部に、きわめて卑俗な利害以上のことは考えることのできない階級を生み出す。もしもっと広範な教育によって、この階級の人々が日々従事している単調な作業から生じる、以上の不可避的な結果への対策を提供しなければ、技術の進歩はこれらの人々のあいだに屈辱的な不平等と危険な紛争の種をもたらすことになるだろう。

したがって、中等学校が都市にもたらすと思われる利益はまた、平等をより完全なものにする新しい手段にほかならないのである。

公開講座

初等学校と中等学校について提案した毎週の講演会を、価値の乏しい教育手段と考えてはならない。年に四、五〇回の講義は、広範な知識を含むことができるからである。そのうちのもっとも重要な講義は毎年くりかえし、他の講義は二年ごとにくりかえすようにすれば、完全に理解され、記憶にとどめられて、忘れ去られることはなくなるだろう。同時に、この講義の別の部分は、農業や技術の新しい方法、さまざまな観察や新しい考察、法律が公布されるたびに行なわれる法律の説明、全員の利益にかかわる政府の施策の解説にあてられるから、たえず改められる。この講義は好奇心を刺激して興味深いものになり、公徳心と職業への意欲を養うであろう。これらの講義は堅苦しくて、民衆が敬遠するのではないかと心配しないでいただきたい。肉体労働に従事する人々にとっては、休息のみが楽しみであり、精神の軽い緊張こそ本当の気晴らしなのである。それは、部屋にこもって研究にふける学者にとって、身体の運動が気晴らしであるのと同じであって、日々の仕事ではあまり使わない能力を麻痺させてしまわないようにする手段なのだ。

田舎の農民や都市の職人は、自分と近隣の人々の経験をつうじて知識が利益になることをいったん理解すれば、けっして知識を軽蔑しなくなるだろう。最初は単なる好奇心で知識に関心を寄せたものも、やがて利益によって知識への関心を保持しつづけるようになるだろう。軽薄で、真面目なことを嫌い、有用なものを軽蔑するというのは、貧しい人々がもともともっている悪徳なのではない。そして、不当にも彼らの愚かさと言われているものは、隷従と屈辱から生まれたのであり、自由になった人々が自分たちを拘束する最後の鎖、もっとも恥ずべき鎖を断ち切る手段を手近に見出すことができれば、すぐに解消されるだろう。*第三段階の教育は人間のすべての知識の要素を含む。普通教育としての教育はここで完結する。

＊ 社会の貧しい階級は、一般に、悪徳よりもむしろ、粗野で身につければ有害な習慣をもっている。これらの習慣の根本的原因の一つは、暇なときに退屈を避けたいという欲求、しかも知識によってでなく感覚的刺激によってのみ避けたいという欲求から生まれる。この欲求から、ほとんどすべての国

民のあいだで過度の飲酒や麻薬の習慣が生まれ、また別の国民においては、その代わりに賭博や見せかけの快楽に興奮を求める習慣が生まれるのである。感覚的刺激の反復を求める欲求から生まれた、多少とも悪い習慣に支配されていないような定住民族は、ほとんど一つもないであろう。

反対に、十分な教育によって、人々が退屈する代わりに好奇心をもつことができるようになれば、こうした習慣はおのずと消滅し、それとともにその結果である愚かさと下品さも消え去るであろう。

こうしてこの観点からも、教育は人々のよい習慣を護る確実な防壁である。

学院《アンスティテュ》

この段階の教育には、もっとも多くの知識が要求される公職を遂行するための準備、あるいはより深い研究を成し遂げるのに必要な内容が含まれる。ここでは、中等学校の教員の養成や、すでに第二段階の教育で養成された初等学校の教師の研修も行なわれる。

学院の数は一一〇で、各県に設置される。

学院では、どんな職業に就くにせよ、人間として、また市民として知っておくことが有益な事柄だけでなく、農業、工芸、軍事技術といった、職業の大きなカテゴリーのそれぞれに必要とされるすべての事柄も教えられる。さらに、普通の臨床医、助産婦、獣医に必要な医学知識も加えられる。

教授のリスト〔註(2)の組織図3参照〕を見れば、教育内容は哲学的分類に従って配分されておらず、物理学と数学がきわめて重要な位置を占めていること、それに反して以前の教育を支配していた知識が軽視されているように見えることに、おそらく気づかれるであろう。

しかし諸科学は、それらが用いる方法に従って配分されるべきであり、それゆえ教育のある人々がもっとも普通に抱いている知識のまとまり、もしくは彼らが容易に作り上げることのできるまとまりに応じて配分されるべきだ、とわれわれは考えた。

おそらく諸科学の哲学的分類(3)なるものは、適用しようとすれば面倒なだけで、ほとんど実行不可能であったにちがいない。じっさい、精神のさまざまな能力は分類の基礎として採用しうるものであろうか。それぞれの科学の研究はすべての精神能力を働かせ、それらの発展と完成に役立つのである。われわれは、ほとんどどんな知的作業においても、すべての能力を同時に働かせさえする。どのようにして諸君は、人間の認識のこの部分は記憶、この部分は想像、この部分は推論だなどと割り振ることができるのだろうか。たとえば子供が幾何学の命題を黒板の前で証明するように求められた場合、子供は記憶と想像と推論を同時に用いずには証明することはできないのである。諸君は事実についての知識を記憶のカテゴリーに入れるであろう。したがって諸君は、博物誌を諸国民の歴史のそばに、文芸の研究を言語の研究のそばにおいて、これらを化学や政治学や物理学や形而上学的分析から切り離すだろう。しかし事実についての知識は、その本性の点でも事実を扱う方法の点でも、これらの科学と結びついている。では、対象の本性を科学の分類の基礎としうるであろうか。同じ対象であっても、それを研究する方法に応じてまったく別の科学に属する。このような分類をすれば、科学には同一人ではほとんど兼ね備えることのできないほど多くの性質を備えた精神が必要になる。このような分類に従って教えることのできる人々を見つけることはきわめて難しいし、おそらく育てることもきわめて難しいだろう。同一の科学だからといって必ず同一の職業にかかわるわけではないし、同じ科学のさまざまな部分が同じ人々に等しい興味を呼び起こすものでもないから、このような分類に即して講義を行なう場合には、生徒も教師も疲れてしまうだろう。

他の哲学的基準を選んでも、いつも同じ障害にぶつかる。さらに、科学の各分野の範囲を定め、それらの分野のあいだにある種の均衡を保つことが必要であろう。ところで哲学的分類においては、分類によって分けた諸分野を教育で結びつけることによってしか、各分野の範囲を確定し、それらのあいだに均衡をもたらすことはできないだろう。それゆえ、われわれは学科目の配分にあたって、人間精神がこれまで研究を進めるなかでたどってきた歩みを模範とした。人間精神を無理強いしてそれとは別の歩みを取らせるのでなく、われわれが教育において採用しようとする歩みに従って配分したのである。天分というものは自由であることを欲し、服従はすべて天分の生気を失わせる。しかし天分が全面的に開花するときにも、天分の最初の芽が幼年期の訓練のなかで芽生えてきたときに受けた刻印をもちつづけることが多い。このように、学科目の配分は絶対に必要なのだから、われわれは、あらゆる種類の知識がこの半世紀に急速な進歩を遂げるなかで、おのずと確立された配分を選ばざるをえなかった。

数学・物理学の重視

数学と物理学にある種の優位を与えたことには(4)いくつかの理由がある。まず、長い思索に没頭したことがまったくなく、いかなる種類の知識も深めたことのない人々にとっては、数学と物理学の初歩的な研究でさえ知的能力を発展させ、正しく推論し、諸観念をうまく分析するためのもっとも確実な手段となる。おそらく、数学や物理学には無知な人でも、文学や文法や歴史学や政治学や哲学一般に打ち込むことによって、正確さや方法や健全で深い論理を獲得することができるだろう。多くの前例がそのことを証明している。しかしこれらの分野の初歩的な知識には、数学や物理学のもっている利点はない。これらの分野の初歩的な知識は理性を用いはするが、理性を育てはしないからである。自然科学においては、諸観念はより簡単で、より厳密に定義されている。自然科学の言語はより完全で、同じ言葉はより正確に同じ観念を表している。自然科学の諸要素は科学の真の一部であり、狭い範囲に限定されてはいるが、それ自体で完全な一部をなしている。自然科学はさらに、大多数の人々、とりわけ若い人々が理性を鍛える手段を提供する。まったくの痴愚でなければ、どんな子供でも、博物誌や農業の基礎の講義を聴けば、それらを応用する習慣をある程度身につけることができるだろう。自然科学は偏見や狭い考えの治療法――より確実ではないにしても、少なくとも哲学そのものよりも普遍的な治療法である。自然科学はあらゆる職業に有益であり、自然科学がさらに広く普及すれば、どれほど有益であるかは容易に分かるようになるだろう。自然科学の進歩に目をやれば、自然科学の応用がもたらす利益が誰も夢想しなかったほど拡がり、自然科学の進歩が技術の幸運な革命を生み出す時代が近づいていることが分かる。そしてこの革命を加速させるもっとも確実な手段は、自然科学の知識を社会のすべての階級に広め、彼らがそれを容易に手に入れることができるようにすることである。

最後にわれわれは、ヨーロッパの人々の一般的な精神的動向がますます熱心に自然科学に向かっていることを考慮に入れた。人類の一連の進歩によって、自然科学の研究は人類の活動の永久で尽きることのない栄養源となっており、社会秩序が完全なものになればなるほど、野心や貪欲の対象になるものは減少するにちがいないから、自然科学の研究は今後ますます必要になる、とわれわれは考えた。人々が平和と自由との永続的な結合を望んだ国では、人々は自分がただの人間、ただの市民であることを認め、しかも退屈したり無為に過ごしたりせずに、生涯を送らねばならなくなるだろう。そこでは、活動の欲求や名誉欲を有用な事物に向けることが重要になる。よく統治された社会では、名誉欲にたいしてあまり大きな活動範囲が与えられないからである。最後に、この国では支配への野心を啓蒙への野心で置き換えることが重要になる。*こうした事情から、自然科学の研究がいっそう必要になると考えたのである。

従来の教育においては、この第三段階の教育にあたる部分は少数の教科に限られていた。それにたいしてわれわれの案では、すべての教科を含まねばならない。かつては神学者や説教師のみを養成しようとしたのにたいして、われわれは賢明な人間の養成を望んでいるからである。

以前の教育は、その形式においても教科の選択と配分においても間違っていた。六年のあいだ、段階を追ってラテン語を教えることが教育の基礎であった。そしてこの土台のうえに、文法の一般原則、地理と歴史の若干の知識、読み書きの技術についてのいくらかの基礎知識が配分された。

われわれの案では、四人の教授が同じクラスを担当する。各教授の教科は別々で、一つの知識だけを教える。このような配分は生徒の進歩に好都合であり、教師の数を減らしても、それを償ってあまりある効果が上がるだろう。

＊　生活のために働く必要のない人々が活動するには、活動の原動力が必要である。彼らの活動が、欲得ずくの思惑や出世して地位を確保する計画のみに向かうことは、望ましいことではない。ところでわれわれがここに提案した教育は、恵まれた家庭に生まれた人々にたいして、彼らの意にかない、多少の効用と名誉をともなう活動を提供する。

各人は、すでに基礎を教わった多くの知識のうちで、自分の好みやもって生まれた気質から好きな科学を選ぶであろう。

文学には限界があるが、観察と計算の科学にはまったく限界がない。文学的な活動への好みは、才能が一定水準以下であれば、笑うべき自負心か、それとも、自分の及ばぬ才能にたいする恥ずべき嫉妬心を引き起こす。それとは反対に、科学においては人々の意見ではなくて自然と闘うのであり、この闘いにおいては勝利はほとんどつねに確実で、一つの勝利が新しい勝利につながる。これまで発明家たちが急いで駆けめぐってきた領域には、まだ多くの知るべき事柄が残っているのだ。他の分野の楽しみは、容易にできるようになったり習慣になったりすると、無味乾燥なものになってしまうが、科学においては尽きることのないさまざまな応用があるために、もっとも陳腐な理論においてさえこうした無味乾燥さから免れることができる。

活動の習慣と好みは、人間を堕落させる悪徳にたいするもっとも確実な予防策の一つである。こうした悪徳の源は、退屈から逃れたいという欲求にあるからである。ほとんど知られていないことだが、自分の好きな活動が、公務にたずさわるためにそれを断念せざるをえなかった人々を、どれほど大きな喜びと力で元気づけることであろう。このような野心の名残りを人間の心から根こそぎにすることはおそらく不可能であろうが、このようにすれば、どれほど容易に、また速やかに野心を満たすことができることであろう。また心安らぐ研究の魅力を思い出すことが、つねに無味乾燥だったり悲しむべきものだったりする細々した仕事にたいする嫌悪感をどれほど和らげることであろう。

これらの活動は有益であろう、と私は述べた。一つだけ例を挙げよう。フランスでは貧しい市民の食物は悪く、彼らはしばしば食物に事欠くことを恐れている。食品は二、三種類に限られており、野菜も果物もあまり普及していないからである。果物は、夏の労働に健康的な食生活をもたらすはずなのに、時季をはずれているために、反対に病気を生み出すことにしか役立っていない。その理由は、自然が望む時季に合わせて熟する果物を栽培しようとは誰も考えなかったからである。果物を栽培する能力のある人の意欲を刺激して、栽培を試み、栽培の成功に必要な知識を与えることには、多くの利益があるのではなかろうか。

ラテン語と古典の教育

さらに、ラテン語が軽視されすぎていると考える人もあるだろう。

しかし一般教育においては、どのような観点で言語教育を考えるべきであろうか。生徒たちがラテン語で書かれた本当に有益な書物を読むことができ、教師の助けを借りずにさらに進歩することができれば、それで十分ではないだろうか。外国の慣用表現についての深い知識とか、それを用いた天才の作品の文体の美しさについての知識が、すべての知識人と社会のもっとも重要な職務に就いているすべての市民とにとって、無視することのできない一般的知識の一つだ、などと考えられるだろうか。教育にあてる時間の点でも教科内容の点でも、あらゆる分野の基礎知識の教育に限り、その後は若者を自分の学びたい知識の学習に自由に進ませるようにしなければならないときに、いかなる特権によって、ラテン語だけが他の教科よりも長時間の教育の対象でありうるのだろうか。ラテン語は学者の共通語という利点を日増しに失っているのに、依然としてそう見なすのだろうか。彼らの書物を読むには、ラテン語の基礎知識で十分であろう。しかも科学や哲学や政治学の本当に重要な著作で翻訳されなかったものは一つもないのだ。そのうえ、これらの著作に含まれる真理はすべて、日常の言語で書かれた書物のなかで新しい真理と結びつけて展開されている。原書で読むことは、科学そのものの研究ではなく科学史の研究を目的とする人々にのみ有益なのである。

最後に、一言でいえば、今日ではあらゆる偏見は消滅しなければならないのだから、古代人の言語を長期にわたって深く学習すること、つまり彼らが残した著作の講読を必要とするような学習は、おそらく有益であるよりも有害であろう。

われわれが教育に求めているのは真理を認識させることだが、これらの著作は誤謬《ごびゅう》で満ちている。われわれは理性を育てようとしているのに、これらの書物は理性をかき乱す。われわれは古代人から遠く隔たっており、真理への道程では彼らよりもはるかに進んでいるから、すでに完全に準備の整った理性をもっていなければ、古代人の貴重な遺産を理性の退廃でなく豊富化に役立てることはできないであろう。

古代人の文章作法や雄弁や詩作は、基礎的学習によってすでに確固とした精神を獲得した人々にとってのみ、模範として有益である。じっさい、習俗や言語や宗教や考え方が異なっているために、模倣しようとすれば、たえず変えなければならないような模範というのは、いったいどんな模範であろうか。一つだけ例を挙げよう。デモステネスは、集会に集まったアテネ市民にたいして演壇から語りかけた。彼の演説から生まれた法令は国民自身の審判を受け、ついで演説の写本が弁論家やその弟子たちのあいだで徐々に回し読みされた。今日では、われわれは人民ではなくて人民の代表者の前で演説する。そして演説は印刷物で配布され、すぐに、公共の事柄に関心をもつフランス市民の冷静で厳しい審判を受けるのだ。説得力のある情熱的で人を惹きつける雄弁が、集まった人民を惑わせることも時にはありうるが、その場合、雄弁に惑わされた人々は、自分の関心事についてだけ発言すればよい。責任は自分に降りかかるだけだからである。それにたいして、人民の代表者たちは他人の関心事について発言するのだから、演説者に惑わされて自分の理性以外の力に屈服すれば、自分の義務を裏切ることになる。そしてまもなく、このような代表者は代表制の唯一の基礎である公衆の信頼を失うであろう。こうして雄弁は古代の国制においては必要だったが、現代においては破滅的な堕落の芽になるだろう。かつては人民の情熱をかき立てることが許されており、おそらくは有益であった。しかしわれわれは人民の啓蒙のみを追求しなければならないのだ。国制のこのような変化と印刷術の発明とが話す技術に及ぼすあらゆる影響を吟味し、そのうえで、古代の雄弁家が青年期の模範とされるべきか否かについて判断していただきたい。*

* われわれが青年時代に身につけたこの古い思考習慣が、おそらく、われわれのあいだに見られるほとんど一般的な傾向、つまり〔祖国愛という〕われわれの新しい政治的美徳を幼年期に吹き込まれた熱狂にもとづけようとする傾向の主な原因の一つである。
熱狂という感情は、ある事件や行動や精神的所産からいつか生まれると思われるすべての利益や弊害や結果、この活動や生産が要した才能、それらのために払った努力や犠牲のすべてを、われわれが同時に思い描くときに生じる感情である。この感情は真実にもとづいているときには有益だが、誤謬にもとづいている場合には有害である。この感情はいったんかき立てられると、誤謬にも真理にも貢献するのだが、真理はこの感情がなくても自分自身の力で勝利するのだから、実際には誤謬に役立つだけである。

したがって、熱狂に先だって、理性の声のみを聴く冷静で厳格な検証が行なわれなければならないのである。

こうして、まず理性をはぐくみ、理性の声のみを聴き、理性を歪めたりぼやかしたりする恐れのある熱狂を退けるように教えること、そして理性が正しいと認める人に従うようにすること、これこそ、人類の利益が命じる歩みであり、公教育が結びつけられねばならない原理である。

子供の想像力に語りかけることはおそらく必要であろう。この能力の訓練は他の諸能力の訓練と同じく良いことだからである。けれども、子供の想像力を独占することは、たとえわれわれが心の奥底で真理だと信じている事柄のためであっても、非難されるべきことである。

想像力は、多かれ少なかれ広大な観念の連鎖を感覚的形式でとらえる能力である。

幾何学者は、思考するさいには、抽象的な関係を図形の表象によって考え、代数学者は、書かれた公式による表現をつうじて考える。

しかしこれらの感覚的な形式が、単に観念により大きな力と確実性を与えるだけでなく、観念を歪めたり変質させたりするならば、また、理性を惑わしかねない感情や情念をかき立てるならば、有益な能力を鍛えるどころか、それを濫用し歪めることになるだろう。

もし諸君が学校を「国民神殿」〔ラボー・サン＝テチエンヌ「国民教育案」一六一ページ参照〕と呼び、教師が「司法官」になるならば、諸君はこの神殿で述べられ、この人物が提示した命題に、別の権威を付け加えることになる。すなわち、真理を確立するはずの証明とも、かりにわれわれの一時的な信念に影響を及ぼしはしても認識の進歩を損なうことにはならないような種類の権威とも無縁の権威、知識における優越から生まれる権威とは無縁の権威、を付け加えることになる。私がその学問と正確さを確認している学者の名前にもとづいて、物理学の実験を信用するのは理の当然である。反対に、聖職者や執政官の権威にもとづいてそれを信用するなら、私は愚か者であろう。だから、人間理性の尊重をあきらめるべきか、それとも道徳と政治にこの同じ原理を適用するべきか、のいずれかである。だからわれわれは、雄弁に代えて推論を、演説家に代えて書物を用い、道徳科学に物理科学の哲学と方法を導入することを急ごう。

精神・政治科学

諸君は、十八世紀の精神の水準に応じた教育、すなわち現代の世代を啓蒙し、人類の必然的進歩が未来の世代に求める、より高次の理性を予告し、準備し、すでにそれを見越している哲学の水準にもとづく教育を、フランス国民に与えなければならない。

これがわれわれの原則であった。われわれは、あらゆる拘束の鎖から自由で、あらゆる権威、あらゆる過去の習慣から解放されたこの哲学に従って、公教育の内容を選び分類した。われわれは、この哲学に即して、精神・政治科学を普通教育の根本的な部分だと考えたのである。

じっさい、人民を啓蒙し導くべき人々の道徳が、道徳感情とそこから生まれる観念およびその帰結である正義の原則にかんする正確な分析にもとづいていなければ、どうして人民の道徳を高めることが期待できようか。

良い法律とは市民が命よりも愛する法律だ、とプラトンは述べた。じっさい、施行にあたって、人民の意志以外の力を用いなければならず、正義のために圧制の後ろ盾が必要であるような法律は、どうして良い法律といえようか。市民が法律を愛し、しかも真に自由でありつづけるには、また、市民が理性の独立――理性の独立がなければ、自由への熱情も美徳ではなく情念にすぎない――を保持するには、市民は自然的正義の原理、人間の根本的な諸権利を認識しなければならない。法律はこれらの権利の展開、適用にすぎないからである。いいかえれば、法律のうちで、人間の権利から生じる結果と、この権利を保証するために多少ともうまく考えられた手段とを区別することができなければならない。法律が正義によって命じられたものであるがゆえに前者を愛し、法律が英知から生まれたものであるがゆえに後者を愛することができなければならない。理性が承認した法律にたいして理性的に忠誠を尽くすことと、法律が危険を含み、不完全なものであることが分かったときでも、市民の義務として法律に従い、表面上は法律を擁護することとを区別することができなければならない。法律を愛しながら、しかも法律を裁くことができなければならないのである。

政治科学の教育が広く普及しておらず、あらゆる社会制度から独立していない場合、諸君が市民の心中に引き起こす熱意が理性によって導かれず、真理でないものにたいしてかき立てられる場合、人が習慣や想像力や感情によって国制や法律や自由に愛着をもつことに満足し、人民が普通教育によってより完全な国制に到達し、より良い法律をわがものにし、より完全な自由を実現するための手段を整えない場合、このような場合には、人民はけっして確実で永続的な自由を享受しえないであろう。事物の秩序には一つの究極点——自然はわれわれがたえずそれに近づくことを望んでいるが、われわれにはけっして到達することのできない究極点というものがあり、このことは、他の諸科学の対象の場合と同じく、政治的思索の重大な対象である自由や平等にかんしても妥当する。

たしかに第三段階の教育は、それを受けるものに実質的に優越した地位——社会のさまざまな職務の区別から必然的に生じる優越した地位を与える。しかしそれだけいっそうわれわれは、この優越が理性と本当の知識にもとづく優位であることを望み、抜け目のない人間ではなく、教育のある人間を育てようとして、第三段階の教育を置くことにした。さらにわれわれは次の点も考慮に入れた。この優位にあずかる人々が多くなれば、その弊害は小さくなること、優越した地位につく人々が啓蒙されればされるほど、この優位は危険なものではなくなり、そうなれば、この優位は手練手管にもとづく優位——それは無知な人々を助けたり導いたりするのでなく籠絡する手段を増やすにすぎない——にたいする唯一の真の治療薬になること、である。*

＊　精神の平等と教育の平等は空想である。したがって、この必然的な不平等を有益なものにするように努めなければならない。ところでそのためのもっとも確実な手段は、人々の活動を導いて、個人が他の人々を教育し、誤謬から護るようにすること、公務の遂行においても知識を必要とする職業においても、他人の安全、繁栄、救済、幸福に貢献するようにすることではないだろうか。要するに、支配することを求める抜け目のない連中を、他人を啓蒙し他人に奉仕することのみを望む教育のある人々で置き換えることではないだろうか。

知識や才能の優越が、他の人々を個人的な依存状態に置いたり、全般的な依存状態に置いたりすることが起こりうる。

日常生活に必要な知識を行き渡らせることによって、個人的な依存状態に陥る危険を避けることができる。手紙を書くにも手紙を読むにも他人の助けを必要とする人、支出や税金を計算するためや、土地の面積を知ったり分割するためや、法律が許すことと禁じることを知るために他人の助けを必要とする人、自分の考えを明確な表現で話すことのできない人や、読む人に嫌悪感を催させないような仕方で書くことのできない人、このような人は必然的に個人的な依存関係のもとに陥る。市民権の行使を無に帰したり危険なものにしたり、自然が命じ、法が認めた平等を彼自身にとって悲しむべき空想に帰してしまうような依存に陥るのだ。けれども、これらの知識があれば、このような隷属状態から解放されるのに十分である。たとえば、算術の四則を知っている人は、日常生活上のいかなる活動においてもニュートンに依存することはありえないのである。

全般的な依存、つまり悪巧みや言葉の力から生まれる依存についていえば、この依存は初歩的な知識の普及によってほとんど無に帰するであろう。これらの知識は本質的に精神の公正さを保ち、理性をはぐくむのに適しているからである。さらに、教育がいっそう広まって、市民のあいだに自分で真理を見きわめ理解する意志のある真の知識人が増えれば、この依存はほとんど存在しなくなるだろう。したがってわれわれはここでは、若干の人々のもつ知的な優越という利点をすべて、人々の知的不平等という不都合を強めるのでなく防ぐために結びつけることに努めた。

第三段階の教育は、いくつかの課程に分けられる。そのうちいくつかの課程は相互に関連し、他の課程は同じ教授が担当していても、別々に行なわれる。これらの課程は、生徒が四つの課程を同時に受けることもできれば、一つだけを受けることもできるように配分される。そうすれば、能力の高い生徒はおよそ五年間ですべての教育を習得することができるし、さほど優れていない生徒の場合には、同じ期間に一部の課程に限って習得することもできよう。生徒たちはそれぞれの学科に割り当てる時間を自由に決め、一定の期間で中断することもできよう。このようにして、あらゆる才能の相違や個人的な事情に応じて、さまざまな組み合わせが用意されるであろう。

公開講座

学院の教授は、月に一回公開の講座を開く。

この講座はすでに相当の教育を受け、自分で知識を手に入れることのできる人々を対象としているから、回数を増やすにはおよばない。この講座の主な内容は、諸科学の発見、実験、新しい観察、技術に有益な技法である。ここで新しいというのは、初等教育を超えるものではないが、まだ常識ないし一般に用いられている技法とはなっていないもののことである。各学院には図書室、陳列室、植物園、農園を置き、それぞれの施設は一人の管理者にゆだねられる。多少の知識があれば、誰でも、管理者や教授の許可を得てこれらの収集品や説明を利用して、多くのことを学ぶことができるであろう。

最後に、この段階の教育は単なる説明に限ってはならないのであって、生徒が証明や議論や制作をも実際に行なうことが必要である。また生徒が理解し記憶しているかどうか、生徒の知的能力が活発さと強さをもっているかどうかを確かめることも必要である。これらの理由から、各教室には、生徒ではなく、したがって課された質問や学習には拘束されないが、講義を受けたり何かの授業に出席しようとする者のための席が用意されるだろう。

このような公開の席が教育秩序を乱さないように設けられれば、三つの利点がもたらされるだろう。一つは、完全な教育を受けることのできなかった市民や、教育は受けたが十分に活用しなかった市民が、自分で学ぶ手段を手に入れることである。つまり、科学の進歩から直接にもたらされる利益が学者や若者に独占されるのでなく、あらゆる年齢の人々が有益な知識を手に入れることが可能になるのである。第二に、両親が子供たちの受けている授業を参観することができることである。そして第三に、若者たちはいわば公衆の面前に立つことでいっそう競い合い、自信をもって流暢に礼儀正しく話す習慣を早い時期に身につけることができるだろう。この習慣は、堅苦しい演習を数回行なうだけでは身につけることのできないものである。

軍隊の駐屯する都市では、軍事技術の担当教授が兵士向けの講演会を毎週開催する。その主な内容は軍隊の法律と規則の説明、その趣旨と理由の詳しい解説である。兵士が規律に従うことと市民が法に従うこととのあいだには、もはやいかなる相違もあってはならないからである。兵士の規律にたいする服従は、強制や刑罰の恐怖によってよりも、理性によって教化され祖国愛によって命じられるものでなければならないのである。

学院では、医術を実際に用いるのに十分な医学の初歩理論を教え、病院の医師が臨床医術を教え、外科の授業を行なう。このようにして、初歩的だが正しい知識を学ぶことのできる学校の数を増やせば、もっとも貧しい市民でさえも、優れた方法で育成され、観察の技術にもとづく教育を受け、無知に由来する偏見からも教条的な学説に由来する偏見からも自由な知識人の援助を確実に得ることができるだろう。

海岸の港町では、水路学や水先案内の専門教授が、普通教育の一部である数学、天文学、物理学の授業をすでに受けた生徒に航海術を教える。これらの授業が行なわれていれば、他の場所で生徒が建造の技術を実地に習得する場合にも、少数の教師がいれば十分であろう。あらゆる分野において、普通教育をこのように配置すれば、公共の利益のために設置することの必要なあらゆる種類の特殊教育をいっそう簡素で経費のかからないものにすることができるだろう。

宗教教育

これらの学校や学院で教えられる道徳の原理は、自然的感情と理性にもとづく万人に共通の原理である。憲法は各人に自分の信仰を選ぶ権利を認め、フランスの全住民の完全な平等を定めているのだから、公教育において、一部の市民の子供を排除して社会的利益の平等を損ねたり、言論の自由に反して特定の教義を優先したりすることは許されない。したがって、道徳をすべての特定の宗教の原理から切り離し、公教育においてはいかなる宗教的信仰の教育も認めないことが絶対に必要であった。

宗教の原理はその宗教の寺院でそれぞれの聖職者によって教えられるべきである。そのようにすれば、特定の宗教の必要性にかんしてどんな意見をもっている親でも、いやがらずに子供を国立の学校にやることができるだろう。そして良心を啓蒙するとか指導するとかいう口実で、公権力が良心の権利を犯すことはまったくなくなるだろう。

さらに、道徳を理性の原理のみにもとづけることが、どれほど重要であることか。ある人の意見が生涯のうちにどれほど変わろうとも、理性にもとづく原理はいつも真実であり、理性と同じくつねに不変である。その人は良心を惑わせる誘惑にたいしてこの原理を対置し、良心の独立と正しさを保持するであろう。そうなれば、もっとも神聖な権利を侵害することで義務を果たしたと考えたり、祖国を裏切ることで神に従っていると考えるといった忌まわしい光景は、もはや見られなくなるだろう。

道徳を特定の宗教にもとづけることが必要だとまだ考えている人々自身も、この分離を認めなければならない。彼らがその教義の基礎としているのは、おそらく道徳原理の真理ではない。彼らは単に、人間が正しくあるためのもっとも有力な動機をこの教義のなかに見出すことができると考えているだけなのだ。これらの動機は、理性と内的感情が命じたことを確固としたものにするためにのみ用いられれば、考える力のあるすべての人にたいして、もっと大きな力をもつことになるのではないだろうか。

道徳と宗教の分離という思想は、民衆の現在の啓蒙の段階からあまりにかけ離れていると批判されるかもしれないが、おそらくそんなことはない。ここでは公教育が問題なのだから、誤謬を放置することは誤謬に加担することになり、真理をきっぱりと認めないことは真理を裏切ることになるからである。政治的配慮から、しばらくのあいだは自由な国民の法律に違反せざるをえないといったことがかりに本当だとしても、またこの狡猾だが根拠の薄弱な主張の口実として、民衆の愚かさ――それは民衆をだましたり抑圧したりする口実を手に入れるために好んでもち出される――がもち出されるとしても、少なくとも教育は、こうした考慮を無用なものにする時期が到来するように導かねばならないのだから、真理のみに捧げられねばならないし、すべてを真理に捧げねばならない。*

＊「一般の人々には宗教が必要だ」といわれる。この言葉に意味があるとすれば、また、この言葉が理性と人類にたいする侮辱でないとすれば、それは、最高存在の信仰とわれわれをそれに導く宗教的感情が道徳に有益だということを意味している。ところで、この意見に根拠があると仮定しても、そこから出てくる結論は、特定の宗教を教えさせたり、ある信仰に報酬を払ったりしないように気をつけなければならないということである。というのは、この仮説のうちで有益なことは、あらゆる宗教とあらゆる信仰にまったく共通だからである。

さらに、特定の宗教は必ずそれに固有の目的に導くものであり、この宗教に僧侶がいれば、僧侶は道徳に必要だと考えられる宗教感情を彼らの利益の方に導くから、あらゆる特定の宗教は悪いという結論が出てくる。

第一原因の存在や宗教感情の影響力について、どんな意見をもっているにせよ、ある宗教の神話を教えることが有益だと主張すれば、必ず、人を欺くことが有益だと主張することになる。もし諸君がカトリック教徒で、この原理に従って諸君の宗教を教えさせようとすれば、マホメット教徒も同じ理由で自分の宗教を教えさせようとするにちがいない。

自分の宗教だけが真実の宗教だ、と諸君は言うのだろうか。そんなことはない。公権力はある宗教の真理の判定者ではありえないからである。

こうして、人々にはある宗教が必要だと仮定したとしても、ある一つの宗教を与えるために配慮したりそれに支出したりすることは、思想にたいして圧制を加えることであり、政治にも道徳にも反することである。

この禁止は、いわゆる自然宗教にも適用されねばならない。というのは、有神論を採る哲学者が神の観念や神と人間の道徳的関係についてもつ意見は、神学者の場合と同じく、一致していないからである。したがってこれは、理性とも各人の良心とも無縁な影響を一切受けないようにしておくべき問題である。

リセ

われわれは第四段階の教育をリセと名付けた。リセでは、すべての科学がくまなく教えられる。ここでは、学者、すなわち精神の陶冶と自分の能力の完成を生涯の仕事の一つとし、一つまたはいくつかの科学の深い研究によってのみ大きな成功を収めることのできる職業に従事する人々が養成される。さらに、教授もここで養成される。これらの施設によって、各世代は前の世代から受け継いだものと自分たちがそれに付け加えたものを次の世代に伝えることができる。

われわれはフランスに九校のリセを設立することを提案する。そうすれば、知識は同時にいくつかの中心地を起点として平等に広まり、大多数の市民に与えられることになるだろう。この措置によって、より多くの知識人を確実に県にとどめておくことができるであろう。彼らは、リセがその地になければ、教育を仕上げるためにパリに行かざるをえず、パリに居を定めようとするにちがいないのである。このことは国制の形式からしてきわめて重要である。*

＊ 新しい国制がいかなるものであるにせよ、国家のさまざまな部分のあいだに平等が存在すべきであること、公徳心の純粋さを保とうとすれば、公徳心を同じように国家のさまざまな部分で培うことが

有益であること、諸原理の統一からのみ生まれるさまざまな地方の市民の統一が存在すること、これらすべてのことのために、市民により平等な教育を与える配置が必要である。

じっさい、法律は各県の市民から立法府の議員を選ぶことを命じており、かりに命じていない場合でも、共通の利益からすれば、少なくとも大多数の議員についてそうすることが必要であろう。同様に、行政官や裁判官もその職務に就く県で採用される。要職に就く人々が教育を受ける手段が、ただ一つの都市でしか与えられないとすれば、こうした人々を国民に与える準備を怠らなかったなどとどうしていえようか。才能のある人々が、フランスのような広大な国で自己を形成する場所をただ一つしか見つけられないとすれば、どうして全員に才能を磨く手段を一つも漏らさず提供しているなどといえようか。

さらに、学院の教授を養成するための学校を一つだけパリに開くのは、普通教育の成功にとって、とりわけその平等にとって不都合であろう。リセの数を九校と決めたのは、イギリスやイタリアやドイツの大きな大学数と比べると、この数がフランスの人口に必要な数に合致していると思われたからである。じっさい、一六〇〇人に一人の割合でリセの授業が受けられるようにすれば、生徒数が多すぎるために教育が損なわれることはないだろう。そして少数の職業にのみ必要で、初等教育のレベルを超える学問のみを教える教育には、この比率で十分なのである。

われわれが確立しようとしている教育は、外国に存在するこの種のいかなる施設よりも完全で、教科の配分はヨーロッパの科学の現在の水準によりよく合致している。いかなることであれ、この水準よりも劣っていることはフランス国民にはふさわしくない、とわれわれは考えた。また諸科学は毎年新しい進歩を印しているから、すでに確立されたものを超えなければ、水準以下にとどまることになる。

リセの配置

いくつかのリセは外国の若者を惹きつけることのできる場所に設置される。そのことから生じる商業上の利益は、大国にはさして重要ではない。けれども、平等と自由の原則をさらに広めるという利益、多数の外国人が知識を求めてやって来ることから得られる名声、この国で育った外国の若者たちから得られる友人、フランス語をより普遍的な言語にするという大きな利点、そこから生まれる諸国民間の友愛などはすべて、商業上の利益よりも高貴な効用から見て、軽視されてはならない。

だから、いくつかのリセは国境の近くに設置されなければならない。国内でのリセの配置については、相互の距離があまり不均等にならないようにしなければならない。教育や科学の進歩のための施設をすでに有している都市は、経済的観点からも教育の利益そのものからも、リセの設置にかんする優先権をもつことになる。

最後にわれわれは、大商業都市よりも、あまり大きくない都市の方が教育には有利だと考えた。あまり大きくない都市では、市民がこれらの施設に気を配ることができるだろうし、科学の精神が大きな利害問題におしつぶされることがなく、世論は教育にたいして危険な影響を及ぼしたり、教育を地方的見地に隷属させるほどの力をもたない。それにたいして、大商業都市においては、生活必需品が高価なために貧困家庭の子供は教育の機会から遠ざけられ、親の方は誘惑も強く浪費や出費の機会も多いので、子供のことを心配する。けれどもわれわれは、この考えをパリにまで拡げようとは思わなかった。ヨーロッパの一致した意見によれば、この都市は百年来、学術の首都の一つと見なされているから、この考えをパリにまで拡げることは許されないだろう。われわれは、これらのさまざまな原理を組み合わせ、それぞれの原理に多少とも合致させて、リセの配置を決定したのである。

パリのリセは、古代語と近代語のより完全な教育と、おそらくは芸術のための若干の施設を有するという点でのみ他のリセと異なる。これらの教科は、その本性からして、フランスに一つあれば十分であろう。あらゆる既知の言語が教えられ、すべての国の人々を代弁し、人々が思想を形成し分類してきたあらゆる方法を比較し分析することのできる施設を設立して、重要な発見をもたらし、諸国民の和解を助けなければならない、とわれわれは考えた。もはや諸国民の和解を哲学的妄想だと決めつけるような時代ではないのだ。

リセにおいては、すでに理性の成熟した若者が古代の研究によってみずからを教化する。彼らは、習俗や政体や言語の相違の効果、世論や思想の進歩の効果を計る力をすでに身につけており、古代人の模範の美しさを感じ判断することができるから、この教化には何も危険はない。

リセでの教育は、普通教育を終えた若者と大人に開かれるであろう。じっさいパリでは、アカデミーの会員がコレージュ・ロワイヤルの授業に欠かさず出席し、より興味深い授業には足繁く通うのがこれまでに何度も見られたのである。さらに、より完備された図書館、より広い陳列室、より大きな植物園と農園も教育の手段になる。教授間の公開講座もそれに加えることができよう。この公開講座では、状況に応じて関心を呼ぶが、決まった順序で行なわれなければならない授業には入らないような問題が取り上げられる。

教育は無償

以上の四段階の教育は無償である。

憲法の条文は第一段階の教育を無償と定めている。第二段階の教育も普通教育と考えられるから、この教育も無償でなければならない。もっとも裕福な階級は、税金は資力に応じて払うのに、中等学校の授業料は通学させている子供の数に比例して支払うにすぎないのだから、無償にしなければ、この階級に有利な不平等が生じるだろう。他の段階の教育については、大多数を占める貧しい階級の子供に才能を伸ばす可能性を与えることが、公共の繁栄のために重要である。このことは、祖国に役立つより多くの市民を祖国のために確保し、科学の進歩に貢献しうるより多くの人間を科学のために確保する手段であるばかりでなく、財産の差異から生まれる不平等を減少させ、財産の差異のために別々になりがちな諸階級を融合する手段でもある。自然の秩序は、社会のなかに財産と教育の不平等以外の不平等を設けなかった。だから、教育を広めることによって、差別を生み出す二つの原因の作用を同時に弱めることができるだろう。富裕から生まれる利点と結びつかなければ、教育から生じる利点はそれほど強くは感じられないし、危険でもない。裕福な家に生まれたという利点は、知識のうえでの平等によって、さらに知識のうえでの優越そのものによって埋め合わせられるであろう。知識のうえでの優越は、当然、知識の獲得により大きな熱意をもつものが得ることになるからである。

さらにリセや学院の生徒数は学校によって異なるから、授業料を無料にしなければ、教授の境遇に過度に大きな相違を生み出すことになる。富裕な都市や豊かな農村は、他のあらゆる利点に加えて、熟練した教師をもつという利点を得ることになる。科学にはさまざまな分野があるが、少数の人々しか集めないような分野が必ずしも無益な分野だというのではない。だから、教授の給料の支払い方法に差異を設けるか、さもなければ教授間の過度の不平等を放置せざるをえないだろう。その場合には、人間の知識の真の進歩に必要不可欠な諸分野間の均衡を損なうことになる。

次の点にも注意しておこう。学院やリセの教育が無償であれば、生徒は親の負担を増やさずに多くの課程を同時に受けることができるし、学ぶ教科を自由に変え、自分の関心と力を確かめることができる。反対に、新しい課程を履修するごとに新たに費用がいるとすれば、生徒は活動を狭い範囲に限り、しばしば経済上の理由から教育の重要な部分を犠牲にせざるをえなくなる。しかもこのような不都合はあまり豊かでない家庭にのみ起こるのだ。

さらに、教授には固定給を支払わねばならないし、生徒に求める分担金もきわめて少額でなければならないから、学校の財政も弱体であろう。その結果、自発的な拠金が必要になるが、この拠金は富裕な家庭よりも、最初の数年間の教育で才能を認められた子供が才能を伸ばし、将来のためにそれを用いる手段を、犠牲を払ってでも手に入れることが自分の義務だと考えるような家庭に降りかかるであろう。

生徒数に応じて教授の収入が増える場合には、生徒数を増やそうとして教授間に競争が生まれるだろう。この競争はあまり気高い感情に由来するものではないが、だからといって遺憾だと考えるほどのものではない。危惧すべきなのは、むしろ、この競争から学校間の競争が生まれ、教授たちが教えることよりも目立つことを求めること、より多くの学生を集めるという欲望のために、教育方法や教育についての意見が計算ずくのものになること、教授たちがある種の偏見と闘ったり、ある種の利害に反対すれば、生徒を遠ざけることになりはしないかというおそれに譲歩することではないだろうか。

教育をあらゆる権威から解放したのちには、教育を世論に隷属させないように注意しなければならない。教育は世論に先行し、世論を正し、形成しなければならないが、世論に追随したり服従してはならないのである。

祖国の生徒

初等学校よりも上級の教育は厳密にはすべての人に与えられる教育ではない。しかし、ある段階の教育で最良の才能の片鱗を示した子供が、「祖国の生徒」の名前で国庫から学費の支給を受けて、さらに上級の教育を受けることができるようにすれば、祖国に役立つすべての人材を祖国のために確保することができ、しかも同時に、誰も自分の才能を伸ばす機会を奪われないという二つの目的を達成することができる、とわれわれは考えた。公教育委員会の案によれば、およそ三八五〇人の子供が学費として十分な金額を受け取ることになっている。そのうち一〇〇〇人は学院の教育を受け、六〇〇人はリセの教育を受けることができるだろう。そのうち約四〇〇人が毎年卒業して、社会で有用な仕事に従事したり、科学に専念したりするであろう。いかなる国においても、公権力が貧しい人々にたいして繁栄と教育の源になるものをこれほど豊富に提供したことはなかったであろう。いかなる公権力も、自然的平等を維持するためにこれ以上に有力な手段を講じたことはなかったであろう。われわれは「祖国の生徒」の制度を科学の学習の奨励だけにはとどめなかった。骨の折れる職業に就くことを容易にすることだけを目的とする平凡な技術も、おろそかにはしなかった。たとえ輝かしい資質のひらめきが見られない場合でも、勤勉で勤労好きで善良な生徒には褒賞が与えられることが望ましい、とわれわれは考えたのである。さらに、他の「祖国の生徒」たちもこの技術から社会全体に有益な技術を習得するであろう。*

* 無償の教育という問題は、とくに社会的平等との関係で考えられなければならない。公共の支出の負担が良い制度に従って行なわれるようになれば、貧しい人々はその能力に応じた、さらにはそれ以下の負担を分担し、無償教育のさまざまな利益をより大きな割合で受けることになる。委員会案が実現されたと仮定して、これらの利益を検討しよう。

一　普通教育と考えられる二段階の教育については、家父長は子供の数に比例して利益を受ける。

二　学院の存在する都市や地区では、貧しい市民は、優れた素質をもって生まれた子供のためにこれらの施設を利用することができる。じっさい、教育は、さまざまな講義の組み合わせによって、範囲の点でも性質の点でも、生徒と指導者の意志に従って分けられているから、徒弟修業中のものでも、学院の授業の一つを受ける自由はけっして損なわれないだろう。

三　リセについても同じことがいえる。勤勉で能力をもって生まれた若者は、生活費を稼ぎ、自分の本当の才能に向いた知識を完成するために十分な時間を取っておくことができる。

有名な自然学者で、財産のない家に生まれ、独学で幾何学の初歩を学んだのちに、化学と博物誌を研究するためにパリに来たが、子供に数学の講義をすることで長いあいだ生計を支えた、といった実例が実際に存在するのである。

私の知っているきわめて優れた数学教授は、織機で靴下を作って生計の道を立てたのちに、残った時間でやっと本来の研究をつづけることができたのだった。

哲学者のクレアントの物語や、毎日の仕事をおろそかにしたようにはまったく見えなかったのに、ニュートンをラテン語で理解するにいたったアルジェル公の庭師見習いの物語はよく知られている。ずっと昔のことだが、当時は名誉だと考えられ、今日では正当にも軽蔑されている分野で才能を発揮した人々のうちで、どれほど多くの人が無料でラテン語を学ぶために、コレージュや僧院の召使いになったことであろうか。

こうして教育のあらゆる段階において、教育が無償であることは、一見して考えられるよりもはるかに多くの人に利益をもたらすのである。

このような事例はかつてはかなり稀であったが、共和主義的平等の結果とブルジョワ的ないし貴族的偏見の解体の結果によって、普通に見られるものになるだろう。

四　無償の教育だけから各個人が受ける一般的利益についていえば、普通教育が社会に普及すればするほど、多くの知識と多くの才能が存在することになり、独身者も家父長と同じくそのことから利益を得るのだから、彼らも家父長と同じようにそれを負担することが正しいのではないだろうか。教育の経費のうち、残りの部分は父親だけが負担することになるが、この負担は、彼らが子供の教育から得る利益を埋めるのに十分ではあるまいか。

五　フランスを地理的に観察すると、教育は、放置しておけば、致命的なまでに不平等に普及するほかないだろう。大都市や豊かな地方は、すでにあまりにも大きな現実的利益を得ているのに、それをさらに拡げ増やす手段を教育に見出すだろう。それにたいして共和国の他の部分は教師に事欠いたり、質の悪い教師しか見つけられなかったりするだろう。

そして教育のこの大きな不平等が、教育の効用をほとんどすべて壊してしまう。諸君が大多数の人民を無知の餌食にし、したがって誘惑と偏見と迷信の餌食にしたままにしておくかぎり、諸君はみずからに提起した目的――自由と平等が国民全員の真の財産、すなわち、国民が享受することができ、その価値を知っている全財産になっている国民の存在を世界に教えるという目的――をけっして実現できないだろう。

教育が不平等であれば、諸君は自由と平和を融和させることはけっしてできないだろうし、法律への服従、力ではなく自発的尊重と理性にもとづく、自由な人間にただ一つふさわしい服従を確立することもけっしてできないだろう。

諸君のもとには、つねに、教育や習俗や性格や公徳心の異なる二つの人民がいることになるだろう。反対に、教育が平等になれば、他の自然的不平等を減少させるにちがいない。あまり恵まれてない地方では、人々はこの不平等を軽減する手段に向かうし、教育の細目そのものは、利害と必要に応じて異なるであろうが、そのこともまた不平等の軽減に寄与するからである。

平等に基礎を置く人民的な国制は、当然のことながら、市民が故郷に愛着を抱くようにしなければならない。しかし、教育に欠陥があれば、金持ちは若いうちに故郷を離れ、傑出した人々がたくさんいる都市で身につけた好みのせいで、都市にとどまりつづけることもしばしば起きるだろう。

平等で、どこでも似通った教育の体系は、国民的統一を揺るぎのない基礎のうえに打ち立てるうえで、同じように有益である。それにたいして、教育を個人の意志にゆだねれば、習慣や意見や好みや性格の相違を消滅させることがきわめて重要なのに、教育はこれらの相違を強めることにしか役立たないであろう。

六　われわれは、教育がおのずと組織されるままにしておいても危険がないような点にまで到達しているであろうか。われわれは、公権力が有益に教育を組織しうるような点にまで到達しているであろうか。

ヨーロッパの知識の現状を見れば分かることだが、自然諸科学の全体系と、その必然的結果であり、それを基礎とする技術の体系、さらに精神・政治科学の体系は、確固とした諸原理——それ自体、一般的で異論の余地のない事実の結果である諸原理——にもとづいている。さらに、政体や制度や習慣や先入見がさまざまであるにもかかわらず、これらの科学の要素をなす真理にかんしても、それらを教える方法にかんしても、ヨーロッパ全体の知識人の意見が一致していることが分かる。染色の技術、金属加工の技術、無数の日用の織物を織る技術、直接の必要や他の仕事のために、動物、植物、鉱物の三物質を調合する技術は国に応じてさまざまであるが、これらの技術はすべて、一般的で広く認められた諸原理、教育のある人々が、地方の習慣や地理上の位置から生じた多様性のなかから抽出することのできた諸原理、にもとづいている。

したがって、知識人の普遍的な意見にもとづいて、真理に合致し、良い方法で行なわれる基礎教育を確立することは可能である。そして道徳を宗教的意見から切り離し、政治全般の原理についての教育を国家公法の説明から切り離してしまえば、この教育は、物理学や化学にかんして人を欺くことがありえないのと同じように、道徳や政治にかんする世論を堕落させることはありえない。

しかし数学を除けば、これと同じ確実性はいかなる科学の体系にとっても存在しないし、また存在しえないから、公権力がリセの教育に影響力を行使する場合には、教師を選ぶ方法——教師の意見を左右せずに彼らの才能を保証する方法、を確立することだけに限られなければならない。

それに反して、初等教育の監督を放棄することは危険であろう。というのは、知識はそれほど広く行き渡っているわけではないから、初等教育が、偏見や偏見にたいする誇張され子供じみた憎しみによって損なわれるおそれがあるからである。

さらに、放置すれば、初等教育の監督が実際には金持ちの手中に落ちることになり、そうなれば、自由の保持に適した監督ではなくなることは明らかである。古代人においては、教育は非常に金のかかるものであり、普通は金持ちにしか手の届かないものであった。そこから生じた結果は、歴史家たちにとくに目立つ貴族主義的傾向である。このことを理解するには、長い目で見れば共和国を滅ぼすにちがいない不平等の影響を打破するためにローマでなされたさまざまな試みが、どのように描かれてきたかを見るだけで十分であろう。

いまも保持されている国土の配分や議決方法の変革や都市の権利の拡大といったすべての方策が平等の方向に進むと、そうした方策はいつも、何らかの不正を含む杜撰《ずさん》な方策としてではなくて、党派と略奪の精神を動機とし反乱を誘発する方策として描かれるのである。

最後に、西ローマ帝国が崩壊したのちに迷信が学校をとらえたのと同じように、迷信が新しい学校をとらえるようなことはないと誰が保証できようか。

七　哲学的原理にもとづいて設立される学校が無視されるのではないか、と懸念する向きもあるが、この懸念が無償教育の必要性を示している。これらの学校が無償であれば、このような危険はまったくないだろう。最初は若干の階級がこれらの学校を無視するように見えても、いずれは、彼らの利害関心が、これらの学校への関心を甦らせるであろう。学校が無償であることと、無償であることの目に見える利益とによって、貧しい市民の子供たちは、これらの学校に引き寄せられるだろう。さらに共和国においては、金持ちも、普通教育をつうじて自分の子供と貧しい勤労階級との有益な結びつきを早い時期に与えることが、子供たちにとって重要であることを知っている。イギリスの庶民には庶民院の議席しか与えられていない。このような貴族主義的差別があるにもかかわらず、ヨーロッパの大部分の国よりも大きな事実上の平等を確立するには、庶民院の議席をもつことで十分なのである。

八　教師が給料を支払われることになれば、自分の義務をないがしろにするのではないかと心配されるかもしれない。このような心配をする人は、世襲の身分も、終身もしくは長期にわたって与えられる地位ももはや存在しないことをすっかり忘れている。つまり、義務を立派に果たしている教師は尊敬すべき市民であり、金のために卑しい仕事に従事している人間ではないということをすっかり忘れているのだ。

競争心から生じる欠陥は、危惧するには及ばない。初等学校と中等学校の教師には学院で職を得る見込みがあり、学院の教授にはリセで職を得る見込みがある。われわれの提案している制度では、リセでの職は真に名誉ある職と見なされるであろう。

リセでの職が終身職でなければ、リセの教授が義務を怠るおそれはない。旧体制のもとでさえ、コレージュ・ド・フランスの講師は聴衆がいればけっして義務を怠らなかったし、植物園の教授もけっして義務を怠らなかった。とくに彼らが任命されて最初のうちは、そうであった。

立法議会に提出された案は、哲学的原理よりも、ヨーロッパの諸科学の現状、諸科学の進歩の歴史と経験にもとづいて立案された。しかし経験を新しい国民に適用するためには、もはや存在しない原因の影響から諸事実を分離して抽出しなければならなかった。

競争心を維持し、下級の学校の教員に名誉を与えるのに非常に適した処置とは、次のことを命じることであろう。すなわち、初等および中等学校の教員の職を果たしたもののうちからのみ、一定の期間ののちに、学院の教授を選抜し、立法府のみが決定することのできる外国人学者を除いて、学院で教えたもののうちからのみリセの教授を選抜することである。

一言でいえば、諸君がどのような案を選ぶにせよ、無償の国民教育がなければ、国民は無知なままであるか、不平等なままであるだろう。学者や哲学者や見識のある政治家はいるだろうが、しかし人民大衆は間違った意見をもちつづけ、諸君は知識の真只中にありながら、偏見によって支配されることになるだろう。

教科書

初等学校と中等学校の教科書は、すべての市民、すなわち公教育に貢献する熱意をもつすべての人々から公募されるが、学院の教科書の著者は任命によるものとする。しかし、リセの教授には、担当する学科目を教えることを除けば、教科書の使用については何の義務も課されない。また、学院の教科書には公募という方法を採用しないことにした。学院用の教科書の範囲が広く、著名人に教科書の執筆を承諾してもらいたいが、自分の著書が採用されることが確実でなければ、執筆を引き受けてくれるとは考えにくいこと、採否の判定が難しいことが、その理由である。科学のある分野で本当に著名な人が、教科書の作成を公教育と知識の進歩にたいする自分の熱意の証明と考えて教科書を書けば、この教科書は必ず良い教科書になるだろう、とわれわれは考えた。ここで著名人というのはヨーロッパで著名な人という意味であり、したがって選択の間違いを心配するには及ばない。反対に、公募にすれば、良い教科書が得られると誰が保証しえようか。数学ないし物理学の教科書として書かれた一〇冊の書物から、どのようにしてそのうちの二冊を良い教科書として選ぶことができるだろうか。判定者が厄介な審査に献身すると確信をもって言えるだろうか。そもそも、こうした判定が可能だと自信をもって言えるだろうか。著者たちがある著作のなかで哲学的な見方や繊細で独創的な思想を述べていても、一貫性と明晰さがなければ、判定のさいに優位に立つことはできないのではないだろうか。

最初の三段階の教育においては、多少とも広い基礎のみが教えられる。それぞれの学科についてもその分科についても、越えてはならない限界がある。だから、公権力が教育に適した書物を指定しなければならない。しかし科学全体が教えられねばならないリセでは、教える方法の選択は教授に任せられる。そのことから、このうえなく貴重な利点が生じる。すなわち、教育の堕落を完全に防ぐことができること、政治状況と結びついて、教科書が危険な学説に汚染された場合でも、リセでの自由な教育によってこの歪曲から生じる結果が防止されること、真理の表明が抑圧されるおそれがないこと、である。

国立学術院

最後に、教育の最高段階は国立学術院である。国立学術院は、教育機関の監督と指導を行ない、科学と技芸の完成に専念し、有益な発見を受理し、奨励し、応用し、普及するために設立される。

国立学術院において重視されるのは、子供や大人の教育ではなく、世代全体の教育であり、人間の理性の全般的な完成である。特定の個人の知識により広い知識を付け加えることが問題ではなく、新しい真理によって知識全体を豊富にすることが目指されなければならないのである。進歩を促進し、発見を増加させる新しい手段を人類にもたらすことが必要なのである。

われわれは、国立学術院を四つの部門に分け、それぞれの部門は別々に会合をもつことを提案する。

ただ一つの学術団体があまりにも多数の会員を擁する場合には、団体の活動は不活発であった。反対に、それぞれの学問分野の会員数を限定しすぎると、競争心の刺激がなくなり、つねに避けがたいことだが、間違った会員選択が重大な危険を招くことになりかねなかった。

さらにこれまでの学術団体はあまりにも異質な部分から構成されていた。その結果、団体を構成する学者たちの話す言葉はあまりにばらばらであり、そのために、そこで行なわれる講演や議論の大部分は大多数の聴衆にとって興味のないものであったにちがいない。

他方で、われわれはあまり細分化しないようにしようと考えた。ただ一つの科学で団体を構成すれば、その団体はきわめて容易に特殊な団体精神を身につけ、一種の同業組合になりがちだからである。

最後に、科学の進歩に重要なことは、何らかの点で相互に関連している科学を分離するのでなく、結合することである。それぞれの科学が進歩し、その分野での発見を加える一方、これらの科学の接点が増加し、ある科学の他の科学への応用が増大する。こうしたことが知識の進歩の結果でなければならないし、やがていかなる科学ももはや孤立せず、他の科学とまったく無関係ではなくなるであろう。

第一部門

われわれはまさにこのような観点から国立学術院の部門を組織した。第一部門はすべての数理科学を包括する。

一世紀このかた、いかなる学術団体も数理諸科学を切り離そうとは考えなくなった。数理科学には、計算しか用いないものから観察のみにもとづくものまで、ほとんど区別しえないようなさまざまな段階があるが、今日では、ほとんどすべての数理科学に、計算と観察という人間の認識を拡大する二つの手段が用いられる。これらの発見の道具をもっともうまく用いることのできる人々が、互いに助け合い、知識を与え合うことが有益である。化学者と物理学者が協力して、植物学者が自分の仕事を植物名の単なる分類に限ることを防ぎ、数にかんする問題や形而上学の煩瑣な問題に力を注いでいる幾何学者をもっと有用な仕事に立ち戻らせることが有益であろう。

第二部門

第二部門には精神・政治諸科学が入る。これらの科学は分離されてはならず、また他の諸科学と混同してはならなかったことをあらためて示す必要は、おそらくないだろう。

第三部門

第三部門には、数理的および物理的諸科学の技術への応用が含まれる。

ここで、われわれの考えと常識との隔たりはいっそう大きくなる。この部門には、医学と諸技術、農学と航海術が含まれているからである。

しかしわれわれはまず、諸科学自体について行なったのと同じことを科学の日常的応用についても行なうべきだと考えた。

われわれは、これらの分野の隔たり自体が小さくなっており、交流が増えていると考えた。たとえば病院で、大手術や難しい処置のために、ある種の病気の患者を配置したり移動させたりする方法に取り組んでいる医者は、設計技師や建築家と会合をもてば利益を得るだろう。また純粋数学と物理学のある部分とのあいだに見られるほど顕著な区別は、これらの技術には適用しえないであろう。医学を獣医術や農学から分離してはならないし、農学を建築技術や用水技術から分離してはならないだろう。このようなつながりを断ち切れば、必ず有益な結びつきを損なうことになるだろう。

そこで残された問題は、これらのうちの一つがそれだけで単独の団体を作ることを求めることができるか否かを考察することであった。医学や農学や航海術は、単独の団体の形成を要求することのできる最たる分野だったし、すでにそれらのために形成された組織を盾に取ることさえできたであろう。

しかしまず、たとえば航海術の団体は、航海術が依拠するすべての科学と結びつくことによってはじめて存在することができる。したがってこの団体は航海術に応用される諸科学の団体になり、一種の重複が生じることになるだろう。同様に、医学の団体は解剖学者、植物学者、化学者を会員に入れなければ維持しえない。農学の団体には植物学者、鉱物学者、化学者、政治経済学と商業の専門家などが属することになるだろう。

このことからどんな結果が生じるであろうか。個々の団体の構成メンバーは、それぞれの団体に属するよりも、諸科学全体を包括する団体のなかで席を占めることの方が彼らの競争心を刺激するのにふさわしい目的だと考えるから、それぞれの団体への敬意が減少するだろう。

したがって彼らは、同時に二つか三つの団体に入らなければならなくなるが、このことには虚栄心を育てる以外の利点はないし、平等を損なうであろう。そうでなければ、彼らがある団体から別の団体に移ることを許さなければならなくなるが、このことはたえず異動をもたらすことになり、あまり尊重されていないために、普段は見捨てられているような団体には有害であろう。また反対に、これらの団体のどれか一つにずっと属しつづけなければならないことも起こりうる。この場合には、すべての科学が総合された団体を求める人々を、特定の科学のみを対象とする団体から締め出すという、同じように重大な不都合をもたらすことになろう。

さらに、たとえば、特定の科学を対象とする団体で重きをなすほど、偉大な幾何学者でも熟達した設計技師でもないが、航海術の進歩の促進に寄与しうる人はどれほど存在するだろうか。植物学では無名だが、実際には農学の重要な進歩に貢献しうるような農業家はどれほどいるだろうか。科学上の発見ではなくて、医師として、外科医として高名な人々がどれほどいるだろうか。科学の才能のある人々から切り離して考えると、応用上の才能のある人々は、一つの団体を構成するに足りるほど多くはない。だから、これらの技術がそれぞれ少数のポストを占める大きな団体にこれらの技術を総合すれば、これらの重要な技術は損害をこうむるどころか、反対に利益を得るであろう。

そのうえ、これらの団体が別々に設立されれば、これらの団体は、いわば、そこに含まれる職業に従事する人々の上位に立つ権力になるだろう。反対に、それらが統合される場合には、さまざまな職業に分かれた人々を含むことになるから、その全体にたいして上位に立つ権力になることはありえない。

第四部門

第四部門には文法、文学、芸術、古典学が入る。

公教育においても、国立学術院においても、芸術と技術は、それぞれの理論との関連においてのみ考察されねばならない。その目的は、抽象的科学と実践との隔たり、技術の哲学と単なる実行との隔たりを埋めることにある。いわゆる技術は、まさに画家のアトリエや職人・手工業者の作業場で、技術の実地訓練をつうじて教えられなければならない。だからわれわれの提案する学校も作業場にならざるをえないが、そこでは、実地に行なううえで学ばねばならない事柄の原理を学ぶのである。

この原理の学習は、あらゆる技術において、またあらゆる職業においても、実践を見識豊かなものにする手段である。すなわちそれは、職業によって大きく隔てられた人々を共通の理性や同一の言語という絆で結びつける手段なのである。じっさいわれわれは、あらゆる種類の不平等を打ち壊し、自然と法によって同じ土地、同じ利害に結びついている人々のあいだに、心地よく親密な関係を増やすことが必要だ、という考えを見失いはしなかった。

大社会で行なわれている分業は、人々の知的能力のあいだに平等とは両立しがたい格差を生じさせる。そしてこの平等がなければ、自由は、啓蒙されていない階級には人を欺く幻想にすぎなくなるであろう。そうだとすれば、この格差を消滅させるには、二つの方策しかない。一つは、可能な場合にはどこでも人間精神の進歩を停止させ、人々をあらゆる害悪の源泉である無知の状態に永遠に追いやることである。もう一つは、精神を全面的に活動させ、知識を広めることによって平等を再建することであり、これこそわれわれの検討の根本原理である。十八世紀にもなれば、知識を引き下げ、強制を加えることによってすべてを平準化するよりも、全員の水準を引き上げ、全員を解放する方がよいと主張しても、非難を受ける恐れはないだろう。

これらの技術教育は初等学校からリセにいたるまで段階を追って高度になるが、社会のすべての分野に技術の実践を導くべき諸原理の認識をもたらし、いたるところに発見と新しい方法、それも、実験によってその優秀さが検証された発見と新しい方法のみを速やかに普及させるであろう。この教育は職人のわざを刺激すると同時に、彼らが脇道にそれないようにし、理論を無視して想像力に頼る場合には、彼らの活動と才能が陥りかねない衰退を防ぐであろう。おそらくこの教育以外には、フランス国民の製造業と技術の進歩を促進して、悪い国制と法律が国民の努力を阻害し、産業を圧迫しなければ、ずっと以前に到達していたにちがいない段階に到達させる方法はないだろう。

われわれの提案した計画では、各個人はただ一つの部門にしか属しえないが、ある部門から他の部門に移ることはできる。このことには何の不都合もないだろう。というのは、各部門の人数は非常に限られているから、ある部門が、本質的にそこに属さないような学者の入会を認めることはありえないし、他の部門に属することが当然であるような学者がその部門に属することが認められることもない、そのうえ、どの部門も他の部門より低く評価されることもないからである。同じ理由で、こうした異動はきわめて稀であろう。

部会

国立学術院の各部門は別々に部会をもつことはすでに述べた。これらの部会は公開だが、その目的は、科学を研究する人々が講演を聴き議論に参加することのみにある。だから、聴衆に傾聴させたり、理解力に合わせたり、彼らの興味を引き、楽しませたりすることの必要から、部会の日程や議論の形式や演題を変えたりすることはないだろう。

ある部門のメンバーには他のすべての部門の部会に出席する権利があり、討論に参加し、報告を行ない、それぞれの部門の刊行する論集に寄稿することができる。このようにすれば、ただ一つの部門にのみ属するという規則のために、諸科学やいくつかの研究を同時に行なう人々の真の利益が奪われることはけっしてないだろう。このことによって利益を失うのは、一つの肩書きにさらに言葉を重ねて飾り立てようとする虚栄心だけであろう。

分科

各部門はいくつかの分科に分けられる。各分科は一定数のメンバーからなり、その半数はパリに住み、半数は各県に住む。

分科に分けることが必要なのは、国立学術院が教育を監督する責任を負っているからである。分科への分割は、諸科学のいかなる分野も一瞬たりと研究が中断しないようにするために有効である。これこそ、学術団体の設立から生まれる最大の利益の一つである。じっさい、科学にはそれぞれ盛衰がある。新しい手段によって、有益で輝かしい発見の大きな可能性が開かれた科学に、人々はおのずと向かうであろう。それにたいして他方には、才能のある人がすでに知られた方法を使い果たし、天才が新しい方法を示すことを待っている科学もある。こうして、諸科学が現在の限界を越えて拡大し、たがいに接近して浸透し合い、ついにはただ一つの科学になってしまう時期が来るまでは、分科への分割は有益であるだろう。

分科の人数を固定することも有益だとわれわれには思われた。そうしなければ、学術団体は切磋琢磨の対象ではなくなり、さらに自治を行なうこともできなくなる。科学的な仕事を特別の委員会に委託せざるをえなくなり、平等が損なわれる。これらの問題はロンドンの王立協会で見られることである。七、八〇〇人の会員が報告を行ない、印刷させたり、選ぶに値する報告について意見を述べる権利を全員が平等にもつことなど、どうしてできよう。大多数の会員は、優れた業績を生むことができず、さらに業績の正確な評価さえもできないことは明らかではなかろうか。したがって会員数を制限するか、ロンドンの王立協会のように貴族主義的な委員会を置くか、それとも完全な無に帰してしまうか、のいずれかを選ばなければならない。

これらの学者の半数は通常はパリ以外の諸県に在住する。学者を以前よりも均等に配置することは、観察諸科学の進歩にも、もっと直接に役立つ諸科学の進歩にも必要であるうえに、さらに知識をもっと一様に広めるという利点をもたらすだろう。すなわち、より多くの市民が身近に知識に接するようにし、彼らの学習と有益な研究への意欲を刺激すること、彼らに才能と知識の価値をいっそうよく理解させること、全国いたるところで無知な人々にたいして教師と援助を与え、ペテン師の化けの皮を剝ぎ、ペテン師と闘う強敵を提供すること、偏見が生き延びる道をすべて絶って、偏見が新しい根拠を見つけて強固になり蔓延することを防ぐこと――このような利点をもたらすであろう。

国立学術院会員の選考

国立学術院の会員は互選される。国立学術院が設立されて、最高の学識者がほとんどすべて入れば、国立学術院は確実に最高の学識者の結集体でありつづけることができよう。二年前から、アカデミーを支配する精神に反対する書き物が多数書かれた(5)。これらの書き物にたいして、われわれは、本物の発見をアカデミーが却下した事例が一つでもあれば、挙げるように求めた。また死後も名声がつづいているのに、政治的ないし宗教的な不寛容以外の理由でアカデミーから排斥された人や、ヨーロッパ中に名声を馳せているのに、何度もアカデミーへの入会を拒否された学者が、一人でもいれば挙げるように求めた。しかし誰もこの質問に答えることはできなかった。このような事例がなかったとすれば、その理由は以下の点にある。会員の選考がけっして消え失せることのない公開の資格に従って行なわれ、もし選考に間違いがあれば、明らかにされること、学者と文人は選考にあたって公論に服従し、とりわけ彼らがヨーロッパ全体にたいして選考の責任を負っていること、によるのである。最後の点は疑う余地のない真実であり、経験が示しているように、いかなる科学の分野においても、その科学に従事する外国の研究者が判定者になることが多ければ多いほど、選考に非難の余地は少なくなる。この点は、われわれが国立学術院の会員数を限定した理由の一つでもある。じっさい、ヨーロッパでよく知られている人々の名前で候補者名簿の全体がほぼ満たされることになれば、間違った選考のおそれはなくなるだろう。

しかしわれわれは、選択の誤りにたいする新しい予防策をいくつか付け加えた。まず第一に、候補者名簿を公開にすることである。そうすれば、科学研究に従事する人々と科学の愛好者は全員、誰が候補者であるかを知ったうえで選考を行ない、国立学術院にたいして真に有益な唯一の検閲、すなわち真理という唯一の権力を備えた意見による検閲を行なうことができるであろう。

国立学術院の部門はいくつかの分野の学者で構成されているが、彼らが世評と自分の判断にもとづいて意見を表明し、部門全体が会員の候補者を絞り、それにもとづいて最後に分科が会員を選考するものとする。こうすれば、選考の責任は少数の人々に帰することになり、彼らは自分たちがよく知っているはずの人材についてのみ判断を下すのだから、人材を網羅するには十分であろう。パリ以外の県に住む会員もまったく平等に選考に加わる。この場合、候補者の推薦と選考がそれぞれ必ず一回だけの投票で行なわれるような選考方式を採用しなければならない。地方に散らばっている会員で構成されるイタリアの学士院の例を見れば、この方式の採用が可能なことは明らかである。

教員の選考

国立学術院の各部門は、その部門に照応する学科を教えるリセの教授を同じ形式で選考する。

リセの教授は学院の教授を任命するが、市町村は候補者名簿を絞る権利をもつこととする。

中等学校と初等学校の教員については、候補者名簿は地区の学院の教授が作成する。中等学校の教員の選択権は学校の置かれている自治体に属し、初等学校の教員の選択権は学校が置かれている地区の家父長会議に属する。

じっさい、教授は教員と同じく、行政府では判定しえない知識、高い教育を受けていると考えられる人々のみが評価することのできるような知識をもっていなければならない。それゆえ、候補者の能力を証明する名簿は、より上位の学校の成員によって作成されるべきである。候補者から教授を選考するにあたっては、もっとも学識があり熟達した者を選ばなければならない。しかし教員の選考においては、生徒の年齢が低く、教師の道徳的資質が大きな影響力をもち、まったく初歩的な知識を教えることだけが重要なのだから、将来の世代の幸福を自然からゆだねられている人々、もしくは少なくともこれらの人々をもっとも直接に代弁する人々の意見を、指針として採用することが必要である。われわれは、同じ観点から、学院の教授の候補者名簿を絞る権限を市町村に与えた。学院においても個人や地方の便宜がある種の重要性をもっているからであり、市町村が候補者を名簿から除く権限をもてば、このような便宜がおおっぴらに損なわれることを十分防ぐことができるだろう。

教育機関の監督

国立学術院、リセ、学院に設けられる執行部はそれらよりも下位の教育機関を常時監察する責任を負う。しかし重要な場合には、国立学術院の部門の一つないしリセもしくは学院の教授会が決定を行なう。

この方法によって、教育の独立が保証され、また監察のための特別の機関――教育を統制しようとする意志をもちかねない特別の機関――を置く必要はまったくなくなるだろう。国立学術院は科学の分類に対応する四つの部門に分けられており、重要な問題について判断を下す権限は一つの部門だけにあるのだから、教育の監督を確実に行ないながら、しかも教育機関が国家内の新たな権力になるという危険を免れることができる。このことによって、教育の一貫性が損なわれることはない。というのは、一つの教育機関全体にかかわる全般的問題は法律によってのみ決定され、法律は立法府にのみ求められねばならないからである。

新制度以前の文芸団体の全経費、教育団体やコレージュの財産、諸都市が教授に支払っていた給与、あらゆる種類の学校の収入、さらに教師に支払うために民衆に課せられる金額を加えて、その総額を計算すれば、新しい公教育組織への出費はそれをさほど上回る額ではないだろうし、おそらく以前の機関が国民に負担させた額に等しい金額以下であろう。こうして、他の国の教育よりも優れた全般的で完璧な教育が、かつての公教育制度に少ない経費で取って代わることになる。かつての教育制度の不完全さたるや政府にとってはまったく恥ずかしいほどのもので、偏見の束縛と政治制度のあらゆる障害を打破することのできたわが国の知識人や才能ある人々や天才と著しい対照をなしていたのである。

われわれはこの計画案で、理想的と考えた公教育組織を提出し、新しい教育施設の設立の仕方にかんする問題をそれから切り離した。国民議会の考えを実現する手段に取り組むのに先だって、国民議会がみずからの成し遂げようとする目標を決定することが必要だ、とわれわれは考えたのである。

初等学校が一つしかない村では、男児も女児もその学校に入学を許され、同じ一人の男の教員から共通の教育を受ける。二つの初等学校がある村や町では、そのうちの一つは女の教員に任され、男児と女児は別々の学校に入る。

これが女性教育について取った唯一の配慮である。女性教育はわれわれの検討の一部であり、この点については特別の報告で扱われる。じっさい、あまり豊かでない家庭では、子供の家庭での教育がほとんど母親にゆだねられていること、農業、商業、工芸に従事する二五の家族のうち、少なくとも一つの家族の家長は寡婦であることを考慮に入れれば、われわれにゆだねられた仕事のうち、この部分が公共の繁栄にとっても啓蒙の進歩にとってもどれほど重要であるかが分かるだろう。

予想される非難

われわれの教育組織体系にたいして、研究者のあいだの平等をあまり尊重していないとか、公教育に関与する人々に過度の独立を与えているといった非難がありうるだろう。しかしここでまず重要なことは差別を設けることではなく、正規の形式に従って集められた一定数の人々に公的な職務を与えることが重要だということである。子供や市民の教育の担当者は、彼らと同等かそれ以上の知識をもつと想定される人々によって選考されるのが、理の当然である。教育機関の監督を行なうには、リセの教育が問題である場合にはリセの教授と同等の知識が必要とされ、それ以下の教育機関が問題である場合にはその機関の教員以上の知識が必要とされるのではないだろうか。したがって、この基本的条件を満たすことのできる人々を集めるという問題にさかのぼらなければならなかったのである。このような人々の選択を、科学や技術に従事する人々、もしくは従事すると称する人々全体に任せればよいというのだろうか。しかしその場合には、この選択に市民全体を召集してはならない理由は何もなくなるだろう。自分は学者だと主張するだけで選択権を行使するのに足りるとすれば、また識見があるように見せかけている団体の一員であるだけで選択権の行使に十分だとすれば、ひどい無知やもっとも不条理な教理さえも許容することになるのは明らかであろう。また、このようなやり方をすれば、本物の同業組合やいわゆる宣誓組合に権威を与えることになるだろう。自由に結成された団体に何らかの公職が与えられることになれば、その結社が同業組合的性格を帯びるのは必然的であろう。

恐れなければならないのは無知だけではない。ペテン師をも恐れねばならない。彼らはやがて公教育も、科学や技術をも破壊し、あるいは少なくともそれらを破壊するために、国民が公教育と科学と技術の進歩のために作り上げてきたすべてのものを利用するからである。

最後に、公権力が自由に結成された団体から選考と監督の役割を担う団体を選ぶ場合を想定してみよう。その場合には、もっとも学識のある人々からなる団体よりも、多数の人を擁する団体の方が選ばれるだろう。このような団体は学識のレベルが低く、凡庸な連中が容易に入ることができ、天才や優れた人材が優位を占めて彼らを抑制することは容易ではないし、ついには陶片追放《オストラシズム》がこの団体を支配することになるだろう。凡庸な人々はきわめて簡単にペテン師に欺かれたりペテン師の共犯者になるうえに、輝かしい成功や長くつづく成功にたいしてはごく自然に抱く憎しみをペテン師たちには及ぼさないから、陶片追放は恐るべきものになるであろう。反対に、公権力がすべての自由に結成された団体に選考と監督の権利を認めるとしよう。その場合には、ペテン師たちはそれぞれ自分の団体をもつことになるだろう。そしてそこでは、無知だが控えめな連中が彼らの共通の意見に従って才能ある人々に判定を下す――このこと自体がすでに災いなのだが――のではなく、無知なのに思い上がった連中が、自分の自尊心や利害に従って才能ある人々に判定を下すことになるだろう。

これらの場合とは反対に、われわれの提案する計画案では、自由に結成された学術団体は有益な結果のみを生むであろう。それらの団体は国立学術院を検閲する役割を果たし、同時に、国立学術院はこれらの団体を検閲するという同じように有益な役割を果たすであろう。ペテン師が支配する団体には、公論を惑わして支持を得る望みがまったくなくなるから、まもなく消滅するだろう。自由に結成された学術団体はそれぞれの専門分野に従事するのだから、国立学術院の従属機関にはならないように努めるし、国立学術院自体もこれらの団体の下位につくことを望まないであろう。これらの団体はとりわけ国立学術院会員の選出の適切な判定者になり、この選出をつうじて、国立学術院に直接に協力する場合よりも、国立学術院の質の確保によりよく貢献しうるであろう。

国立学術院の構成

最後に、国立学術院は公権力の名において、公教育を監督し、科学と哲学と技術の進歩に専念する責任を負っているから、学者だけで構成されなければならない。すなわち、一つの科学全体を視野に収め、その蘊奥《うんのう》を究め、発見によって科学を豊かにしてきた人々で構成されなければならないのである。

技術の原理についての認識は、それに従事しているほとんどすべての人にはまだ無縁だし、技術の歴史はごく少数の学者にしか知られていない。だから、国立学術院のような学術団体が存在しなければ、国民と市民たちが有益な発見を歓迎し、褒賞を与え、用いるのと同じように、ずっと以前からよく知られているが、正しい理論によって退けられ、また実験が失敗したために放棄された方法や手段にたいしても、歓迎し、褒賞を与え、用いる、といった事態に陥りかねないであろう。

自由に設立される学術団体は学者と同時に科学の愛好者を入会させなければ、存続しえない。そしてまさにこのことによって、これらの団体は科学への興味をかき立て、科学の普及に貢献し、科学研究のすぐれた方法を支え、完成する。こうして、これらの団体はペテン師を保護するのでなく技術を奨励し、科学に賛同する学者の世論を形成するだろう。この世論は無視できないものであり、国立学術院もその代弁者にすぎなくなるであろう。

同時に、すべての市民が自由に教育機関を組織することができるのだから、その結果、国立の学校は少なくともこれらの私的な教育機関と同じ水準を保持することが絶対に必要になる。他方で、自由、あるいはむしろ平等は公立学校においてと同じく、私立学校においても完全なものでありつづける。

われわれの構想した国立学術院を、以前の学術団体と混同してはならない。国立学術院の基礎である真の平等、執行権力からの絶対的独立、すべての市民と共有する思想の完全な自由、公教育に付与される役割、有用な対象のみに専念する義務、諸県にパリと同数の会員が存在すること――これらの点で国立学術院は旧来の学術団体と異なっており、この相違のゆえに、アカデミーにたいする非難、時には正しいこともあるが大抵は誇張された非難は、国立学術院には妥当しないと断言することができる。さらに、平等を基礎とする憲法のもとでは、知識人の団体が同業組合の精神——きわめて危険だが、すべてが特権と結びついていた時代にはきわめて自然であった精神——にたやすく汚染されるなどと心配するには及ばない。当時は誰もが特権を手に入れ、拡大することに熱心だった。今日では、誰でも知っているように、市民だけが権利をもち、公職は果たすべき義務のみを与えるのである。*

* 学術団体が有用だという証言にたいしては、何の反論もなかった。ただ、選考の誤りや学術団体が才能ある人々をほとんど正当に評価しなかった、という決まり文句がくりかえされただけだった。経験をもち出すのであれば、数学と物理学を対象とする学術団体の経験に限らなければ不当であろう。今日まで何らかの独立を享受しえたのは、これらの団体だけだからである。こうした区別を認めたうえで、これらの学術団体の最初のものが設立されてからおよそ一三〇年たつが、その間に、科学的発見でこれらの団体の記録に残されていないものが一つでもあるか、また、その発見者が若死にしなかったのに、これらの団体のどれにも属さなかったような例があるか、と私は問いたいのである。

科学の共和国は普遍的で散在しており、いかなる学術団体も科学の共和国全体の至高の権威を免れることはできない。

学術団体に大きな金銭上の利益を与えたり、人間の知識の進歩、完成、普及というこれらの団体が当然もつべき目的とは無縁な役割を負わせれば、おそらくこれらの団体はきわめて容易に腐敗するだろう。

しかしこれらの目的のみに限れば、これらの団体を無用のものにしたり危険なものにする原因を取り除くことができるだろう。学術団体の破壊を望むものは、そのことが科学を独占する特権を金持ちに与えることになることに気づいていないのである。

これらの学術団体が設立される以前の十七世紀においては、有名な学者はほとんどすべて富裕な階級の人々であった。

そして今日においてもなお、大貴族の保護や医学部・修道院・宗教施設が提供する、貧しい階級のためになるような救済策は、不足しているであろう。ニュートンやオイラーのような人であっても、貧しい家庭に生まれた場合、あるいは中くらいの家庭に生まれた場合でさえ、彼らの最初の発見が奨励され、広く認められることがなければ、また、学術団体当局が、彼らをもっと金の儲かる仕事につけたいという家族の望みに埋め合わせをしなければ、自分の天分を伸ばすことはけっしてできなかったであろう。

政府が世襲の王の手中にあったときには、教育にたいする王の影響力をすべて剝奪することがきわめて重要であった。そしてそのために、国立学術院にある種の行政的役割を与えれば、この制度を損なうことになるという点は危惧されなかった。しかし今日では、このような理由はもはや存在しない。教育だけは、あらゆる政治権力の支配を免れることが重要なのである。

ある国民にどのような制度が与えられるにせよ、より多くの服従を望む者とより多くの自由を望む者との区別が、必ず生まれる。既成の事物に愛着をもち、存在するものの保存にのみ平和と秩序を見出す者と、あらゆる制度に内在する欠陥に敏感で、制度を変えることがつねに制度を正すことだとおそらくあまりに軽々しく信じる者との区別、啓蒙の進歩に追随する人とそれに先駆ける人との区別が、必ず生まれる。前者の意見は地位についているか、それを得ようと望んでいる人々の意見であり、後者は地位よりも栄光と信頼を好む人々の意見である。この区別が生じることは、けっして悪いことではない。既成の事物を擁護する人々は、変化があまりに頻繁かつ急激にくりかえされることを防ぐし、新しいものの好きな人々は、古い制度があまりに早く腐敗するのを防ぐからである。前者は平和を維持し、後者は公徳心の有益で永続的な活動を支える。しかし前者が美徳の名誉を独占することを望み、後者が愛国心ないし才能の栄誉を独占しようとする場合には、両者とも同じように正しくない。

しかしこれらの観察から、次のような結論が出てくる。いかなる政府であれ、政府はそのすべての部局と職階においてつねに意見の永続性を保持し助長しようとし、その結果、教育にたいする政府の影響は、当然、理性の進歩をおしとどめ、人間にはみずからを完全なものにする能力があるという観念から人々を遠ざけるすべてのものを助長する傾向をもつだろう。だから政府の教育にたいする影響は有害であり、したがって教科書の検閲とリセの教授の選択を国立学術院にゆだねなければならないのである。政府とは反対に、国立学術院は、その本性からして、知識の完成と拡大に向かうすべてのものを追求しなければならないからである。

これが、国民的利益のためにも諸科学の進歩のためにも、国立学術院に与えることが有益な唯一の公的職務である。

教育の独立

われわれは公教育を他のあらゆる公権力から独立させたが、このことには何の心配もない。もしこの独立が濫用されれば、立法権によって直ちに正されるからであり、立法権が教育制度全体にたいしてすぐに権力を行使するからである。自由な教育と自由に結成された学術団体とが存在すれば、それらはこの濫用にたいして世論という権力で対抗するにちがいない。人民的国制のもとでは、世論の力が法の力に加わらなければ、いかなる組織も存続しえないのだから、それだけいっそうこの権力は大きいのである。さらに、科学に従事する者には、何ものも抵抗できない最高の権威というものがある。それはヨーロッパの学識ある人々の世論である。それは惑わすことも堕落させることもできないものであって、輝かしい名声や長くつづく名声はすべてこれに依存している。この世論こそ、各人が最初に自分の周辺で得た世評をより確実なものにし、より輝かしいものにするのである。要するに、学者や文学者や哲学者にとっては、この世論は後世の人々の評価を先取りしたようなものなのである。その判断は公平でほとんど確実であり、その支配を免れようとすることさえできない至高の権力なのである。

最後に、教育の独立はいわば人類の権利の一部をなしている。人間は自然から完成能力を受け取った。この能力の限界は未知であり、かりに限界が存在するとしても、われわれの知りうるよりもはるか彼方にある。また、人間にとって、新しい真理の認識はこの幸運な能力――人間の幸福と栄光の源泉である能力を伸ばす唯一の手段である。それゆえ、これがお前の知るべきことだ、ここでお前は止まるべきだなどと命じる権利を、いかなる公権力がもちえようか。真理のみが有用であり、誤謬はすべて害悪なのだから、どんな権力であれ、いかなる権利によっても、どこに真理があり、どこに誤謬があるかを厚かましく決定することなどできようか。

さらにある権力が、制定された法律の基礎として用いられた思想に反する思想を教えることを禁止するならば、その権力は、思想の自由にたいして直接的攻撃を加え、あらゆる社会制度の目的と法律の完成を裏切ることになるだろう。それらは思想の闘いと知識の進歩の必然的結果だからである。

他方からいえば、いかなる権威が、立法者を導いた原理に反する学説を教えるように命じることができようか。

それゆえわれわれは、必然的に、次の二つの立場のあいだに立たされることになる。

すなわち、現在の法律を盲目的に尊重するか、それとも、市民の法律にたいする尊重を弱めることになりかねないことだが、法律によって設立された権力の名において法律に間接的な攻撃を加えるか、の二つの立場である。その場合、われわれにはただ一つの方法、すなわち、初等教育を超えるすべての事柄にかんして、思想の完全な独立を認めることしかない。この方法を取れば、法律への自発的な服従と法律の不備や誤りを補正する手段としての教育の両立が可能になる。思想の自由が公共の秩序を損なうことはなくなり、法律の尊重が人々を抑圧したり、啓蒙の進歩をおしとどめ、誤謬を神聖視することもなくなるであろう。教育を外的権威に従属させることの弊害を実例で示す必要があるとすれば、あらゆる科学にかんしてわれわれの最初の師であったエジプト人やインド人の例を挙げることができる。彼らの往古の知識はいまもなおわれわれに驚嘆の念を起こさせるほどのものであり、時代さえ定かでないほど昔に、人間精神は多大の進歩を遂げていたのだが、宗教権力が人間を教育する権利を独占した瞬間から、もっとも恥ずべき無知の状態に落ち込んだのである。また、中国の例を挙げることもできる。中国は科学と技術にかんしてわれわれに先行していたが、数千年以前に政府が公教育を政府の職務の一部としたために、科学と技術の進歩が、一切、突如として停止してしまった。ローマ人やギリシャ人の場合も、最高の栄光を達成したのにつづいて、教育が哲学者の手から僧侶の手に移るとすぐさま、理性と天分が退廃に陥った事例を挙げることができよう。これらの事例にもとづいて考えれば、人間精神の自由な歩みをおしとどめるものは、すべて警戒しなければならないのである。人間精神がある程度の段階に達していても、何らかの権力がその進歩をおしとどめるならば、以前よりもっとひどい誤謬に逆戻りするのであり、そうならない保証は何もない。人間精神は立ち止まれば必ず退歩するのだ。そして検討することも評価することもできない対象が人間精神にたいして示された瞬間から、人間精神の自由に最初の終止符が打たれ、そうなればやがて、もはや精神の隷属にはとどまらないことを危惧せねばならないであろう。*

＊　自由、平等、良い法律の必然的な結果は、活動手段を増やして公共の繁栄を増進することにある。この繁栄から、新しいものを求める習慣と人口の増加が生まれる。したがって、繁栄がたえず増進しなければ、社会は苦しい状態に陥ることになる。しかし繁栄のための基本的手段には限りがある。もし新しい知識がより強力な手段をもたらさなければ、社会の進歩そのものが社会の破滅の原因になる。これらの手段が発見され用いられたと仮定しよう。その場合には、法律も制度も予見することのできなかった新しい手段が、社会のなかに生まれることになる。したがって、知識は、それまで社会組織の確立を導いてきた知識をつねに越えていかなければならないのである。他面では、諸科学の進歩

が技術を助けなければ、有用な技術の進歩はきわめて限られたものになる。技術の進歩が技術にいそしむ人々の観察のみに負っている場合には、技術の進歩は遅々とした、不確かなものになるだろう。こうして精神科学と自然科学の進歩は、社会が永続的な繁栄の段階に到達するために必要なのである。さて、科学と技術が進歩したと仮定しよう。その場合には、個人の独立を保証し、法の下での平等をすべて実現するのに現時点では十分な知識は、きわめて不十分なものになるだろう。したがって、教育のいっそうの拡大と教育技術の改善が必要になる。

ローマ人の歴史を検討してみたまえ。そうすれば、彼らが、しばらくのあいだは、自由への進歩を成し遂げたことが分かるであろう。しかし領土がたえず拡大し、彼らが王の人民でありかつ自由な人民であることを望むようになると、まもなく彼らの自由を護り増進した手段は彼らの新しい状態にふさわしくなくなり、市民の知識も指導者の知識も新しい状況の要求する水準ではなくなって、その結果、ローマ人は内乱で引き裂かれ、もっとも恥ずべき隷属に陥ったことが分かるであろう。

イギリス人の自由を見てみたまえ。彼らの自由の歩みは、国制の尊重によっておしとどめられた。彼らの国制は必要によって課されたのだが、教育の効果と、国王が地位と年金を用いて政論家に与えた影響とによって、迷信的な崇拝の対象になったからである。ヨーロッパ中が偏見に縛られていたときに、あらゆる偏見に大胆に手を加えたこの国民は、さらに開明された一世紀のあいだ、自分自身が恥ずべき濫用の犠牲者なのに、この濫用を直視しようとはしていないのである。

これが、新しい必要を満たす方策、あるいは、繁栄そのものによって国民が隷属させられ、さらされる予想外の危険にたいする治療法を知識のなかに求めようとしないすべての国民の運命であろう。

あまり哲学的でない政治家たちは、法律によって繁栄に限界を課する方がより確実な方策だと考えた。しかしこの法律そのものがすでに一つの圧政であるが、その結果はどうなるであろうか。人間の活動には原動力が必要だが、このような法律が施行された場合には、人間の活動は迷信や陰謀や謀反に向かうことになるだろう。このような手段によっては、長続きする自由を確保することはできず、自由は偶然の出来事に左右されることになり、公共の幸福に不可欠な自由と平和の結合を確保することもできないであろう。

さらに、フランスの憲法自体が、思想の独立をわれわれが厳格に守るべき義務にしている。国民は、すべての法律を改正するという、譲渡しえず取り消すことのできない権利をもつ、と憲法は定めた。いいかえれば、憲法は、国民の教育においては、すべての事柄を厳密な検討のもとに置くことを望んだのである。憲法は、いかなる法律であれ、一〇年以上撤回しえない法律はないと定めた。ということは、憲法は、あらゆる法律の原理が審議され、あらゆる政治理論が教えられ検討されること、いかなる社会制度も熱狂や偏見の盲目的な信仰の対象とされるのでなく、理性的に選択することのできるさまざまな組み合わせとして理性の前に提示されることを望んだ*、ということである。かりに、普通教育がある意見に決定的な重要性を与えてその意見を強固なものにするといったことが許されているとすれば、人民の独立は譲渡しえないものとして尊重されているといえるだろうか。また、権力が、さまざまな意見のうちのどれかを選ぶ権利を不当にもわがものにしているような場合には、この権力は国民の主権の一部を実際に簒奪しているといえるのではないだろうか。

＊　人々の心のなかに平等と自由への愛をはぐくみ、子供のころからこの愛を教え、それを道徳的制度によって強化すれば、人民は確実に自分の権利を享受することができると考えるのは、間違いであろう。ギリシャやイタリアの共和国においても、ゲルマン人や他の多くの人民のもとでも、この感情は熱狂的なまでに高まった。しかしこの感情は、長い紛争を引き起こし、そののちには、これらの国民を外国への隷属ないし国内の隷属から護ることはできなかった。

ある人民に簡単で明確な法律を与え、そこに法律家階級を置かなければ、人民を法律家の狡猾な圧政から解放することができると考えるのも、間違いであろう。あらゆる人民の最初の民法は簡単であった。それを解釈したり説明したりする特別の職業を作ろうなどとは誰も考えなかった。しかしいたるところで、法律は複雑になり、あらゆる国が、法曹人という尊大で不実な種族に蹂躙されることになったのである。

ある単純な宗教や純粋な道徳が、人民を迷信や僧侶の権力から護る防壁になると考えるのも、間違いであろう。どこでも、宗教は単純な宗教から始まった。彼らの道徳は大抵は粗野だったが、少なくとも自然にはかなり合致していた。しかしいたるところで、もっとも不条理な迷信がこれらの原始宗教に取って代わり、いたるところで、僧侶たちが彼らの貪欲と思い上がりのために道徳を腐敗させた。たえず改善される普遍的教育こそ、人類の諸悪の三大原因にたいする唯一の治療法である。

われわれが議会に提出した計画案は、フランスとヨーロッパの現在の知識水準を検討して作成された。つまり、数世紀にわたる観察をつうじて、人間精神が科学と技術にかんして成し遂げた進歩について学んだことと、今後の進歩について期待し予見することのできることにもとづいて作成されたのである。

われわれは、人間精神がもっと確かな歩みをつづけ、その進歩をもっと速めるのにいっそう確実に役立つものを求めたのである。

権力によって設立された学術団体が余計なものになり、したがって危険なものになる時代、あらゆる公教育制度さえも無用になるような時代が、おそらく到来するだろう。時代、よく見られるような誤謬がもはやまったく恐れるに足りないものになり、利害や情念に訴えて偏見を助けるような主張がすべて影響力を失うような時代、啓蒙がすべての地域と階級に平等に普及し、科学とその応用もあらゆる迷信や有害な虚偽の学説の軛《くびき》から解放される時代、各人が自分の知識と正しい精神を身につけ、それを武器にしてペテン師のあらゆる悪巧みを十分に退けることのできるような時代――このような時代がおそらく来るだろう。しかしその日はまだほど遠い。われわれの目的はこの時代を準備し、その到来を早めることにある。われわれはこれらの制度の確立に力を注ぎ、そのことによって、これらの制度が無用なものになる幸福な瞬間の到来を早めることに、たゆまず取り組まなければならなかった。

(Condorcet : Rapport et projet sur l'organisation générale de l'instruction publique, Présentés à l'Assemblée nationale, au nom du Comité d'instruction publique, les 20 et 21 avril 1792, J. Ayoub et M. Grenon, II, pp. 138-160, 363-377)

(1)「一般的にいって、その性質がどのようであれ、また誰の手中にあるにせよ、権力はすべて啓蒙の敵である。人々が啓蒙されればされるほど、権威をもつものはそれを濫用しにくくなり、社会的権力に拡がりとエネルギーを与える必要は小さくなる。真理は権力とそれを行使するものの敵である。真理が広まれば、権力とそれを行使するものは人を欺くことを望みにくくなる。真理がより多くの力を獲得すれば、社会は統治される必要が少なくなる。」(コンドルセ『公教育についての第五の覚書』一七九一年)

(2) コンドルセ案における公教育の組織図は以下の通りである。

1. 初等学校

住民数	学校数	教員(男)数	教員(女)数
400 から 1,500	1	1	—
1,500 から 4,000	2	1	1
4,000 から 8,000	4	2	2
8,000 から 20,000	住民 4,000 につき 2	1	1
20,000 から 50,000	住民 5,000 につき 2	1	1
50,000 より人口の多い都市	住民 6,000 につき 2	1	1

2. 中等学校：各地区の首府と人口 4000 以上の都市に設立される.

住民数	学校数	教員数
4,000 から 6,000	1	1
6,000 から 8,000	1	2
8,000 から 15,000	1	3
15,000 以上	1	住民 15,000 につき 3

3. 学院：各県に 1 校と地域の特性にもとづいて設立される 27 校，計 110 校.

第一部：数学・物理学	純粋数学，応用数学，実験物理学と実験化学，博物誌	教授各 1 名
第二部：精神・政治科学	感覚・観念の分析，道徳・論理学・国制の原理，法律・政治経済学・商業の基礎知識，地理学・諸国民の哲学的歴史	教授各 1 名
第三部：諸科学の技術への応用	比較解剖学・産科学・獣医学，軍事技術，技術の一般原理	教授各 1 名
第四部：文芸・美術	美術の基礎理論，一般文法，外国語，いくつかの学院にはギリシャ語の講座が設けられる	教授各 1 名

4. リセ

学校数	講座と教授数
9校(ドゥエ，ストラスブール，ディジョン，モンペリエ，トゥールーズ，ポワティエ，レンヌ，クレルモン＝フェラン，パリ)	1リセにつき39人．第一部：数学・物理学，教授9名，第二部：精神・政治科学，教授5名，第三部：諸科学の技術への応用，教授14名，第四部：文芸・美術，教授11名

5. 国立学術院：パリに設置．

部門	パリ在住会員	地方在住会員	外国人通信会員	合計
数学・物理学	48	48	8	104
精神・政治科学	30	30	8	68
諸科学の技術への応用	72	72	2	146
文芸・美術	44	44	12	100
合計	194	194	30	418

（3）コンドルセが念頭に置いているのは、ダランベールが『百科全書』の「序論」で述べた学問の分類である。桑原武夫訳編『百科全書』岩波文庫、一九七一年を参照。

（4）コンドルセの公教育案は一貫して数学・物理学の教育を重視しているが、とくにリセでは数学・物理学部門に「精神・政治科学への計算の応用」の講座を設け、教授一名を置いた。優れた数学者だったコンドルセは、確率論の導入によって精神・政治科学を科学の名に値する学問として確立することを構想し、それを「社会数学」と名付けた。

（5）アカデミーは特権的団体として批判の対象になった。なかでもマラーは一七九一年に著した『近代のペテン師たち、または学術的ペテンについての手紙』でアカデミーを激しく非難した。アカデミーはグレゴワールの提案にもとづき、一七九三年八月に廃止された。

二　公教育にかんする報告と審議

解説　一七九二年一〇月、国民公会はあらためて公教育委員会を設置した。委員会はコンドルセ案を基礎として公教育案の作成に取り組み、一二月一二日の国民公会にラントナスが初等教育法案を報告した。しかし公教育委員会の委員でもあるデュラン・ド・マイエンヌが、初等教育の議論に先だって、公教育の全体系についての審議を求め、さらにコンドルセ案の知育中心主義、とりわけ国立学術院の構想にたいして激しい批判を展開する。ラントナス案の審議は一二月一四日と一八日に行なわれたが、議論の中心は初等教育の具体案から公教育の一般原理へと移った。時あたかも国王裁判をめぐる議論の真只中であり、マラーは「この問題にかんする諸君の演説がどれほど素晴らしいものであっても、もっと緊急の関心事に席を譲るべきだ」と主張して審議の延期を要求した。

このような状況のなかで、一二月二〇日にロムが公教育の原則について報告した。それは公教育組織にかんしてはおおむねコンドルセ案に沿っているが、国民形成のための徳育の重視、国立学術院の除外などの点でコンドルセ案に変更を加えている。ロム報告の翌日、ラボー・サン＝テチエンヌが徳育の重要性をさらに強調する演説を行なう。彼の主張は、国民全体を、生涯全体にわたって徳育で浸し、国民の「再生」を果たそうとするものであり、コンドルセ案の対極であった。教育のイデオロギー的役割を強調する彼の主張は、のちのルペルティエ案やブーキエ案の祖型になった。

公教育にかんする報告

ロム

一七九二年一二月二〇日

市民諸君、この報告は二部に分かれており、第一部では次の二つの設問を検討する。フランスの公教育はどのようであったか。〔第二の設問は、「公教育はいかにあるべきか」。〕設問にたいする回答は、委員会が国民公会の審議にゆだねる全般的計画案の理由と原則の説明になるであろう。

第二部では以下の設問を検討する。

一　国民は教育のすべての段階を公教育制度のなかに含めるべきであるのか。

二　公教育のすべての段階において、教育は共和国の費用でなされるのか。

三　公教育は、いかなる点で行政府に従属しなければならないのか。

第一の設問　フランスの公教育はどのようであったか。

われわれの祖先は、教育の必要についての漠然とした感情から、宗教的な善行として多数の学校やコレージュや大学を設立することを決心した。

公教育をゆだねられ、宗教団体のなかで暮らしている人々の、人物、教科内容の性質、その施設の内部体制などすべてのものは、設立者の宗教的献身を称賛し、時代の精神と誤謬《ごびゅう》を広めるために選ばれた。

これらの修道院施設にたいする馬鹿げた尊敬のために、教育の欠陥と不備が今日にいたるまで改められなかった。その教育たるや、ずっと以前から、哲学と技芸が教育以外のあらゆるところで成し遂げた進歩と、言語道断な対照をなしてきたのである。

すべてが変わり、文芸の共和国においてすべてが改善されていったあいだも、コレージュ、すなわちこの誤謬と偏見の学校は変わらないままであり、迷信に満ちた専制的な因習の支配のもとで麻痺状態にとどまっていた。

法律は習慣法と明文法のわけの分からぬ混沌状態にあり、たえずたがいに衝突する要素からなっていたが、法律にもそれを教える学校があり、教師がいた。しかし法学は、その対象を扱う科学であるよりも、その煩雑さによって単なるわざになり果てた。この煩雑さは、抜け目のない金銭欲が法律の難解さと矛盾を利益に変えるために作り出したものなのである。数世紀にわたって積み重ねられたこの誤謬と知恵の不格好ながらくたの山は、その量が膨大で難解なことと、そのうちの良い部分を保持しながら新しい法律に取り替えるには長期の作業が必要だということだけのせいで、これまで存続してきたのである。とりわけ、専制政治にとっては、争いや宮廷の紛争でフランス人の気をそらせ、彼らを法律の濫用と不正で包囲して、専制政治そのものから目をそらせることが必要だったということが、このがらくたの存続の理由であった。

医学はその対象にかんしては偉大で崇高であり、人間の知識のほとんどすべての分野と無数の関係で結びついているという点では壮大な学問である。しかし臨床においては、たいていはつまらないものであり、教育にかんしては効果がなく、退屈で、ほとんど無に等しい。医学は、その諸部分の配分がまずく、影響力の点ではきわめて浅薄である。試験にかんしては不当なほど不平等で、大抵は金銭で左右される。象形文字のような処方はくだらぬ謎に満ち、その用語はフランス語である場合でも野蛮である。

神学にも学校や財団や奨学金がある。しかし、ヴェールをかぶった女性の表情を使って信仰を表現した独創的な芸術家にならって、われわれも神学の教育を覆う神聖なヴェールには触れないように気をつけよう。そしてここでは、神学の教育はもはや公教育の一部であってはならないし、国家の支払いを受けてもならないと言うにとどめよう。

大学の教育はすべて、われわれが述べた自由学芸、法律、医学、神学の四つの学部に含まれている。これらの学部はたがいに姉妹と見なし合い、同じ服装をし、入学者には同じ資格を与え、同じ言葉を話す。いつも相互に理解し合っているわけでも、人民に理解されてもいないのに、である。それはおそらく、人民の無知と紛争、人民の苦労と信じやすさを長引かせる手段、これらの学部に固有の手段だが、今日ではその手を放れた手段を人民からもっとうまく隠すためであろう。

四学部のうちで、つねにより巧妙でより強力だった神学部は、毎日、人民の理解できないこの同じ言葉を人民に読ませ、歌わせることに成功した。これは人民に自分の無知と愚行を敬虔に歌わせることである。

現在まで、ラテン語はコレージュでの教育のほとんど唯一の教科であった。ラテン語の学習が、古代人の哲学や厳格な道徳や美術の愛好や、とりわけ共和国の英雄時代に見られたローマ人の力強い愛国心を、早い時期から学ぶように導いたなら、この学習はさほど無駄ではなかったであろう。しかし教師は、若者に有益な真理を得させるためよりも、のぼせ上がった軽率な無知の状態のままにしておくために、彼らをラテン語の学習でくたびれさせたのである。

フランスには多くの大学とコレージュがあるが、小学校の数は、農村で必要とされる数に比べればごくわずかである。しかも、これらの学校はそこで用いられている教育方法や書物のせいで、あっても無きに等しいし、傲慢な偏見のために今日まで教師が強いられてきた低劣な状態のせいで、教師にとって有害なものになっている。

国の名誉ある地位をすべて自分たちの世襲財産だと考えていた階級の野心を優遇するために、政府は支配の最後の時期に士官学校をいくつか設立した。そこでの教育はコレージュの教育ほど野蛮ではなかったが、人民にたいしてなされた新たな侮辱であった。

政府はコレージュと村の学校を、学者ぶってはいるが役立たずのままに放置しておく一方で、貴族用の施設には一人の金持ちの財産をつぎ込んだが、その大盤振る舞いは自尊心のなせるわざにすぎなかった。〔ロムが語っているのは、ベル＝イルの元帥がパリ士官学校の設立のために行なった六六万リーヴルの寄付のことであろう。〕もしこの男が農村の教育のために大盤振る舞いをしたなら、大きな善行であっただろう。しかし誰もそのことは語らなかった。

現在においてもなお、これらの施設は平等を愛する人々にとってスキャンダルの対象である。元貴族たちは、法に反してでも自分たちの子供を、くりかえし、これらの施設に好んで入学させようと試み、大臣の背信行為のおかげでしばしば成功を勝ち得たからである。

航海学や工学や砲兵学や土木工学や鉱山学には、いくつかの共通する部分があり、それらを一般的体系に結びつけることが有益であるにもかかわらず、現在まで別々に教えられてきた。

自然科学や精密科学にかんしても文芸と諸言語にかんしても、いくつかの別々の教授職がある。

公衆の注意を惹くに値する一つの施設がある。それはコレージュ・ド・フランス〔フランソワ一世のもとで一五三〇年に創立〕である。この施設は、フランソワ一世、アンリ四世およびルイ十五世のもとで次第に完成した組織という点で、そこで行なわれる講義の多様性と重要性と効用の点で、つねに公衆の知識水準にふさわしいものであることを可能にした体制の点で、注目に値する組織である。それはあまり注目されていないが、公教育の全般的組織をすべて作り直す方が有益だというのでなければ、保持すべき施設であり、スイス、ドイツ、スウェーデン、オランダおよびイギリスの大学のモデルだったのだから、これをモデルにすれば、得られるのは利益だけである。

科学、文芸および技芸にもそれらを完成させる制度がある。大多数のアカデミーはそれらの完成に献身したし、文芸の歴史において特筆すべき地位を印すような成功を収めたものもあった。しかしそれらは孤立し、専門領域に押し込められていたために、互いに助け合うことも交流し合うこともできなかった。その結果、それぞれのアカデミーは、それぞれの伝統や原則や偏見をもつことになった。いくつかのアカデミーは、誕生すると厚かましくも、才能ある人の地位を奪おうとした。嫉妬がしばしば真理の進歩をおしとどめ、小さな同業組合によく見られる騒々しい争いを生み出した。会員の任命はほとんどいつも陰謀の種であり、スキャンダルの主題であった。そこでは下劣さと厚かましさが功績と、えこひいきが正義と争ったのである。

アカデミーが下した審判と有益な発見にたいする冷淡な態度にたいして、また、アカデミーが、その内部でなされ、登録された発明や業績を公衆に享受させることを怠ったことにたいして、しばしば異議が申し立てられた。

これらの特権団体の存在はわれわれの共和主義の原則のすべてを傷つけ、平等と思考の自由を攻撃し、芸術の進歩を妨げている。

しかしアカデミーの組織は悪いが、その諸要素は良いのであり、われわれは、諸君が公布しようとしている新しい公教育の組織において、それらの要素を活用することができるだろう。

物理学と天文学の器具、模型、紡績機、設計図と地図などの貴重な収集物はいくつかの場所に無秩序に散らばっている。これらの収集物は、概して、手入れをされておらず、使う人も少なく、ほとんど公共の役に立っていない。

多くの図書館には、理性と愚かさ、哲学と偏見、真理と虚偽が入り混じっている。勤勉で教育のある人々がこの混乱を解決し、良いものと必要なものを悪いものと余計なものから選別することが必要である。国内での配置がまずく、体制も悪いために、図書館はたいてい無益なものになっており、図書館の所蔵する貴重な著作の検索が妨げられている。

褒賞は、わが国の専制君主のもとでは、ほとんどつねに功績の価値を引き下げ、美徳を汚し、人間を駄目にし堕落させる手段でしかなかった。というのも、褒賞はほとんどいつも、悪徳や下劣さや無知にたいして気前よく与えられたからである。学芸と美徳がそれらにふさわしい仕方で奨励され名誉を与えられるようになるのは、やっと、フランスが再生してからのことである。

われわれは権利の平等を回復し、優れた才能と偉大な行為の功績を認めてそれに報いることを学ばなければならない。

フランス革命は古い行政のあらゆる分野に存在した特権を追及してきたが、そうした特権は、それでも、新しい行政のもとで新案特許という形で復活している。この制度は、発明者に補償金を与える確実な手段ではなくて、平等の侵害、産業の進歩の障害なのだ。ずっと以前から、哲学的著作家たちは、混乱し不完全で古くさくなった制度のあらゆる弊害を指摘してきた。* われわれが示したのはその概要である。

* バルレティ・ド・サン＝ポールは、教育の全般的改革を準備するために、一七六三年に教員養成学校の設立を政府に提案した。大学とサルティーヌが策を弄して反対したが、この提案は受け入れられ、実行されるところだった。この学校は、科学、文芸、技術、言語を学び、教える真の方法について無料の公開講座を行なうはずであった。

今日では、これらの弊害に反対する声が広く上がっている。人民の代表者たちは、僧侶の支配を転覆することによって、これらすべての団体に攻撃を加え、活動を停止させた。天分を窒息させ、天分を伸ばすよりもその未発達な状態を長引かせるような教育、骨の折れる厳しい学習が求められる教育を数年間受けたのちに、ただ自分が無知だという感情かそれとも馬鹿げた自己満足しか残さないような教育は、もはや誰も望んでいないのである。

いかなる古い制度も保持されるわけにはいかない。その形式はわれわれの共和主義的原理にいちじるしく反しているし、われわれの知識の現状からあまりにかけ離れているからである。

第二の設問　公教育はいかなるものであるべきか。

公教育は、諸科学、文芸、および技術の完全な教育を助けるすべてのものを包括しなければならない。公教育は、全体としてとらえれば、普遍的でなければならない。いかなる知識も退けられたり無視されてはならないのである。知識はすべて有用であるか、あるいは将来、有用になるであろう。公教育は知識と美徳の源泉であるから、いわゆる知育《アンストリユクシオン》に属するものと徳育《エデユカシオン》に属するものとを含む。

知育は精神を啓発し、あらゆる知的能力を鍛え、思考の範囲を拡大する。徳育は人格を育て、心に健全な意欲を刻み込み、感情を抑制し、意志を導いて行動に移させ、精神の理解力を活動させる。さらに徳育は習俗を維持し、行動と思想を良心の法廷に従わせることを教える。

知育は、時代と場所を問わず、あらゆる人々の経験と思索の成果を受け継ぐ。徳育は、各人の完成能力の程度と地位に応じて、それらの成果のうちから選択して、人間の身体と道徳を強化する。

徳育なき知育は人に才能と自尊心、資力とうぬぼれを与え、理性によっても模範によっても抑制されない人間にとっては、度の過ぎた情熱の忌まわしい道具になりかねない。知育なき徳育は習慣しか育てず、人をあらゆる偏見に導きかねない。知育なき徳育は適切な手段が限られているために、その歩みは遅く不確かであり、意図は純粋であっても、真実と正義を見誤り、精神を狭い限界のなかに閉じ込める。さらにそれは、自分の無知そのものを間違って美徳と取り違える個人の肉体的および知的な力のすべてを用いて、誤謬を勝利させるであろう。

都市では、過度の知育から生み出されるあらゆる悪徳が見られる。農村では、迷信的で無知な徳育によるあらゆる誤謬が見られる。

専制が人々をよりうまく隷属させるために彼らを投げ込んできた腐敗と愚行の汚泥を自由の地から一掃するために、知育と徳育を結びつけよう。徳育は社会生活の指針になり、知育はその導き手になるだろう。

習俗の再生、科学、文芸、技術の進歩、および公共の繁栄のためのそれらの正しい応用は、まさに、われわれが今後、公教育という名のもとで示すこの結合にかかっている。良い公教育は、社会にたいしては良い息子、良い父、良い夫を、自由と平等にたいしてはその熱心な支持者と忠実な守護者を、政治体にたいしては知識があり勇敢で職務に献身する官吏を、確実にもたらすであろう。良い公教育は、富めるものには財産を正しく用い、自分の幸福を他人の幸福のうえに築くことを教え、貧しいものには労働と誇り高く高潔な心にふさわしい美徳の実践によって、逆境を乗り越えることを教えるであろう。農村では、人間の尊厳の感情を広め、偏見に代えて有用な真理を広めることによって偏見と闘い、人間のあらゆる能力を鈍らせる野蛮な因習をいたるところで攻撃するであろう。理性を護り、たえず働かせることによって、人々が不断にみずからを完成し、生業を伸ばし、幸福になる手段を増やすことを教えるであろう。

公教育は世論を啓発し、一般意志を助けてあらゆる社会制度を改善するであろう。公教育はとりわけ祖国への神聖な愛を広めるであろう。祖国愛こそ、すべてを活気づけ統一し、すべてを美しくし強化して、〔国家という〕大きな結合体が生み出すすべての利益を、融和と兄弟愛によって市民に確実に獲得させるであろう。

憲法は国民を政治的・社会的存在にし、公教育は国民を道徳的・知的存在にするであろう。こうして社会は、人間の身体と同じように、思考と構想の器官を獲得し、この器官は社会に生命を与える分枝をいたるところで生み出すであろう。さらに社会は運動と活動の器官を獲得し、いたるところに生命と幸福をもたらすであろう。

われわれの自然的ないし政治的必要を満たすのにもっとも必要な種々の社会的職業と役職を思い浮かべてみよう。これらの職業と役職は、ある全体的制度のなかで、知性の程度と性質に従って、また職業に必要な教育の程度に従って、秩序づけられている。教育の技術は、全般的で適合的な制度のなかで秩序づけられた人間の全知識を、その本性と人間精神の進歩に応じて拡大するはずの漸進的発展に即して提示することにある。

まさに知識と必要という二つの段階のあいだで、あらゆる年齢の男女の市民は、自然から受け取った力を行使し、自由に徐々に前進することによって、一方では、一歩ごとに新しい知的・肉体的力を獲得し、他方では、それらの力を自分自身ないし公共の効用のために利用することができるであろう。

各人が教育を終える段階は、各人が自分の能力を伸ばす努力を終える時点として自然そのものが印した段階になるだろう。その他のあらゆる障害は、各人に可能な自己完成の実現というすべての市民の権利にたいする侵犯になるだろう。

一般教育の段階と配分は、普通の知能をもつ市民が、大多数の人々のために法律が定めた期間で教育課程の大部分を全うし、さらに自力で学習を継続することができるものでなければならないし、また、教育課程を終えれば、自分の力や才能や美徳の使用は社会に捧げて、幼年の自分を大事に育ててくれた社会に役立ち始めるものでなければならない。

公教育の段階区分

無知は信頼を妨げ、教育は信頼を呼び起こす。その結果、社会秩序にかんしては、無知はすべての市民の権利である公職への被選挙資格を幻想に帰し、教育はそれを真実のものにするであろう。

被選挙資格が真実のものになり、しかも全員にとって同一であるためには、公衆の信頼を呼び起こす手段が、すべての市民に平等に、また同じ程度に手の届くものでなければならないであろう。

教育はその手段のうちでもっとも強力なものと考えられるから、被選挙資格の対象となるあらゆる職務に必要な教育は、全員に手の届くような仕方で確立されなければならない。

この観点からすると、被選挙資格が完全であるためには、各市民の知識が共通であることが要求されるであろう。しかしこれは不可能である。すべての個人が、自然から同じ素質を受け取っているわけでも、同じ程度の素質を受け取っているわけでもないからであり、また他方では、財産の相違のために、同じ素質をもつ人々の全員が、同じ学習に同じ長さの時間を割くことはできないからである。

したがって、被選挙資格はいかなる個人にとっても共通であるわけではないし、完全でもありえない。被選挙資格には、自然と人生のさまざまな出来事が各人の知性と財産にもたらした限界があるのである。

全員が教育のあらゆる分野から平等に利益を得ることはできないのだから、教育のあらゆる分野を同じように増やすことは無用なことであろう。

他面では、社会を構成するすべての個人があらゆる職務に同じように適しているということが、社会にとって絶対に必要なわけではない。社会は、そのうちの少数の人々しか雇用しえないからである。とすれば、あらゆる知識を全員に与えることは、市民のほとんど全員にとって、不可能ではないにしても、馬鹿げた贅沢であろう。さらに、教育の分野を拡げれば、教育の深さが失われるだろうし、すべてにかんして適切であろうとすれば、何ものにも適切でないことになる危険を冒すことになろう。

ある公職にかんして、その職務にかかわるすべてのポストを適切に満たし、また、人員の刷新が公的利益の求めに応じて行なわれ、人員の不足をもたらしたり人材が忘却のうちに埋もれたりすることのないように、その職務に必要な能力を等しくもつ市民の数を数え決定することは、重要な政治的計算になるであろう。

この問題の解決は、その職務に対応するか、またはそれに近い教育分野で養成すべき生徒数、教員数、教育施設の数と配置を、他の必要な要因を考慮に入れて決定することになるであろう。

これらの考察は、われわれの必要や楽しみを満たすのに必要な職業にも適用することができる。

こうして公教育組織は、産業技術の組織が土地の広さや人口や人々の需要にもとづいて勘案されるように、政治組織にもとづいて勘案されるであろう。

これらの問題の解決を期待しながら、われわれは、われわれに課せられた問題について次のように言うことができよう。

一　公教育は、社会との関係において、あるいは個人との関係において考えられなければならない。

二　公教育はこの二つの関係のいずれにかんしても有用で、必要不可欠なものでなければならないが、公教育のすべての分野が同じように普及することは必要ではない。

三　政治体に必要であるために求められる知識のうちで、全員に必要な知識は、議員を選出する第一次集会での主権の行使や、市民が異議を申し立てたり、利益を追求したり、有効な監視を行なったりする際に必要な、市民相互の関係に直接にかかわる法律と市民と公務員の関係を定める法律とにかんする知識といった、全員の権利にかかわるものに限られる。

公教育のそれ以上の部分は確かに社会全体に属してはいるが、少数の市民のみにかかわる。

四　社会のさまざまな職業に必要な教育も同様に、少数の人々だけが受けるものと、すべての人が知るべきものとの二つの部分に分けられなければならない。

全員がすべての職業に通暁する必要はないにしても、各市民は少なくとも一つの職業につうじていなければならない。健康に恵まれているのに、社会全体またはその一部のために、あるいは自分自身のために働かない個人は、貧富にかかわらず、軽蔑すべき存在であろう。こうした個人にたいしては、人間の権利を犯さずにできるのであれば、社会から締め出すか、あるいは無用さにたいして財産で支払うことができるというのであれば、三倍の税を課すべきであろう。

すべての職業が必要だとしても、あらゆる職業が同じように増えるわけではない。社会には医者は農民ほどたくさん必要ではないし、画家はパン屋ほど、眼鏡屋は仕立屋ほどたくさんはいらない。

したがってわれわれは、次のような仕方で公教育を組織し、そのさまざまな分野を配分し段階づけなければならない。(一)もっともよく用いられる知識が恵みの露として共和国のすべての市民に拡がること。(二)一般的な効用はあるがあまり広く応用されない知識は、それをもっとも成果あるものにすることのできる人々の手に入るようにすること。(三)より高度の教育施設は、それらが向けられる職業や役職、それに従事しうる、あるいは従事することを望む個人の数と同じ比率で減少すること。

これらの異論の余地のない原則に従って、委員会は公教育を次の名称のもとに四段階に区分した。(一)初等学校、(二)中等学校、(三)学院《アンスティテュ》、(四)リセ。各段階の理由と目的を説明しよう。

(一)初等学校

初等学校は六歳以上の子供に開かれる。初等学校は毎日の教育と週ごとの教育の二種類の教育を提供する。毎日の教育においては、子供は、自分自身の必要や権利の行使と義務の遂行のために、また社会に無用な存在にならないためにどうしても知らなければならない知識を学ぶ。身体的および精神的能力は毎日の教育で最初の成長を遂げ、身体は仕事に就くことのできるように、心は考えることができるように成長する。

若者は読み書きを学ぶことによって、国語の文法にかんする初級の知識を受け取る。彼らは算術の初歩の規則と計測の簡単な方法を学ぶ。さらに、国のもっとも普通の生産物と農業および工芸のもっともやさしい仕方についての基礎的な記述が加わる。子供たちは、自分自身の経験をとおして道徳と社会秩序の基本的観念に導かれるであろう。

週に一度、田畑と作業場での厳しい仕事の合間の休息日に、教員は年齢と男女の区別なくすべての市民が出席する講座を開く。この講座は、知性のより発達した人々のために、毎日の授業で示された主な対象にもう少し詳しい説明を与えることによって、それらの対象の記憶を新たにさせる。この講座では、われわれの権利を保持し、もっとも簡単な公務を遂行するために知っておくことの有益な共和国の法律の説明が、与えられる。農業と工芸、それらにかかわる新発見、共和国のもっとも重要な出来事が、市民の関心と興味にたいして次々に提供される。

若者には励ましを与え、子供の成功に立ち会い、家庭生活の行動の指針になる家長にたいしては慰めと喜びを与え、身体に必要な気晴らしを与える一方で精神には優しく有益な活動を与え、公共精神を発達させ、市民全員をうちとけさせることこそ、この講座からわれわれが期待すべき成果である。

善行を触発し、あらゆる社会的・家庭的美徳の純粋で豊潤な源泉になるべき初等の教育、共和主義者の素朴で厳格な習俗を自由の土壌のうえに据えるべき初等の教育が、フランス全土に広められなければならない。人々の居住地から遠く離れないように、各人が半リュー〔約二キロメートル〕以上移動せずにこの教育を受けることができるようにしなければならない。

（二）中等学校

一〇歳未満の者が入学しない中等学校では、初等学校よりも充実し、より詳細で、より分析的な教育が、教育を受ける者の年齢に比例して与えられる。どの科目を選ぶかを決めるのに先だって、教師の目の前で挑戦してみようとする子供にたいしては、難しくない科目がいくつか提供される。

中等学校では、道徳は歴史をつうじて教えられる。主な法律の説明に加えて、商取引や契約についての知識が与えられる。地理学は子供を商業と博物誌の基礎の学習に導くであろう。算術、幾何学および物理学のもっとも簡単な概念は技術や農業経済に役立つであろう。

こうして中等学校では、すべての市民にもっともなじみ深い職務や社会のもっとも普通の職業を果たすのに必要なことが教えられる。さらに中等学校では、より高次の教育の準備が行なわれる。

中等学校で教えられる科目はとくに技術に応用されるから、この教育は作業場に、観察の精神とよく鍛えられた判断力を導入するという貴重な利点をもたらす。こうして観察の精神と判断力が、これまで作業場を支配してきた愚かで盲目的な因習に取って代わるであろう。

中等学校においても、すべての市民にたいして開かれた毎週の講座が開催される。この講座は有益な知識を広め、一週間の機械的な仕事ののちに定期的に行なわれるから、市民たちに精神と身体を交互に鍛える習慣を身につけさせ、公共精神を堅固な基礎のうえに打ち固め、偏見を追い払う教育を家族のなかに導入するであろう。

中等学校の教育はすべての市民に必要だと考えることができる。それゆえ、中等学校の教育を、初等学校の教育と同じように容易に受ける権利は、全員の権利に属する。しかし、(一)中等学校は男女両性のためのものではないこと、(二)家での仕事のために、子供が中等教育から利益を得るのに十分なほど長く通学させることのできない家庭もあること、(三)大多数の家庭は、中等学校が設立される場所に子供を住まわせるための移転費用を負担しえないこと、(四)中等学校での教育範囲を満たすには二人の教師が必要であり、したがって一学校あたり八〇から一〇〇人の生徒が必要であること。以上の点を考えると、中等学校の校区は必然的に初等学校の校区よりも広く、したがって学校数はより少ないことが分かるであろう。

したがって学校の配分は別の原則にもとづいて行なわれなければならない。教育が簡素になり、家族の境遇と国家の財力が改善されるにつれて、中等学校の人気は増し数も増えるであろう。

（三）学院

数学と物理学、精神科学と政治科学、農業と工芸、文芸と美術、これらが学院の教育を構成する。学院では、人間の知識の全段階の基本原理がたどられる。

各学院には、図書室、物理学と博物誌の陳列室、化学実験室、農園が備えられるべきである。

学院の教育のいくつかの部分が成功するには、施療院とさまざまな産業分野の作業場が、学院の近くにあることが必要である。生徒たちはそこで実地と経験にもとづく授業を受けることができるだろう。こうした授業は、身体と精神を同時に使い、諸原理を直接に応用することによって、教授の講義にたいして新しい関心と効用を呼び起こすであろう。

学院での教育は、いくつかの講座に分けられる。特定の職業を志す者は、それに必要な講座により大きな関心をもって出席することができる。

すべての講座は公開である。家長として子供の教育に加わるためであれ、子供の進歩に立ち会うためであれ、あらゆる年齢の市民が講座に出席することができる。この公開性は子供には強力な刺激になり、教授には励ましになるであろう。

すべての教授が出席して行なわれる公開講座は、教育のすべての部分を結びつける絆になる。公開講座では、もっとも重要な科学上の諸発見、技術におけるもっとも際立った経験、もっとも有益な新技法が伝えられる。それらの話題は、教育への関心を培い、人間の知識のすべての分野を広め、結び合わせるであろう。

学院で五年間の教育を受けたのちには、生徒は自分一人で進歩を成し遂げ、最高の知識を必要とする職業や仕事に就く準備ができている。

医師、助産婦、農村の獣医、初等学校と中等学校の教員が学院から巣立つはずである。

学院の教育は、高度の理性と知識を与えなければならない。それらによって、誤謬に真理の衣を着せ、野心と陰謀を誠実で率直な色調と形式で装う有害な技術を、議会から一掃することができるだろう。

学院で教えられる教科の範囲からすれば、多数の教授、生徒の大規模な選抜が必要であり、したがってこの施設には大きな校区が必要である。
ある程度の数の生徒は中等学校で学業を終えて、仕事に就いたり、職業の準備をしたり、家族の世話に専念する。

さらに、中等学校での教育で事足りる職業や職務はきわめて多いから、中等教育がある程度の数の市民の求める教育の最終段階になるであろう。

前項では、初等学校よりも中等学校の設立数を減らす必要があることを考察したが、この考察は学院にかんしてはいっそうあてはまる。われわれの必要と釣り合わせるには、学院の数は中等学校よりも少なくなければならないのである。

学院数が少数であることから生じる教育手段の配分の不平等の一部を解決し、われわれが学院の講義に付け加え、知識の普及にたいする学院の影響力を増加させようと考えている実際的な授業をいっそう確実なものにするには、学院をできるだけ人口の稠密な場所に設置することが適切である。そうすれば、人口の少ない土地では金持ちだけの財産になるような学院の教育に、あまり裕福でない多くの人々が移転せずに出席することができるであろう。

(四)リセ

リセはすでに教育を受けた人々の学校である。リセは諸科学、技術、文芸の全域を包括する。

技術者、医師、学院のさまざまな教育分野の教授、さらに、趣味で科学に専心し、科学の限界を後退させ、科学の保護者になる人々が、学院から巣立つであろう。

この第四段階の教育は少数の職業にしか役立たないが、これらの職業はその重要性のゆえに全共和国に役立つであろう。

各リセには、図書室、庭園、物理学と博物誌の陳列室が付設される。

リセはかつての大学に照応しているが、それよりも優れている。大学は技術と諸科学の進歩に後れを取っていたのに、リセはつねにその水準を保持する。リセは、外国人が自国では見出すことのできない可能性を彼らに提供し、哲学の講義とともに共和主義的自由の講義を与える。リセはわれわれの言語と原理を広めることによって、人間を誤謬と偏見から解放するというわれわれが果たすべき勝利を拡大するであろう。

フランスには、少数のリセがあれば十分であろう。しかしただ一つのリセでは、公教育が期待する有為の人々をすべて供給することはできない。リセから生まれるべき利点の分配をもっと平等にし、従来のパリ偏重を解消し、フランスのさまざまな地に有識者を確保するには、いくつかのリセが必要である。パリが依然として教育と知識の唯一の中心でありつづけるならば、彼らは必ずパリに居を定めるであろう。

リセは教育の最高段階である。リセは創造の天分と、人間と自然を観察し、研究し、熟考する哲学のもとに置かれて、それらが探究し到達した思想と有益な真理を蓄積する。リセはそれらの思想と真理を観念から教育に移し、それらへの接近を容易にし、日々用いるのに必要な説明を加えて、速やかに広く普及させる。

初等学校と中等学校は、すべての市民に有益な教育を提供する。学院とリセはより高次で社会に絶対に必要な知識を供給する。

市民は、初等学校と中等学校で自分自身の必要を満たすものを見出す。学院とリセでは、市民は、公共の信頼に応える難しい役職や個々の点で同胞と祖国に役立つに足りる、広く深いえりすぐりの知識を見出すであろう。

中等学校は学院での教育を受ける準備を与え、学院はリセの教育の準備を行なう。

中間の諸段階はもっと基礎的な観念を与え、方法をいっそう簡単でなじみやすいものにすることによって、観念や方法をもっとも低い教育段階にまでおろすのに役立つ。それらは、いわば教育の両極を隔てる距離を縮めるのである。相互的で必然的な依存をつうじてすべての段階が結びつけば、学院とリセはもっと有益になり、初等学校と中等学校はもっと広範な手段を用いることができよう。初等学校と中等学校の成功と、段階を追って実現される完成は、より高い段階の教育しだいである。そこで教員が育成され、教育方法は簡単になり、天才の考えが次第に初歩的で広がりのあるものになるからである。

才能の誕生を助成し、より多数の有益な市民を共和国に確保するために、委員会は諸君に次の提案を行なう。すなわち、毎年、第一級の成功を収めた一定数の子供に祖国の生徒の称号を授与し、彼らが親元を離れてより高い教育を受けに出かけたり、有益な技術の徒弟修業に入るための支援金を彼らに与えること、である。この優れた制度は、あまり費用をかけないで祖国に名誉をもたらし、科学と産業の速やかな進歩を保証するであろう。

以上が、委員会が諸君に提案する公教育の全組織である。その諸部分は相互に緊密に結びついており、一つの調整機構を必要とする組織であり、公行政と統治組織に属するすべてのものを憲法にもとづいて構成された権力にゆだねると同時に、教育の最高の活動を維持する全般的な監督機構を必要とする組織であることを示している。委員会はこの二つの性格を結びつける方法に取り組んだ。

公教育は、順を追って詳しく述べるように、道徳教育と身体教育に属するすべてのものを含まなければならない。子供は、体育によって身体の健康、力、技能、敏捷さを身につける。

われわれは道徳教育によって共和主義者としての習俗と習慣を発達させ、われわれを同胞や義務や祖国に結びつける美徳の実行に多くの魅力を感じさせる感覚を子供に覚えさせるであろう。

子供たちは自分自身の経験と日々の実践によって、家庭での美徳と社会的美徳を身につける。彼らの道徳教育は必要に応じて、したがってつねに時機に応じて有効に展開される。

女性の教育も公教育の全般的組織のなかで重要な位置を占めなければならない。それは、

一　彼女たち自身のために必要であり、

二　若干の女性たちは、夫を失っても家族のすべての仕事を担いつづけるからであり、

三　子供が六歳までに受ける最初の教育は女性にゆだねられているからであり、

四　学校に通学する子供たちは毎日親のもとに帰り、その監督を受けるが、女性はその多くの部分を担うからであり、

五　自然は、女が男の教育を完成することを望んだからである。女は社会的美徳に疎遠であってはならない。彼女ら自身のために必要であるだけでなく、女は男の心のなかに社会的美徳をはぐくみ強化することができるからである。

自然的・社会的秩序のもとで、男が実行し行動するように義務づけられているとすれば、女は絶対的で必然的な影響力をつうじて、さらに強くさらに熱烈な推進力を意志に与えることを義務づけられているのである。

この影響力はけっしてなくならず、しばしば、堕落をもたらしたり、人類の幸福に害をもたらしたが、この影響力が真に社会的で有益な性質を受け取るためには、男女両性の教育において、一方が善を選び、望み、吹き込むことを学び、他方が善を行なうことを学ぶといった関係、調和が存在することが必要であろう。

孤児と聾唖者は、不幸や放蕩が前者から奪い、自然が後者に拒んだ支援を公教育に見出さなければならない。

最後に、教授の給料、教育の他の経費、初等教科書の作成、試験、奨励と褒賞、国民の祭日などは、委員会が諸君に提出する個別報告の対象である。

第二部

第一の設問　国民は公教育の全段階を公教育制度のなかに含めるべきか。

われわれは公教育を二つの部分に区分した。すべての個人に必要な教育と、社会には必要だが、必ずしも全員がいそしむ必要のない教育とである。諸君の判断にゆだねられた教育案から例を取れば、初等教育と中等教育は第一の部分であり、学院とリセは第二の部分である。

そこで、全般的な問題は次のより正確な二つの設問で表される。

一　国民は、すべての市民に必要な公教育の部分を確立すべきであるか。

二　国民は、一般的効用と社会全体の必要が求める教育を確立すべきであるか。

問題全体の述べ方をこのように変えることが、問題の解決になる。というのは、社会は社会の必要と幸福に合致するすべてのものを与える義務があるのか、それとも、社会を構成する市民の必要と幸福にふさわしいすべてのものを与える義務があるのか、を問うことになるからである。

公教育は国民の負債でも恩恵でもない。それは国民の必要物である。公教育がなければ、社会はやがて、子供のころにないがしろにされ、もって生まれた力をうまく使えなかったために、潜在的には可能だった発達を実現することのできなかった人間のようになるであろう。

公教育制度は、その全体が確立されねばならない。というのも、公教育制度は社会・政治体に不可欠の職務と職業の全体系に応えなければならないからである。

教育の一部を削除すれば、職務の一部は知識と援助――それなしには職務がうまく遂行されず、また不完全になるような援助――を奪われることになるだろう。

教育のつながりを断ち切るか、教育がもっとも貧しい人々にまで届かないようにしてみたまえ。そうすれば諸君は、長い生涯を満たすのに十分な力を自然から受け取ったのに、財産が不足しているためにその力を補うのに必要な教育を受けることができなかったり、あるいは教育をまったく与えられないか、それとも教育が悪いものであるために、成長をはばまれた市民の政治的権利を侵害することになるだろう。こうして諸君は市民を二つの階級に分かつことになるだろう。すなわち、国民は容認しないが、もっとも難しい官職や職業には適切なものになりうる知識を私立の教育施設で身につけることのできる豊かな市民と、運命の女神の気に入られなかったために、どうしようもなく無価値な生活を送るように宣告されている市民、とである。そうなれば、財産の不平等は知識や能力の不平等の原因になり、人々は貧しいがゆえに公職から排除されることになるだろう。貴族向けの士官学校の教育は、このようにして、この特権的カーストに属さないものをすべて、軍隊の上位の階級から排除したのであった。

このような不正や政治的な誤りが、フランス人民の代表者たちの功績を傷つけることがあってはならない。立法者諸君、諸君は、公教育がわれわれのすべての必要と能力を包含し、理性の完成に向かう歩みが、知識のあらゆる段階において同じ歩調で進むようにするために、公教育組織の概略を示さなければならない。

われわれが、事物の点でも人材という点でもわが国に存在する文芸の宝庫を利用する機会を国民から奪ってしまうような、偏狭でくだらない物惜しみをすれば、国民は正当にもわれわれを非難するであろう。

さらにいえば、このような物惜しみは自由を危うくし、公徳心を後退させるであろう。もし諸君が公教育を全国にくまなく組織しなければ、コレージュが廃墟から復活するかもである。各コミューンはその知識と多少とも革命的な世論に従ってコレージュを再建するか、それとも衰退のままに放置するだろう。そしてこの誤謬と偏見でできた不調和な施設が創出されれば、新しく設立される学校の教育は誕生のときから毒に汚染されることになるだろう。

それだけではない。諸君が、コレージュに属している財産をそのままコレージュに残せば、諸君は重要な財源を奪われることになる。この財産を国有財産に併合すれば、コレージュの維持が国家の義務になるだろう。教授の給与を支払う責任を負わずに、この財産を取り上げる権利は諸君にはないからである。ところで、フランスにはわれわれが提案している学院の二倍のコレージュがあるのだ。こうして、諸君は、これらの有害な学校に取って代わるべき学院にたいしてよりも、有害な学校にたいして、より多く支払うことになるだろう。したがって、教育を広め流通させるはずの水路が、いつも教育を培う泉の近くにあるようにするために、初歩を学ぶ子供から新しい真理を熟考する哲学者にいたるまで、切れ目なく拡がる教育のすべての段階を確立すれば、得るものばかりである。

国民を自由に向かって前進させるのは、若者を教える教員と哲学的な著作家である。それは誤った知識や才人や無知が国民を隷従に陥れるのと同じである。

立法者諸君、急ぎたまえ。教育の必要はいたるところで痛感されている。共和国を支援するいくつかの団体は、人民の教育が放棄された状態にあるのを嘆き、内部に教育委員会を設けた。バ＝ラン、ロー ヌ＝エ＝ロワール、ロワール＝アンフェリュールの諸県は同様の懇請に動かされて、立法議会の委員会の計画に従い、学院をモデルにしてコレージュの一つを組織した。この新しい組織が設立されて以来、学生数が大幅に増加していることを、われわれは急いで国民公会に報告しよう。いたるところに同一の教育と同一の精神のみが存在し、貧しいコミューンも豊かなコミューンも、教育がもたらす可能性に等しく参加できるようにするために、この対象にかんする共通で一律で完璧な推力を共和国全体に伝えるべき時が来ているのだ。

第二の設問　公教育の全段階は国費でまかなわれるべきか。

若干の人々は、公権力はすべての段階の公教育を確立すべきだとしながら、全段階の公教育の費用が国家によって支払われる必要はないと考えている。

委員会は、反対に、市民の個人的必要のために提供される教育であれ、社会全体の利益や共通の利益のために提供される教育であれ、教育はすべての段階において共和国の費用でまかなわれるべきだと考える。その理由は以下の通りである。

一　個人的必要のために提供される教育も社会全体の利益のために提供される教育も、

全員に有益である。

二　社会自体が提供する教育は、間違いなく、あまり財産のない市民によってより強く求められている。彼らは、自分の理性を完成することによって境遇を改善する手段を、そこに見出すであろう。彼らは、実現が遅くて不確実な希望を購うために、苦しい生活を削るようなことはけっしてしないであろう。

三　教育を全員の受けられるものにすることによって、財産の不平等は消え去り、すべての市民が入り混じり、差別なしに共通の教育の利益を享受することができるであろう。反対の場合には、金持ちは必ず貧乏人から切り離され、金持ちの側では才能と傲慢が増加し、貧民の側ではかけがえのない頼みの綱が奪われ、屈辱が強まるのが見られることになるだろう。

四　教授は全員、国家からの支払いを受け、すべての教育施設でより平等に支払われるべきである。そうすれば、教授は生徒数にもとづいて自分の利益を計算したり、親のもてなしに合わせて配慮を惜しんだりするのでなく、自分の教える生徒数にかかわらず、講義を聴く生徒の素質、熱意、勤勉さ、成功のみを期待するようになるだろう。

五　金持ちが社会に多くの子供を与えることは稀であり、この点からいうと、無償の教育は金持ちよりも貧乏人に有利である。

六　教育の一部を無償にする場合には、諸君は市民を当然ながら不十分な初等教育のもとに置き、市民がもっと広範でもっと確実な教育を必要とするようになったときには、彼らを見捨てることになるだろう。こうして諸君は、市民の大部分にたいして、無知かきわめて限られた教育を強いることになるだろう。

七　公教育の費用が国家によって支払われる場合には、税金は財産に比例するのだから、実際には貧乏人よりも金持ちによって、ずっと多く支払われることになる。それにたいして、全員を平等に受け入れる教育は、生活手段を獲得する必要に迫られている貧乏人に、とくに利益をもたらすであろう。

八　学院とリセへの支出は公教育にかんする全支出のおよそ四分の一で、これはフランス全土に割り振れば、中程度の財産をもつ市民にとっては、一年におよそ五スーになる。それにたいして有償にした場合には、学院とリセの少数の生徒が負担する支出は、七七リーヴルから八〇リーヴルになるだろう。

九　全支出の四分の三は無償の初等・中等教育の支出であるが、この教育が無償であることに疑問の余地はない。有償の高等教育は、強力で自由な国民にふさわしくない恥ずべき物惜しみだという点を別にしても、金持ちにとっても貧乏人にとっても費用のかかるものであるだろう。金持ちは税金の追加として支払うもの以上のものを教育のために支払うことになるからであり、貧乏人にかんしては、税金は減らないのに、公立学校が貧乏人には閉ざされることになるからである。

一〇　コレージュと大学の財産は、新しい組織においてそれらに対応する教育施設の教授の給与を支払うのに足りる額を超えている。だからその一部は、より低い段階の教育のために向けられる。

一一　さらに、高等教育の教授の給料を生徒に払わせるとすれば、国家は、すべての教育施設をつねに監視し、保護しなければならなくなるであろう。そうしなければ、これらの教育施設は支払わない者にはまったく開放されないから、人民から必ずや特権的施設と見なされるにちがいない。

一二　最後に、完全に無償にすることによって、教育はより広まり、より平等でより自由で、臆見からより独立したものになるであろう。技術と科学はいっそう究められ、祖国にいっそうよく奉仕するであろう。

第三の設問　公教育はいかなる点で行政府の支配のもとに置かれるべきか。

この問題にたいして、委員会は、公共の秩序と、支出と国有財産の全般的管理の点で、行政府の支配のもとに置かれるべきだと答える。

しかし教育のうちで知識の普及のみにかかわる部分は、それを保護する特別の監督のもとに置かれなければならない。その監督とは、束縛でなく刺激を与え、教育の抑制でなく教育を導く監督であり、知識や発見や理性を有効に啓発し、産業に新たな手段を提供する仕方をいっそう適切に選別し、もっと一様かつ迅速に広めるのに役立つ監督である。この回答を少し詳しく説明しよう。

一　いかなる市民もいかなる教育施設も、秩序にかかわる法律と全国的治安機構を免れることはできない。諸君が理性と哲学の完成に捧げようとしている施設も、処罰を受けることのない特権的な避難所であってはならない。同一の法律がすべての施設とすべての市民を監視し、公共の秩序に違反するものはすべて、その役割やその場所の如何を問わず、同じ仕方で罰せられなければならない。

二　それぞれのポストの給与と出費については、教授と教育施設の職員は他の官吏と同列であり、同じ秩序に従う。教授は公共の共通の監視のもとでなければ、いかなる基金の管理にも関係してはならない。

三　教育用の建物がコミューンのものであれ国のものであれ、その保管と維持は教授ではなくて、地方自治体もしくは行政府にゆだねられる。

四　図書館、器具、収蔵品および国有財産の一部をなすその他の物品は、全国的行政の管理に服さなければならない。共和国の全財産を監視する唯一の中心が存在するようにするためである。他面では、それらのものは共同の責任のもとで使用に供するために、教授または他の職員の裁量にゆだねられるべきである。

五　この問題は、任命との関係で検討することができる。重要なことは、学ぶ意欲と生活習慣、祖国と法律への愛を広めるべき人々が、教員という尊敬すべき職務に献身し、共和国の基礎をなす諸原則に揺るぎない愛着と知識をもつことである。

選抜、個人の意志、愛国心と能力という三つの性格のほかに、少なくともより低い教育にかんしては、学校の置かれる地の家父長たちが表明する意志を付け加えなければならない。自然は家父長にたいして子供の美徳と幸福を確保するという神聖な義務を課した。したがって家父長には、もっとも有能で愛国的で献身的な者のうちから、子供の世話を任せ、父権を分かち合い、協同の監視によって教育の健全な成果のために協力しようとする者を選ぶ権利があり、可能なかぎりその権利を行使しなければならない。

さて、教職に就く意志の有無は、その地の自治体の登録簿に登録しているか否かによって知ることができる。この職に就こうとするすべての市民は自由に登録することができるからである。

愛国心は地方自治体によって保証することができる。

しかし教育能力は、教員を必要としている分野の有識者によってしか見分けられない。教育能力を行政府ないし執行権力に決定させるのは、公教育を重大な危険に陥れることになるであろう。

最後に、家父長会議が、先に述べた三つの性格を備えていると認められた者のリストにもとづいて、最終的に教員を任命する。

六　教育は、そのもとで全般的な問題が考察されるべき最終的かつもっとも重要な点である。

圧政は人民の思想を拘束し、学校を自分の意にそうように導くことで人民に無数の弊害を及ぼし積み重ねたから、自由を愛する人々は、必然的にあらゆる手段を尽くして、公教育の活動と純潔を確保することを希望することになった。ところで、それらの手段のうちでもっとも強力で独立した手段の一つは、行政府および執行権力からの教育の独立である。

知識の普及はけっして行政の対象ではない。技術と科学に大きな利害をもっているが、それとは無関係な諸権力に教育をゆだねることは、人間精神のもっとも美しい権利、すなわち人間精神の完成の限界を自然の限界にしか認めない権利を、傷つけることになるであろう。

諸君が共和国に与える組織がいかなるものであれ、きわめて大きな権威をもつのは本質的に執行権力である。しかし執行権力は、けっして世論を自分の意にそうように導いてはならない。なぜなら、世論のみが執行権力を効果的に監視することができるからである。執行権力の手に公教育のような活動的な機関をゆだねることによって、その力が増大しないように注意しよう。この機関を手に入れれば、執行権力のよこしまな手先は、同時代人には与えることのできなかった悪徳の芽を、未来の世代のうえにきわめて容易にもち込むことができるであろう。彼らは、人々が毒の混入に気づき対抗手段を講じるよりもはるか以前に、社会生活の最初の泉に毒を混入することができるからである。

立法府はつねに人民の権利と利益の守護者であるから、人間の精神の歩みがけっして妨げられないように、学校に来て知識と美徳を学ぶ若い共和主義者が思想の自由を最初に実感するように注意するであろう。

教育の独立は一つの国民的権利である。それは人間の全能力を完成させ、したがって、すべての社会制度を完成させる権利である。それは、われわれをたえずより完全な幸福に向かわせ、公教育の全般的組織から結果するはずの考え方に従って、理性そのもののみを支配者と認める、公共の理性の権利である。

われわれの心を占める重要な主題について、他のいくつかの設問を提起することができるだろう。しかし委員会は、根本問題にもっとも直接にかかわる設問に限るべきだと考えた。その他の設問は順次検討されるであろう。

公教育の全般的計画の基礎にかんする法令案

第一条　公教育は四つの階梯に区分される。その名称は以下の通りである。(一)初等学校、(二)中等学校、(三)学院、(四)リセ。

第二条　初等学校では、すべての市民に絶対に必要な知識を教える。

第三条　中等学校では、すべての市民が就くことのできる公務を果たし、社会のもっとも平凡な職業と仕事を遂行するのに必要な知識が整えられる。
第四条　学院は、公務を果たすのに必要な知識と諸科学、技術および文芸の基礎を提供する。
第五条　人間の知識のもっとも高度な全体とその諸部分はリセで教えられる。
第六条　すべての段階の公教育は立法権力によって設立される。
第七条　すべての段階の教育は無償である。
第八条　公共秩序と国有財産の管理にかかわるすべての事柄にかんしては、公教育は憲法によって制定された団体の監督下に置かれる。教育は特別の監督に服する。その監督の様式は公教育の全般的組織とともに提出される。

(Romme : Rapport sur l'instruction publique, considérée dans son ensemble, suivi d'un projet de décret sur les principales bases du plan général; présenté à la Convention Nationale, au nom du Comité d'instruction publique, par G. Romme, député du département du Puy-de-Dôme, L'imprimerie nationale, s.d.)

ラボー・サン＝テチエンヌ

国民教育案

一七九二年一二月二一日

市民諸君、私が諸君に語るのは国民教育にかんしてである。

今日まで行なわれてきた教育の様式の弊害についてはすでに詳しく述べられた。そしてそれに代えるべく、名案と健全な計画が提案された。教育について良い理論が必要であることは次の真理にもとづいている。すなわち、革命を行ない、隷属の鎖を断ち切ったのは知性であること、人間には無限の自己完成能力があること、人間の完成は彼が獲得する知識にかかっていること、人々が啓蒙されるほど、とりわけあまねく啓蒙されるほど、政体もより完全なものに近づくこと、人々は啓蒙されればされるほど、自由の価値を知り、自由を保持することができるようになること、知識が全員の手の届くものになればなるほど、それだけいっそう人々のあいだの平等が維持されること、である。したがって諸君には、知識を、それも確実な知識を人民に与え、知識を限りなく拡げるのにもっとも適した手段を人民に提供する義務がある。

しかし、これらの全般的制度の効果は後世になってはじめて感じられるのであり、諸君が望んでいるのは現在の世代のための制度なのだ。諸君は、われわれの習俗をわれわれの法律の水準にまで直ちに高め、革命が諸身分と政体にかんして行なわれたように、頭と心のなかで行なわれることを望んでいる。全フランス人に、たえることなく、直ちに、かつ一挙に、一様で共通の印象を与える手段はあるだろうか。その結果、全フランス人を革命にふさわしいまとまりのある総体に変える手段、自由という正義の権利――この権利は不公正に変質しがちなのだ――にふさわしい総体にする手段、平等という友愛の絆――それは容易に圧政に変わってしまうのだ――にふさわしい総体にする手段、人類が、あらゆる真理とあらゆる誤謬のあいだの四年間の死闘の末に到達した、飾り気のない高貴な高みにふさわしい総体にする手段、このような手段はあるだろうか。

この手段は確かに存在する。それは、古代人がきわめてよく知っていた、あの偉大で共通の制度のなかにあるのだ。彼らは、あらゆる場所のあらゆる年齢の市民全員が、五感と想像力と記憶と推論によって、人間が能力としてもつすべてのものによって、さらに理性の魔術と呼ぶことのできる熱狂によって、同じ日、同じ瞬間に、同じ印象を受け取るようにしたのである。

この秘訣は僧侶のよく知るところであった。彼らは、教理問答、礼拝行進(抜け目のない律法者たちが全体を掌握してきたこの問題にかんして、そのリストを作ることがいまなお必要である)、儀式、誓い、頌歌、伝導、巡礼、偶像、絵画によって、さらに自然と人為が彼らにゆだねたあらゆる手段によって、人々を彼らの定めた目的の方に確実に導いたのである。僧侶は誕生の時点から人間を支配した。彼らは幼児期、青年期、壮年期において、結婚や子供の誕生の時点で人間をつかみ、悲しみ、過ち、富、貧困において、その良心の内面において、すべての世俗の行為において、病と死において人間をとらえた。彼らはこのようにして、人々を同じ鋳型のなかに投げ込み、同じ意見を与え、習俗や言語や法律や肌の色や体の造りの異なる多くの民族にたいして、山や海による隔たりを越えて、同じ習慣を教え込むことに成功したのである。天の名においてわれわれに語る抜け目のない律法者たちよ、お前たちがかくもしばしば誤謬と隷属のためになしてきたことを、われわれが自由と真理のために行なうことはできないのであろうか。

この観察――それは人間全体、フランス社会全体、人類全体を視野に収めているから重要だと、私は思うのだが――から、知的な公教育《アンストリュクシオン・ピュブリック》と国民教育《エデュカシオン・ナシオナル》を区別しなければならないという結論が出てくる。国民教育は心を鍛えなければならない。公教育は知識を与え、国民教育は美徳を与えなければならない。前者は社会の輝きをなし、後者は社会の内実と力をなすであるだろう。公教育には、リセやコレージュやアカデミーや書物や計算の道具や方法が必要であり、壁のなかに閉じこもって行なわれる。国民教育には、円形競技場や体育館や武具や公開競技や国民の祭典が必要であり、年齢や性別にかかわらない友愛の競技会、威厳に満ちた甘美な人間社会の結集のスペクタクルが必要である。国民教育は広い空間と野外で行なわれる自然のスペクタクルを要求するのである。国民教育は全員に必要な栄養物であり、公教育は若干の人々の分け前である。両者は姉妹だが、国民教育が姉である。それどころか、国民教育は全市民の共通の母である。国民教育は、全市民に同じ乳を与え、彼らを兄弟として育て扱い、共通の心遣いによって、このように育てられた人民を他のすべての人民から分かつ、たがいに似通った家族的雰囲気を彼らに与えるのである。したがって、国民教育の全原則は揺りかごの段階から、さらに誕生の前から人間をとらえることにある。生まれる前からというのは、子供は生まれる前から祖国に属しているからである。国民教育はすべての人間をずっととらえつづけるのであり、したがって国民教育は、子供のためというのではなくて人生全体のための制度なのである。

この点にかんして、クレタの人民や他のギリシャの諸民族、とりわけスパルタの人々の教育がどのようなものであったかは、誰でも知っている。スパルタの人々は変わることのない社会で日々を過ごしたのであり、そこでは生活全体が美徳の訓練と実行であった。これらの古代の諸制度のうちの何かあるものをわれわれに適用する手段について考えようとする場合、告白するが、私は思い悩み意気阻喪する。これらの人々や彼らの時代とはあまりに異なっているために、われわれは彼らと同じほど高みまで見ることができないからだ。農業的であると同時に商業的であり、科学と技術においてかくも大きな進歩を遂げた人民は、彼らのような自然の子供として、自由の戦士として教育されるわけにはいかない。その甲冑が貨幣と同じく鉄製で、商業と諸科学を禁じ、手仕事を奴隷にゆだねて、もっぱら戦士の美徳のために育てられ、度を越した美徳――それは一つの悪徳だ――にさえ行き着かざるをえなかったこれらの人々と同じように、われわれは教育されるわけにはいかないのである。

しかし確かなことは、未来の世代を育てることによって、同時に現在の世代を生まれ変わらせることが絶対に必要だということである。すなわち、フランス人を新しい人民たらしめ、その法律と合致した習俗を与え、好ましく魅力的な教育を示し、新しい人民の特徴である幸福な熱狂とともに、自由、平等、友愛——社会の最初の法であり、唯一の幸福であるこの感情——を彼らに植え付けなければならない。このようにして、われわれを取り囲む陰鬱な恐怖と、怖気《おじけ》づいた観客がそのなかに嵐の前触れを見て取る暗雲を払いのけなければならないのである。

私はこの法令の素案を示したが、それがどれほど不完全なのかもよく弁《わきま》えているので、諸君の審議に供するためよりも、私の考えをよりよく説明し、議論よりも実例を提示し、諸君が私の考えを正しく仕上げることができるように、この素案を提出したのである。この素案は、あらゆる種類の有益な考察が組み入れられるべき枠組みである。

法令案

各カントン〔県と市町村のあいだの行政区画。郡〕の田園に、市民の集会、公立学校、国民祭典、国民が適切だと判断する他の教育機関のための建造物が設立される。

この建造物は、すべての市民とカントンの住民を収容し、気候のよい季節に競技と祭典を行なうのに十分な広さのある囲いで囲まれる。

この建造物には国民神殿の碑銘が掲げられる。（とりあえず、市民は、教会か、気候のよい季節には野外で、集会をもつこととする。）

日曜日は国民の定めるすべての公的制度の実行にあてられる。体力と敏捷さと健康の増進に適した体育と公開競技が、特別の法律によって定められる。

毎日曜日には、集まった市民にたいして道徳の講義が行なわれる。この講義は立法府の承認した初等教科書に採録される。

これらの行事は権利の宣言と義務の宣言の輪読で開始される。この点については、市町村の吏員のみが道徳の主宰者になる。彼らはこの職務を免がれることはできない。市町村の吏員が不在や病気や、その他、人民が妥当と判断した原因によって職務を果たせない場合には、人民が、それ以後、公吏の職務を果たすべき市民を任命する。

各行事においては、祖国、自由、平等、全員の友愛の頌歌が歌われ、最後に市民にすべての美徳を教え込むのに適した頌歌が歌われる。これらの頌歌は立法府の承認を受けなければならない。

快適な季節には、市民はたがいに軍事教練を披露する。その細則は別に定める。一〇歳になった子供は全員、権利の宣言と義務の宣言、および主な市民頌歌を暗記しなければならない。この年齢の子供にたいしては、七月の第一日曜日にカントンの国民神殿において、全市町村吏員の出席のもとで、これらにかんする一般的な試験が行なわれる。この日は、子供の祭典と呼ばれる。この日から、少年は軍事教練への参加を許される。子供たちのうち、何らかの理由で試験に合格しなかったものは、一年間、参加を延期される。

この祭典の詳細は別の法律で定められる。

各市町村において、一〇歳以上の子供には初級の軍事教練が行なわれる。

各カントンにおいては、子供たちは一五歳まで、もしくは全員が習得するまで、部隊の散開と軍事演習の訓練を受ける。

さらに、子供たちには、体力の増強と均整の取れた身体を作るのに適した体育競技が特別の規則により設けられる。勝者には賞が与えられる。

公的な会議には、六〇歳以上の男女の老人専用の議席が設けられる。

都市の各地区と農村の各カントンにおいては、六〇歳以上の男女の老人は男女同数の議員からなる元老院を選出するために会合をもつ。元老院の職務は以下の通りである。

一五歳以下の子供はすべて元老院の風紀取締りのもとに置かれ、六〇歳以上のすべての老人は子供の過ちを叱責する権利をもつ。子供に不満をもつ親は、子供の風紀を取り締まるために元老院に子供を連れてくることができる。

元老院は、公開競技で勝者になった子供に賞を授与する。

元老院は、子供の卑劣な行為、残酷な行為、親にたいする不服従、および公序良俗に反するすべての悪徳を叱責する。

元老院は、親および兄弟姉妹にたいする愛情と、家庭での美徳を実行する優れた資質をもつ子供に公的な賛辞を与える。

元老院は、子供を甘やかし、子供の軽薄な趣味を放置したり、思い上がらせたりする父母を、その財産の如何を問わず、譴責《けんせき》する。

元老院は毎月一度会議を開く。

人民によって承認された国制にかかわる原理と統治の様式は、教理問答の形式でまとめられる。一五歳になった子供はこの教理問答を暗記しなければならない。

諸国民間の権利と義務にかんする簡潔な教理問答が作成される。一五歳になったすべての少年はそれを暗記しなければならない。

若者は一五歳になると、毎年七月の第一日曜日にカントンの国民神殿において、カントンの市町村吏員の出席のもとで、この二つの教理問答の試験を受けなければならない。同じ日に、若者たちは最後の軍事教練を行なう。この日は青年の祭典と呼ばれる。

誕生から一五歳までのさまざまな年齢の子供の服装は、立法府によって決定される。

市民の服装、武器、訓練の形式、祭典の式次第、および共同の組織にかかわるすべての事柄も、同じく、立法府によって決定される。

あらゆる年齢の人々のために、常設の作業場が設けられる。この件にかんして、各県はコミューンの評議会に諮問する。コミューンの評議会は県の要請を審議し、その勧告にもとづいて立法府が裁定する。

二一歳になり、生計を立てるにふさわしい仕事を身につけていることを証明する証明書を提出しない市民はすべて、市民権を行使し、公職に就き、兵役に就くことができない。

立法府は、毎年、状況に応じて一、二度、悪習を正し、悪徳を防ぎ、公共道徳や憲法や法律にかんして起こりうる変質を抑制するために、道徳教書を市民に送付する。これらの教書はカントンの議会で読み上げられる。

(Rabaut Saint-Etienne : Projet d'éducation nationale, Archives parlementaires de 1780 à 1860, première série, vol. 55, pp. 345-347)

三　国民教育案

解説　一七九三年五月三一日、パリの民衆が国民公会を包囲し、六月三日、ジロンド派の議員二九名が逮捕される。この政変によって、公教育委員会の構成も変化したが、その主導権はモンターニュ派ではなく、平原派、とくにシエースとドーヌーの手に帰した。六月二六日、ラカナルがこの二人の手になる国民教育案を国民公会に提案するが、モンターニュ派の激しい批判を受けて退けられる。七月三日、国民公会はロベスピエールの提案にもとづいて、新しい公教育案の作成を任務とする六人の委員からなる公教育委員会を任命する。七月一三日(マラーが暗殺された日)、ロベスピエールはこの委員会の名において、ルペルティエの国民教育案を国民公会で読み上げ、一九日にルペルティエ案を要約した法令案を提出する。ルペルティエ案は、五歳から一二歳までという教育期間、義務教育制、寄宿制、それに要する費用の点にかんして、グレゴワール、フルクロワ、チボードーから批判されたが、若干の修正ののち、八月一三日に採択された。

ルペルティエの国民教育案は、初等教育を共和国市民を育成する鋳型と規定し、愛国教育、体育の重視、徹底した平等主義、労働との結合を特徴とし、徳育中心の公教育論の一つの典型をなしている。この国民教育案は、一七九二年一二月に国民公会で公教育委員会の公教育案が審議されたさいに書かれた。報告の最初の部分は、ロベスピエールの演説である。国民教育案に付された法令案は省略した。

国民教育案

ルペルティエ

一七九三年七月一三日

市民諸君、

公教育委員会は、まもなく、諸君が付託した重要な仕事の全体を諸君に提出することができるであろう。しかし委員会は今日、ある著名な人物——われわれのかつての同僚であり、怒り狂う暴君の取り巻き連が墓の神聖な権利を尊重することさえ知っていれば、墓のなかにいることによって彼らの嫉《ねた》みとおそらくは中傷から守られている人物——の作品を諸君の前にあらためて提出し、国民と諸君に委員会の諸原則の根拠を示し、公衆のいらだちに答えなければならないと考えた。ミシェル・ルペルティエはその美徳の思い出とともに、人類の天分がその概略を描いたように思われる公教育案を祖国に遺した。下手人が神をも恐れぬ凶刃を彼の脇腹に突き刺したときにも、この重要な問題が彼の思想を離れることはなかった。「私は満足して死ぬ、私の死は祖国に役立つだろう」と述べたこの人物は、祖国にたいしてこれほど悲痛ではない奉仕を喜んで成し遂げるであろう。その生と死にふさわしい作品によって人々の幸福を準備することなしに、彼がこの世を去ることはけっしてないのだ。市民諸君、諸君はルペルティエが国民教育を論じるのを聞き、彼のもっとも高貴な部分にふたたび出会うであろう。彼の主張を聞けば、諸君がこうむった不幸の大きさにいっそうの悲しみを覚えるであろう。王の不倶戴天の敵で、圧政が凶暴で非道の極みとして描いた者たちこそ人類のもっとも優しい友であることのあかしを、世界は得るであろう。

国民教育

国民公会は歴史にたいして、憲法、民法典、公教育の三つの金字塔を打ち立てなければならない。

私は、これらの偉大な作品にはほぼ同等の重要さと難しさがある、と考えている。われわれがこれらの作品にふさわしい完成をもたらさんことを！　というのも征服や勝利の栄光は時としてはかないものだが、優れた制度は残り、諸国民を不滅な存在にするからだ。

公教育はすでに重要な議論の対象であった。この主題の取り上げ方が議会に名誉を与え、フランスに多くのものを約束するのだ。

しかしながらこれまで言われてきたことは、告白するが、私が教育の完全な計画についてはぐくんできた理念を満たしていない。僭越ながら、私はもっと広大な考えを抱いていた。人類が古い社会制度の弊害によってどれほど堕落させられたかを考えて、私は人間の完全な再生の必要を、こう言うことができれば、新しい人民の創出の必要を確信していたのである。

人間を育成することと知識を広めること、これがわれわれの解決すべき問題の二つの部分である。

前者は徳育を構成し、後者は知育を構成する。

知育は全員に提供されるとしても、事物の本性からいって、職業や才能の違いのゆえに社会の少数の人々の独占的な財産である。

徳育は全員に共通であり、かつ全員に利益をもたらさなければならない。

公教育委員会は知育に専念し、有益な計画を諸君に提出した。

徳育にかんしては、委員会は完全に無視した。

要するに、委員会案は知的な公教育にかんしては大いに満足すべきものと思われたが、徳育についてはまったく論じていなかったのである。

委員会の提案する全制度は、四段階の教育制度の確立を対象としている。すなわち、初等学校、中等学校、学院《アンスティテュ》、リセである。

中等学校、学院、リセの三段階には、人間の知識の保存、普及、完成のために賢明だと思われる構想が盛り込まれている。この三段階の教育は、知育にたいして豊かで手際よく整えられた泉を開くものであり、私はそこに、文芸や科学や美術の錬成に専念する市民の才能を助ける適切かつ有効な手段を見出す。

しかし少数の人々にしか有益になりえないこれらの上級の教育に先だって、私は、全員の必要に合致し、全員にたいする共和国の負債である全員のための一般教育、要するに真に全員のものである国民的な徳育を要求する。正直に言えば、委員会が初等学校という名称で諸君に提案している初等教育は、これらすべての利点を提供するにはほど遠いと思われるのである。

まず、悲しいことだが、六歳以下の子供は立法者の監督の埒外《らちがい》に置かれており、人生のこの重要な部分が、依然として存在する偏見や古い誤謬《ごびゅう》の意のままにされていることを指摘しよう。

六歳になると、法律が子供に影響を及ぼし始める。しかしこの影響は部分的で束の間のものにすぎない。しかもこの影響は事物の本性からいって国民を構成する諸個人のうちの少数のものにしか及ばないのだ。

提案によれば、二万から二万五千の初等学校、つまり一平方リュー〔一リューは約四キロメートル〕に一つの初等学校が設立されることになっている。

ここですでに最初の不平等が明らかになり始める。というのは、初等学校が設置される都市や町や村に住む子供たちは十分に授業を受け、そこからつねに変わらぬ利益を得るが、反対に、僻地の小集落に住む子供たちは、距離の遠さや季節的条件や他の多くの事情のために、彼らと同じようにいつも通学することはできないからである。

この不都合は散在し孤立しているいくつかの家々にかんして生じるだけではない。きわめて多くのコミューンや教区にも起こるであろう。

簡単な計算をしてみれば、このことはすぐ分かる。

共和国に存在する四万四千の市町村にたいして、二万から二万五千の初等学校の設立が提案されている。だから、大まかな比率でいうと、明らかに、およそ二つの教区に一つの学校があることになる。ところで、学校のある教区が教育の継続や便益や授業期間にかんして大きな利益を得ることを誰も疑うことはできない。

もっと重大な不平等が、親の資力の相違から生じるであろう。すなわち、学校のある教区では、富裕な人々、いいかえれば少数の人々がすべての利益を得ることになるのである。

子供の労働に頼らずに子供を養うことのできるものは、子供を毎日数時間、学校に通学させることができる。

しかし貧困階級にとってはどうなのか。たしかに諸君はこの貧しい子供に教育を与えることはできる。しかしその前に、子供にはパンが必要なのだ。彼の勤勉な父親は子供に与えるための一片のパンにも事欠いており、子供が稼がねばならないのだ。子供の生命は労働にかかっているから、子供の時間は束縛されている。子供が田畑でつらい一日を過ごしたのちに、休息のために家からおそらく半リューは離れた学校に行くようなことを、諸君は望んでいるのか。父親に子供の通学を強制する法律を設けても無駄だ。父親は、子供が八、九、一〇歳になると、なにがしかの金銭を稼ぐ子供の労働を、なしですますことはできないからだ。父親が子供の教育に割くことができるのは週に数時間なのだ。こうして、提案されている学校の設立は、厳密にいえば、必要に迫られることなく生活の自立を確保している少数の市民の利益になるだけである。これらの市民たちは、学校で自分の子供たちに教育の果実をたっぷりと摘み取らせることができるだろう。しかし貧民には、その落ち穂を拾うことしかできないであろう。

しかし初等学校がもたらす恩恵のこのように不平等な配分は、学校の組織にかんして私の注意を惹く短所のうちでもっとも些細な点である。初等学校が表す教育体系には、はるかに重大な欠陥が見出される。

私が不満なのは、教育のもっとも本質的な目的の一つ、すなわち身体の改善が無視されていることである。体育の若干の訓練が提案されていることを私は知っている。それは結構なことだが、不十分だ。継続的な生活様式、子供に適した健康な食事、段階を追った適度の労働、順次継続的にくりかえされる試練、これらこそ、習慣を作り上げる唯一の手段である。そしてこれらこそ、身体に完全な成長とあらゆる身体能力を与える効果的な手段なのだ。

道徳についていえば、提出された教育案はいくつかの有益な教育と多少の学習時間の狭い範囲にとどまっている。道徳には短い時間しかあてられておらず、一日の残りの時間はすべて状況のままにゆだねられており、授業が終わるとすぐに、子供は贅沢な逸楽や虚栄心や貧しさからくる下品さや無為からくる無規律に帰ってしまうのだ。子供は悪徳と誤謬と貧困と子供を取り巻くあらゆるものの怠慢の不幸な犠牲者であるから、現在よりも学校の数が多少増え、教師の質が多少良くなれば、子供は以前よりも少しは無知でなくなるだろう。しかしわれわれは本当に人間、市民、共和主義者を育てたといえるだろうか。一言でいえば、国民は再生するであろうか。

われわれが共和国の繁栄のために重大な決定を行なわなければ、私がいま述べた欠陥はすべて解決不可能である。

すべての障害を粉砕し、もっとも完全な教育案を容易に実行できるものにし、すべての優れた教育機関を招来し実現する法律を作ろう。この法律は、われわれがその想を練ってきたという面子にこだわらなければ、一〇年以内に作成することができるであろう。それは豊かさの余剰を貧しい人々に返すものだから、貧しい人々のためになる法律であり、金持ち自身も熟考すれば賛成すべきであり、敏感であれば望むべきものである。この法律の目的は、真に国民的で共和主義的な教育、全員にたいして等しくかつ実際に共通な教育、身体的能力にかんしても道徳的性質にかんしても人類を唯一再生させることのできる教育を確立することにある。要するに、この法律の目的は公教育の確立である。

この法律の有益な原則を不滅のものにしよう。しかし人々の精神の現在の状態と共和国の産業的利益が必要とする修正をそれに加えるすべを心得よう。

私は、五歳から一二歳までのすべての男児と五歳から一一歳までのすべての女児は、差別も例外もなく共和国の費用で共同で育てられ、平等という聖なる法律のもとで、全員が同じ衣服を着用し、同じ食事を取り、同じ教育と同じ配慮を受けるように、諸君が布告することを要求する。

これらに必要な負担の配分について、私が諸君に提案するやり方によれば、ほとんどすべては金持ちの肩にかかり、課税は貧しい人々にはほとんど感じられないであろう。こうして諸君は、諸君が達成しようとしている累進課税の利点を達成することができるであろう。こうして、混乱も不正もなしに、公的な災厄である財産の巨大な不平等を消滅させることができるであろう。

私が諸君の手にゆだねる計画の利点、細部、実行の手段について、もう少し詳しく述べよう。

すべての子供は、五歳から一二歳までの七年間、公教育の恩恵を受ける。

人生のこの期間は、人間の身体的および道徳的形成にとって真に決定的な時期である。この期間全体の毎日、各瞬間を監督のもとに置かなければならない。

五歳以下の子供は母親の配慮にゆだねざるをえない。それが自然の願いであり、自然の求めていることだ。この年齢の子供には、きわめて細かな事柄ときわめて細やかな注意が必要であり、これらのことは母性に属しているからだ。

しかし、法律は人生のこの最初の瞬間にさえ若干の影響を及ぼすことができる、と私は思う。以下の点が、私が法律の活動の範囲と考えている事柄である。

母親に、励ましと援助と教育を与えること。子供への授乳に関心を抱かせること。間違いと有害な無知、有益な配慮と気配りについてやさしい方法で母親を啓発すること。子供の誕生と維持が、母親にとってつらい負担でなく、反対にゆとりの源泉であり、次第に大きくなる希望の対象であるようにすること。これが、人生の最初の五年間のためにわれわれがなしうる有効なことのすべてである。これが私の提案する法律のいくつかの条項である。そこで指示されている方策はきわめて簡単である。しかしこれらの方策の確実な効果によって、共和国で貧困と偏見ないし不注意の犠牲者として命を失う子供の年間死亡率を四分の一引き下げることができる、と私は確信している。

子供が五歳になると、共和国は子供を自然の手から受け取り、一二歳になると、社会に渡すことになる。

この一二歳という年齢は、私には、諸個人の便宜と共和国の政治的存在からいって、公教育の終わる最良の時期だと思われた。

一〇歳では早すぎて、公教育の作品はやっと輪郭が描かれたばかりである。

一二歳になると、折り目がつけられ、習慣は深く刻み込まれ、長続きするようになる。

一〇歳の子供を貧しい親に返すことは、多くの場合、親に負担を返すことになり、国家の善行は不完全なものになるだろう。

一二歳になると、子供は自分の生活の糧《かて》を稼ぐことができるようになり、家族に新しい収入をもたらすことになる。

一二歳はさまざまな職業を学ぶ年齢であり、身体がすでにたくましく成長し、農作業に従事し始めることのできる年齢である。それはまた、精神がすでに成長し、文学や諸科学や快い技芸の学習を有益に始めることのできる年齢である。

社会にはさまざまな仕事がある。多くの職業が市民を必要としている。

一二歳になると、それぞれの職業の修業を始めるときが来る。もっと早ければ、徒弟修業には早すぎるし、もっと遅くなれば、子供の幸運な天分である順応性や柔軟さはあまり残っていないだろう。

一二歳までは共通の教育は良い。なぜなら、この年齢までは農民や職人や学者を育てることではなくて、あらゆる職業に向いた人間を育てることが重要だからである。一二歳までは共通の教育は良い。なぜなら、すべての子供に共通して有益な身体的・道徳的性質、習慣、知識を与えることが重要だからである。

職業に就く年齢が来ると、共通の教育は終わるべきである。というのは、教育はそれぞれの職業に応じて異ならざるをえず、同じ学校にすべての職業の修業を集めることは不可能だからである。

青春期の終わりまで公教育を引き延ばすことは美しい夢想である。時として、われわれはプラトンとともに心地よくこの夢想を思い描いた。スパルタの年代記においてこの夢想を熱狂しながら読んだこともあった。わが国のコレージュのなかにこの夢想の無味乾燥な戯画を再発見したこともあった。しかしプラトンは哲学者しか作らなかったし、リュクルゴス〔スパルタの伝説的立法者〕は兵士しか作らず、わが国の教授たちは生徒しか作らなかった。フランス共和国の栄光は商業と農業にあるのだから、共和国はあらゆる身分の人間を作ることが必要である。とすれば、もはや彼らを学校に閉じ込めるのではなく、さまざまな作業場に、田畑に散らばらせなければならない。他のすべての考えは空想であり、完成という人を欺く外見のもとで必要な労働力を縛りつけ、産業を滅ぼし、社会体を痩せ細らせ、やがて社会体の解体をもたらすであろう。

女児については、公教育は一一歳で終わることを、私は提案する。女児の成長は男児よりも速いし、さらに彼女らにふさわしい仕事はあまり力を必要としないから、もっと早く仕事の修業を始めることができるからである。

私はいつか、すべての若い市民に例外なく提供される補足的教育について語るであろう。さらに少数の人々が好みや能力や才能に応じて受けることのできる講義についても語るであろう。

しかしこれらはすべて青年期のための教育である。一二歳以前には、誰もそこに入ることはできないし、それらは公教育につづくものである。しかし全員にとってまず必要なことは、教育課程全体を終えることである。

さて、教育機関の組織様式の問題に戻ろう。

通常は、都市では各セクション〔革命期に、人口二万五千以上の都市に設けられた行政区画〕ごとに、農村では各カントンごとに、一つの学校があれば十分であろう。住民が要求する場合には、いくつかの学校が設けられる。各教育施設は四〇〇から六〇〇人の生徒を収容する。

私がこの分割を提案するのは、この分割によって次の二つの利点を結びつけることができるからである。一つは費用の削減である。一つの大きな建物よりもいくつかの建物に分ける方が費用は小さくなるからである。もう一つは、この分割によって、子供と家庭の距離をあまり大きくしないでおけることで、もっとも遠い場合でも、せいぜい二、三リューになるだろう。こうすれば、親は多くの場合、子供を祖国に託する施設を容易に受け入れるであろうし、共和主義的教育施設が厳格であっても、つらい思いを強いることもないであろう。

ここで重大な問題が生じる。

子供の公教育は親の義務なのか、それとも親は単に国家の恩恵を利用する権利をもっているだけなのか、という問題である。

原則に従えば、すべての親は公教育の義務を負わなければならない。

公共の利益からすれば、すべての親は公教育の義務を負わなければならない。すべての親は、数年間、公教育の義務を負わなければならない。

しかし現時点においては、おそらく諸君には、人々を知らず知らずのうちに新しい憲法の清らかな格率に慣れさせることが適切であるように見えるであろう。私も心ならずも、諸君にそう提案する。しかし私は、内心では諸君が必要だと考えないことを望みつつ、一つの修正を提案し、諸君の良識にゆだねたいと思う。修正の核心は、公教育は今後四年間に限り、親の自由意志のみにゆだねられると布告するという点にある。しかしこの猶予期間が過ぎ、このようにいうことができるとすれば、われわれが力を獲得し、共和主義精神が成熟したときには、私は次のことを要求したい。すなわち、子供に共通の教育を拒むものは、誰であれ、公教育という市民の義務の遂行を怠っているあいだは、市民の権利の行使を剝奪されること、さらに、次に述べる子供にかんする付加税を倍額支払うこと、である。

これらの教育施設を、修道院や亡命貴族の館や他の公有財産といった国有の建物に設立することは、諸君には容易であろう。

このような建物がない場合に、私が望むのは、封建制の古い城塞がこの重要な用途にあてられることである。これらの城館や宮殿や抑圧の醜悪な記念物がいまなお存在することにたいして、いたるところから不平と抗議の声が起こっている。こういった古い財産を取り壊すのではなく、有益に用いよう。

通常、六つから八つの教区で構成されるカントンにおいては、国民はこれらの財産のいくつかを選んで、その所有者に補償を与え、教育施設に転用することができるであろう。こうして、国民はわずかな費用で広い場所を確保することができる。国民は、平等の厳しい目に不快感を与えるこれらの宮殿を、一介の市民の所有から切り離すであろう。そしてこのささやかな犠牲は、農村の解放によって豪奢な生活の財源が涸れてしまって以来、実際には広大な住居のために圧迫されてきた惨めな城主にとっては、おそらく不本意ではあろうが、有益であろう。

私の計算では、五〇人の子供に一人の教師がいれば十分だと思われる。

一見、一人の人間に過度の負担を強いると思われるかもしれないが、最年長の子供、たとえば一〇歳と一一歳の子供が教師の仕事を助け、最年少の子供の世話をし、復習を助けるような仕方で、子供のクラスを編成することは容易なことだ、と考えたのである。

子供の小集団をこの種のクラスに分けることには多くの利点がある。これらのクラスはあらゆる細かな運営を容易にし、厳密な規律を維持するのに適しているからである。各教師のもとには、年齢の異なった同数の子供が集められる。各教師は他の教師から独立しており、また、彼の権威は自分にゆだねられた子供に限られる。教師は公行政と、のちに述べる特別の監督機関にのみ責任を負う。

私はとりあえず指摘するだけにとどめ、教育施設の創設と組織の仕方についてはまったくふれないでおこう。男女の教師の任命と配置や教育施設の内部の運営といった細目はすべて、個別の規則の対象である。

私の検討のもっと重要な点に急いでとりかかろう。私が述べたいのは、公教育の課程において従うべき教育方式のことである。

この点にかんして、私は一切の抽象的理論を退ける。人間の本性や道徳的および身体的な完成能力や、人間の情愛、情念、美徳、悪徳などの起源と原因についての学問的な研究にはふれないでおこう。これらの大問題については、どれほど多くの観察者や形而上学者が考察していることか。告白するが、私が好むのは単純で明晰な考えだけなのだ。私は、よく使われている良い方法、よく知られている良い手段、まったく明らかな良い結果を求めている。そこには巧妙なものは何もないが、すべてが有益である。政治や法律や社会経済においては、過度に繊細で、精緻で、こういってよければ、完璧すぎる考えはあまり使いものにならない、と私はいつも考えてきた。全般的な結果を、しかも大量に生み出すことが必要であり、かりに私が社会全体にとっても個々人にとっても一群のはっきりした利益を実現することに成功すれば、私は人類と祖国に十分に役立ったと考えるであろう。

何が全員に共通で平等な初等教育の目的なのかを忘れないようにしよう。われわれは子供たちに身体的および道徳的な能力を与えたいと考えている。それぞれの子供の個々の状況がどのようなものであれ、彼らが人生のなかでそれらの能力を取り戻すことはすべての子供にとって重要なことなのだ。われわれはあれこれの定まった使命のために子供たちを育成するのではない。あらゆる身分の人間に共通して役立つ利点を子供たちに与えなければならないのである。要するに、われわれは、いわば根本的に良きものに仕上げようとしている原材料、その諸要素を練り上げ、われわれの手を離れたのちに、共和国を形作るさまざまな職業に必要な専門的修正を受け入れることのできるような原材料を準備しなければならないのだ。

これが、われわれの解かなければならない問題であり、それを効果的に解決する方法だと私が考えているものは以下の通りである。われわれが第一に配慮すべきことは、身体の教育にどれだけの部分を割り当てるかという点にかかわるであろう。

子供の良い体質を作り、体力を増強し、成長を助け、活力、器用さ、敏捷さを発達させること。子供たちが疲労や季節の厳しさや生存の必需品の一時的な欠乏に耐えられるように鍛えること。これらが、われわれの目指すべき目標である。これらが、われわれが子供たちのあいだに作り出さねばならない好ましい習慣である。これらの身体的利点はすべての子供にとって貴重な財産である。

この目的を達成する手段は公立学寮〔国民学寮〕においては簡単なことだ。一日に二時間、場合によっては週に二時間だけ学校に行き、残りの時間はすべて共通の規律の外に置かれる子供には実行不可能なことも、ここでは努力なしに実現できる。

子供たちはつねに積極的な監督の目と手のもとに置かれ、睡眠、食事、勉強、訓練、娯楽の時間が定められる。生活は不変の規律のもとに置かれる。段階を追った試練が定められる。肉体的作業の種類、体育の訓練が定められる。これらの細目はすべて、健康に役立つ一律の規則によって規定され、その規則をいつも従順に実行すれば、確実に良い結果が得られるであろう。

生活の普通の必要物については、子供たちはすべての余計なものを除かれ、絶対に必要なものに限られることを私は望んでいる。

子供たちは硬い寝床で眠り、食事は健康的だが質素であるだろう。衣服は快適だが粗末であるだろう。

幼年期の習慣は、公立学寮から社会のさまざまな職業に移るにあたって、どの子供も苦しまないですむようにすることが重要だ。貧しい家族の懐に帰る子供は、彼が離れた学寮のことをいつも思い出すだろう。わずかなもので生きることに慣れ、生活を変えはしないであろう。金持ちの子供には、別のもっと心地よい習慣が待っているだろうが、そのような習慣は容易に縮小するだろう。そして金持ち自身にとっても、最初の数年間の教育の厳しい質素さと健康によい厳しさに感謝するときが、生涯のうちにはありうるだろう。

体力と健康につづいて、公立学寮が全員に与えるべき計り知れない利益がある。私が言いたいのは労働の習慣である。

ここではあれこれの産業については何もふれない。しかし一般に、骨の折れる仕事に取り組む勇気、それを実行する活動、それをつづける粘り強さ、達成する根気、これらこそ勤勉な人間の特徴だと考えている。

このような人間を育てたまえ。そうすれば、共和国はまもなく壮健な要素で形作られ、農業と産業の生産物は倍加するであろう。

このような人間を育てたまえ。そうすれば、ほとんどすべての犯罪は消滅するだろう。このような人間を育てたまえ。そうすれば、貧困の忌まわしい光景が諸君の目を悲しませることはもはやなくなるであろう。

諸君の若い生徒たちの心のなかに、このような好み、欲求、労働の習慣を作り出したまえ。そうすれば、彼らの生活は保障され、彼らは自分自身にしか依存しなくなるであろう。

私は、教育のこの部分がもっとも重要だと考えた。

一日のうちの残りの時間は二義的なもので、手の労働が主な活動である。そのうち、数時間が気晴らしにあてられる。人間を動かすすべての力が、勤勉な若者の情熱を活動させることに向けられる。

家父長、生徒、教師の全員は、私が諸君に提案する法律によって、子供が作業場で可能なかぎり大量の産物を作り出すことに関心を寄せ、全員がその利益に鼓舞されるであろう。

家父長は共通の負担を減らすことができるから関心を寄せ、教師は尊敬され、褒賞を受ける希望を見出すがゆえに、関心を寄せる。そして子供は、労働が彼らの果たす仕事につねに比例した喜びの源泉になるから、関心を寄せるであろう。

子供にできる一群の骨の折れる仕事がある。

私は全員が農耕に従事することを提案する。農耕は根本的でもっとも必要でもっとも一般的な仕事であり、そのうえ、いたるところでパンを供給するからである。

さらに彼らに道すがら材料を集めさせたり配らせたりすることもできよう。地方の特性や実りの季節や学寮の近くの工場が材料を提供してくれるであろう。もっと一般的な方策も実行不可能ではないだろう。

私の望みは、学寮の建物そのもののなかにすべての子供に適したさまざまな種類の仕事の施設が設けられ、子供たちがこれらすべての施設に配置されて、共和国の毎年の工業生産物をかなり増加させることである。

技術に詳しい市民は、政治経済学のこの重要な考察に注意と才能を向けていただきたい。私はこの目的を果たすための計画を提出し、私が提案した目的を果たすのに適したやさしい勤労の種類を示したすべての人にたいして、国家が栄誉賞を与えることを要求する。

生活を規則正しくし、厳しい規律の束縛に順応することは、社会のなかで生きる者の幸福にとって重要な二つの習慣である。これらの習慣が固まるのは幼年期だけであり、この時期に身につくと、第二の本性になるであろう。

規則正しく秩序のある生活が、どれほど人口を増やし、行動を道徳的にし、人間の振る舞いのなかにすべての良きものを導き入れるか、そしてこういってよければ、悪徳や無秩序の入り込む余地がないほど良いもので満たすことができるか、計り知れないであろう。

私は厳格な規律の習慣を低く評価したりはしない。われわれが育てるのは自由を享受すべき人間であり、自由は法への服従なしに存在しないことを思い起こそう。毎日、毎瞬間、厳格な規則の拘束に従ってきた祖国の生徒には、法と合法的権威への神聖な服従の用意が完全にできあがっているだろう。軍隊に入隊する以前の若者と入隊以後の若い兵士を比べてみたまえ。彼はもはや同じ人間ではない。この変化は数カ月間の軍事訓練の賜物なのだ。このような訓練が幼児期のしなやかで柔軟な諸器官に向けられ、哲学で修正され、巧妙かつ知的な仕方で行使されれば、もはや消え去ることはないであろう。共通の国民教育がなければ、私がいま述べた二つの習慣を創出することは不可能である。学校での二時間の教育では作品の下書きがかろうじてできあがるだけだ。しかも学校から離れた残りの時間がその痕跡まで消してしまう。

国民教育がなければ、諸君は、私が子供の習俗と呼び、やがてこの計画によって国民の習俗となるものを形成することを諦めなければならない。習俗ということで私が言いたいのは、社会性、すなわち国民の性格、けっして粗野でない言語、自由な人間の態度と振る舞い、お上品さからも野卑からも隔たった率直な礼儀のことである。同じ共和国の平等な市民のあいだでは、教育のさまざまな利益が全員に配分されなければならない。というのも、人が何といおうと、差異がわずかでもあれば、そこから数え切れない相違が生まれ、人間のあいだにきわめて現実的な不平等が打ち立てられるからである。

思い違いをしているのかどうか分からないが、私には、ここで列挙した習慣は子供と国家にとって豊かな利益の源泉であるように思われる。それらは有益な教育の真の基礎であり、それらなしには教育は存在しない。すべての市民の幼年期にこれらの習慣を与えなければ、国民の根本的な再生はありえないであろう。私は、これらすべての習慣のうちのどれ一つとして、委員会案のなかにその源泉となるものを見出さなかった。

習慣を形成することは委員会案とはまったく無縁の対象である。委員会案は全員に有益な授業を提供する。しかし人間を育てるには、知育では不十分なのだ。

さて、私は委員会が唯一論じた部分、つまり学科目の教育に到達した。この点では私は委員会と歩調を合わせて進もう。

われわれが生徒に与えるべき観念、知識はどのようなものであろうか。それはつねに、市民に必要であらゆる職業に共通して役に立つ観念、知識である。

私は、委員会が初等学校の授業のために提案した科目を公立学寮に全面的に採用する。すなわち、読み、書き、数え、計ることを学ぶこと、道徳の原則、憲法と家庭および農業経済の簡単な知識を授かること、自由な諸国民の歴史とフランス革命史を刻み込むことによって記憶の才能を発達させることである。これが各市民に必要なものであり、全員に与えられるべき知育である。

これらの科目をこれ以上増やさないで、これらの科目の教育が委員会案よりも少し拡げられ深められることを望んでいることを指摘するにとどめよう。公立学寮について述べるなかで、委員会が中等学校にあてた教育についていくつかの点を報告しよう。初等学校にかんして、委員会案では子供の道徳的糧《かて》は一〇歳までしか用意されていない。私はそれを一二歳まで延長したが、この最後の二年間にはもっと堅固でもっと豊かな道徳的糧が含まれている。

私はこれまで、結びつければ良い教育課程の補完となるさまざまな習慣の体系について詳しく述べてきた。しかし、人生全体にわたってきわめて強い影響を及ぼす道徳的習慣の名前はまだ口にしなかった。私が言おうとしているのは宗教のことだが、このデリケートな問題については、可能なことよりも、より良いことをいう方がやさしいからである。

幼年期は習慣の有益な刻印を授かるべき時期だという原則からして、私はこの年齢の子供にけっして宗教のことが語られないことを要求したい。というのは、私は人間が今日までずっともちつづけてきたもの、つまり惰性的な宗教をまったく好まないからである。

宗教にかかわる重要な選択は理性のもっとも深く考えられた行為であるべきだ、と私は考えている。

私は、子供が学寮にいる全期間にわたって普遍的道徳の教育のみを受け、いかなる特定の信仰の授業も受けないことを望んでいる。

子供が社会に帰る一二歳になったときに、子供がよく考えて信仰を選ぶことが望ましい。良く判断できるようになったときにはじめて信仰を選ぶべきだ、と私は思う。

しかし、子供が一二歳まで親元を離れて宗教的信仰とは一切無縁のまま過ごすのを親たちが見れば、人々の精神の現状、とりわけ農村の人々の精神の現状からすれば、単純で素朴な家庭のなかに不和と大騒ぎをもち込むことになるのではないかと、諸君は心配されるかもしれない。現在の状況から来るこのような困難については、諸君の慎重な考察にゆだねよう。しかしいずれにせよ、宗教教育は国民教育にはけっして含まれず、教師にもゆだねられないこと、許されるのは(もし諸君がこの種の寛容が必要だと考えるのであれば)、子供たちが家族の定める宗教を学び実践するために、子供たちを数日間ないし数時間近くの寺院につれてゆくことだけだ、と私は主張する。

以上が学寮案の枠組みである。

学寮案を簡単に要約しよう。

全員に身体的習慣と道徳的習慣を与えること、幼児期に身につければ、生涯全体に影響を及ぼし、全員が身につけることが重要で、どんな職業に就くにしても全員に共通して有益で、社会の全構成員に等しく与えられれば社会のために大きな利益を生み出すはずの知識を与えること、である。この案は大急ぎで作られたので、おそらくもっと完全なものにすることが必要であろう。優れた人々、もっと深い洞察力のある哲学者たちがその欠陥を補ってくれるであろうし、時間と経験がこの案を豊かにしてくれるであろう。しかしこの案の主な利点は、段階を追って完成していくことが可能だという点にあることを指摘しておこう。この案は、すべての有益な考え方、子供のためになるすべての制度がそのなかに位置づけられる枠組みなのだ。

公教育委員会の提案している初等学校には、不完全な教育しか見出されない。その根本的な欠陥は子供を数時間しかとらえず、残りのすべての時間は放置したままにしていることである。こうした状態では工夫をこらした理論を考えても無駄だし、子供を鍛え教育するために完全な方法を打ち立てても無駄であろう。これらはすべて実行しようとしても、初等学校では必ず失敗するであろう。このような手段では、無価値ないし部分的な結果か、それともごく少数の個人に有益な結果以外の成果を生み出すことは不可能である。

それとは反対に、学寮においては子供の生活全体がわれわれのもとにある。このようにいってよければ、原材料は鋳型《いがた》の外にはけっして出ないのだ。いかなる外的な事物も、われわれが原材料に与える加工を歪《ゆが》めはしないのである。命令さえすれば実行は確実であり、良い方法を思いつけばすぐに実行に移される。有益な考えを生み出せば、完全かつ継続的に努力なしに実行される。

私は、学寮を完全なものにするためにきわめて有効だと考える一つの手段を採用した。それはカリキュラムを公表することである。

法令案のなかでその概略を示そう。

われわれの教育課程全体を構成するさまざまな要素は、容易に二つに分けることができると思われる。すなわち一つは身体の鍛錬であり、もう一つは道徳的存在の育成である。

市民はこのカリキュラムのそれぞれを練り上げ、協力するように求められる。

二つのカリキュラムのそれぞれにかんする優れた作品に報いるために国庫を開いていただきたい。諸君の気前の良さが共和国を豊かにするであろう。

この考えをさらに発展させ、教育について有益な考えを着想し、子供の法典に優れた一箇条を付け加えた人々にたいして、毎年、賞を与える恒久的な制度を設ければ、社会と人類はそこから重要な利益を得ることができると保証しよう。

これまで、私は主題をもっぱら教育との関係で考察してきた。いまやそれを他のきわめて重要な側面、つまり政治経済学の側面から諸君に提出しよう。

貧しい人々の窮乏を軽減し、金持ちの余剰を減少させること、これがわれわれの全制度の目指すべき目標である。しかしその場合、正義と慎重さがわれわれの歩みを支配することが必要である。一歩一歩進むことしかできないのだ。急激な方策はどれも受け入れがたい。所有権は神聖であり、この権利は諸君の最初の決定〔「人間と市民の権利の宣言」〕から新しい真の保証を受け取っている。

財産の大きな隔たりを縮め、財産の巡り合わせが市民のあいだにもち込む奇怪な格差を正す、もっとも穏やかでもっとも効果的な方策は、公共の負担の配分様式にある。少ししか財産のないものの負担を軽減し、負担が主に金持ちの肩にかかるようにすること、ここに理論のすべてがある。そして私は、学寮の設立から生じる公共の負担の新しい配分がその巧妙で容易な応用だと考える。

要するに、貧しい人々の子供は金持ちの費用で育てられ、貧しいものも屈辱を感じずに恩恵を受けるような仕方で、全員が正しい比率で負担するのである。

簡単な計算で、この結果ははっきりと証明されるであろう。

各カントンで、学寮の建物、子供の食事、衣服、生活の費用が、カントンのすべての市民によって、直接税に比例して支払われることを、私は提案する。負担の比率をもっとはっきりさせるために、三人の市民を例に取ろう。

能動市民であるためにかつて必要とされた額、すなわち三労働日の価値、私の評価では三リーヴルの税金を支払うことのできる市民。〔立憲議会は「受動的な」普遍的権利と「能動的な」政治的権利を区別し、納税額を選挙権取得の条件とした。三労働日分の直接税を支払う市民が選挙権をもつ「能動市民」であり、それ以下の直接税を支払う市民は選挙権のない「受動市民」である。〕

一〇〇〇リーヴルの収入があり、二〇〇リーヴルの税金を支払う市民。

一〇万リーヴルの地代収入があり、二万リーヴルの税金を支払う市民。

さて、各市民が直接税のほかに、さらにそのおよそ半額を子供の共通の教育の費用として支払うものとしよう。

この三人の市民の負担分はどうなるであろうか。

三労働日の額を払う市民は子供の教育税として一リーヴル一〇スー〔二〇スー＝一リーヴル〕を払う。

一〇〇〇リーヴルの収入のある市民は一〇〇リーヴルを負担する。

一〇万リーヴルの地代収入のある富裕な市民は子供の教育税として一万リーヴルを負担する。

ここに見られるように、いくつかの不等な負担の出資金が合わさって共通の基金が形成される。貧者は少額しか出資せず、富者は多額を出資する。しかし基金が形成されると、全員に平等に分配される。各人は、この基金から自分の子供の教育という同じ利益を引き出すのだ。

三労働日の額を払う者は、三〇スーの追加負担とひきかえに、たいていは人数の多い家族の重荷から解放されるであろう。彼の子供はすべて国家の費用で養われるであろう。彼は、わずか三〇スーの犠牲で、最大限七人の子供を同時に共和国の費用で育てることができるのだ。

三労働日の税額を支払う者について述べたが、この市民は以前の特権階級であり、能動市民の資格を付与されていた。しかしどれほど多くの人が、この恵み深い法律からもっと大きな利益を得ることになるであろう。以前の受動市民の階級は、三〇スー以下の分担金で同じ利益を享受することができるからである。

以前の受動市民から一〇〇〇リーヴルの地代収入のある地主にいたるまでのすべての市民が、この法律から利益を得ることは、まったく明らかである。

しかし一〇〇〇リーヴルの地代収入のある地主にも、この法律は有利である。この収入のある市民で、彼のすべての子供の教育費に年一〇〇リーヴルを自発的に払おうとしない者はいないからである。こうして負担の重みは、もっぱら一〇〇〇リーヴル以上の地代収入のある者の肩にかかることになる。

だから、フランス人の二〇分の一九はこの法律から利益を得ることになる。一〇〇〇リーヴル以上の収入のある市民が二〇分の一を越えないことは確かだからである。

私の見るところ、国民の大多数のうちで、権利を損なわれるのは独身者と子供のない既婚者だけである。彼らは他の市民と同じく負担しながら、何も得るところがないからである。しかし彼らの負担は他の市民よりも軽いから、彼らの不満が諸君の胸を打つかどうかは疑わしい。

お分かりのように、この方式によれば、教育税が自分の家族の養育費よりも高いのは金持ちだけである。しかしこの過剰負担にすらも、二つの利点が見出される。一つは豊かさの余計な部分を切り捨てることであり、もう一つはこの病的な余剰を財産の乏しい市民の負担の軽減、あえていえば、社会全体の利益に振り向けることである。このようにすれば、この余剰は共和国に真にふさわしい制度を確立し、繁栄と栄光と再生のためのもっとも豊かな財源を開く手段を社会に提供するからである。

お尋ねするが、そうなれば貧民はどこにいるだろうか。たった一つの有益な法律がフランスの国土から貧民を一掃するであろう。

農村に目を向けていただきたい。藁葺《わらぶ》きの農家に視線を注いでいただきたい。ぼろしかまとっていない無数の人々がひしめいている都市のはずれに行っていただきたい。これらの役に立つ家族を詳しく知っていただきたい。これらの家族においても、労働はゆとりをもたらすのだが、子だくさんであるために窮乏に見舞われているのだ。父も母もともに勤勉であり、自分たちが生きていくのに必要なものを勤労で容易に得ることができる。しかし苦労して手に入れた糧は自分たちだけのものではない。多数の子供たちがその一部を奪う。彼らが国に与える子供という富そのものが、彼らを過酷な貧窮に追いやるのだ。

ここでは、われわれの社会経済のまさしく忌まわしい不正によって、すべての自然な感情が堕落させられ根こそぎにされている。

子供の誕生は不幸な事故なのだ。母親が子供に注ぐ愛情は後悔と不安の種子とないまぜになっている。この不幸な被造物に分け与えられる必要物は節約されねばならないから、子供には絶対に必要なものしか与えられない。子供の栄養は不足し世話もされず、むごい扱いを受ける。多くの場合、人々が苦しんでいるから、子供はまったく発育しないか、発育が悪い。もっとも粗雑な知識さえ欠けているために、この若木は育たないのだ。

はっきりいえば、ときにはもっと悲惨な光景が私の心をさいなむことさえある。私は悲嘆にくれている家族を見つけ、近づく。一人の子供が息をひきとったばかりだ。子供はそこにいたのだ。まず自然が、この不運な夫婦からいくばくかの涙を搾り取る。しかしまもなく、恐ろしいほどの赤貧が、涙よりももっと苦い慰めを彼らに与える。それは負担が減るということだ。

有用で不幸な市民諸君、おそらくこの負担はまもなく諸君の重荷ではなくなるだろう。

恵み深い共和国がいつの日かこの負担を軽減するだろう。おそらく諸君はゆとりと自然のやさしい感情を取り戻し、心おきなく子供を祖国にゆだねることができるだろう。祖国はすべての子供を平等に受け入れ、余剰な富をもとにした基金で全員を平等に育て、平等に食事を取らせ、平等に服を着せるであろう。祖国の手で完全に育てられた子供たちを諸君がふたたび受け取るときには、彼らは諸君の家族に豊かさの新たな資源をもたらすであろう。彼らは諸君の家族に力と健康と愛と労働の習慣をもたらすからである。かりに子供の教育税がかなりの額にならざるをえないとしても、そのことがかくも見事な制度の利点を放棄するに足りる理由にはならないだろう。なぜならこの税は金持ちにだけかかるからである。それにたいして、普通の財産をもつ親たちが支払う額は、自宅で子供を養育するのにかかる金額よりも少なくなるだろう。

しかし諸君が私の提案する他の措置を採用すれば、負担は多額にはならないだろう。まず子供たちの労働生産物が学寮の経費を軽減するであろう。八歳以上の子供、つまり生徒の半分以上は自分の食費を稼ぐことができるだろう。純粋に負担になるのは、五、六、七歳の子供だけだ。これらの子供たちは働かずに、受け取るからだ。産業の栄えている場所を見たものは誰でも知っていることだが、そこでは人々は八歳以上の子供をきわめて有益に使う術をよく心得ている。

すべては賢明な秩序を確立し、機構をうまく動かすことにかかっている。ここではすべての利害が一致して、国民学寮の周辺で、子供の好みにあった仕事を増加させるであろう。

カントンの市民たちは、子供の労働機会をもたらすことに取り組み、力を尽くすであろう。その生産物が彼らの負担をそれだけ減らすからである。

賢明な規則が子供たちの競争心を励まし、子供たちの熱意は鼓舞されるであろう。教師自身も、自分が面倒を見る子供たちが勤労賞を得れば、褒賞を受けるであろう。

私の考えでは、われわれの施設に当てる基金を増加させるもう一つの方策がある。何人かの子供は個人的収入をもっているだろう。

彼らが国民学寮の生徒であれば、彼らの支出はすべてなくなる。彼らが財産を享受できる年齢になったときに備えて、この収入を毎年貯蓄して彼らの資本を殖やしてやることが必要であろうか。国家が彼らの面倒を見ている期間、彼らの収入を共通の出費にあてる方がもっと自然ではないだろうか。

われわれの実定法は理性と一致してこの用い方を指し示している。

父母は保護権によって未成年の子供の収入を自由にすることができる。子供の養育がその条件であり責務である。しかしいまやこの責任は祖国の手に移ったのだから、祖国がこの利点を享受するのが正当かつ適切だと思われる。

私が国民学寮の施設の基金として提案するのは以下のものである。

一　子供の労働生産物

二　教育期間中、国民学寮で養育される子供の個人的収入

三　その能力に応じてカントンの全市民に課せられる税収入

この概説を終えるにあたって、一つだけ意見を付け加えよう。それは、関係者が自分自身で管理しなければならないということであり、したがって、手短に述べるが、支出はもっとも厳しく節約されるということである。

支出は絶対に必要なものに限られる。

国民学寮では使用人は一人も雇われない。最年長の子供たちが年少の子供たちに必要な援助を与え、年少の子供たちが共同の奉仕をする。彼らは自活することと同時に他人の役に立つことを学ぶのだ。

だから、本来の意味での支出の項目は三つしかない。男女の教員の給料、子供の食費と被服費である。

男の教員の給料は四〇〇リーヴル、女の教員の給料は三〇〇リーヴルとし、さらに彼らおよび彼女らには最年長の子供の二倍にあたる食費が与えられることを私は提案する。衣服にかんしては、もっとも普通の材料が用いられるから、その費用が高くないことはお分かりいただけるだろう。

カントンの全市民は節約に共通の関心をもっているから、各人が自分のところにあるものを少しずつもち寄るだろう。ある者は布を、別の者は自分の仕事を、母親は彼女らの仕事を提供するだろう。全員が競って責務をともに果たすであろう。こうして全員にとって負担は軽減されるであろう。

食事については、もっとも質素でもっとも普通のものが豊富さのゆえに選ばれるであろう。

子供の健康に適した食事が重んじられ、風土と季節が安価で供給する食物の一定量がつねに選ばれるであろう。葡萄酒と肉は食事から除かれるべきだと思う。それらは子供にはまったく必要でないからだ。若い生徒の食事にかんして行ないうる有益な節約を諸君に提案するために、すべての新聞が報道した事実を引用しよう。一七八八年の厳しい冬に、パリのサント・マルグリット教会の司祭はいくつかの種類の食物を取り合わせた調理法を採用して大成功を収めた。彼は、膨大な数の貧しい人々を一人につき一日三スー以下できわめて健康に生かすことに成功したのである。

さて、残っているのは、国民学寮という新しい施設がどのように管理されるべきかについて、私の考えを諸君に説明することだけである。

カントンの家父長以外の誰が、公衆の信頼というこの名誉のあかしを受けることができようか。

家父長以外の誰がより直接的な関心を抱くだろうか。

もっと見識のある監督者をどこに見つけることができようか。

家父長には、彼らの心なごむ希望の重要な寄託所であるこの施設を、優しさと気遣いに満ちた眼差しでつねに見守る権利と義務がある。

また、この名誉は家父長にのみ与えられるべきである。独身者はそれに値しないのである。

私は、カントンの家父長が毎年集会をもち、国民教育の各施設について五二人の家父長で構成される評議会を選出することを提案する。

評議会の各評議員は一年のうち七日間を学寮に捧げる義務を負い、子供と教師の行動を見守るために、その一週間、学寮の建物に居住するものとする。

このやり方で、学寮には監督の責任を負う家父長が、毎日一人いることになる。こうして父の目は片時も子供を見失うことはないであろう。

監督者である家父長の役割は、食物の質と正しい分配を確保し、一日の時間割にかんする規則の実行を維持し、労働を促進し、それぞれの子供が果たす課題を作成し、子供の健康にきわめて必要な清潔を保持し、病気であれば世話をさせ、子供と教師のそれぞれに与えられる義務をつねに厳密に守らせることにある。

五二人の家父長の評議会は、毎月一度、集会をもち、各評議員が自分の監督した週に行なった観察や見聞した不平や賞賛を報告する。

当局の若干のメンバーがこの集会に出席し、彼らが知ることのできた弊害にたいする措置を遅滞なく講じることが有益だ、と私は思う。

金銭の管理、つまり収入と支出の管理のために、評議会は四人の評議員で構成される委員会を設ける。その役割は衣服、食料、建物の維持のために購入するものをすべて決定し、子供に供給する食物の質を季節に応じて定めること、採用すべき肉体労働の種類を決定してその価格を決め、すべての帳簿をつけること、である。委員は、毎月、帳簿を五二人の家父長の評議会に提出し、その写しが当局に届けられる。

これが、各教育施設のために私の提案する簡単で有効な管理法である。これらの予防策と監督と個人的利益の機構によって、子供税が貧しい人々と中くらいの財産所有者には軽く、金持ちにとってもけっして過重にはならないことが保証されるであろう。公共の税にかんしては、国家を貧しくしたり、無気力にさせるのは、その程度よりもその配分と用途である。ところでこの場合には、健全な政治経済学のもっとも好ましい側面が合わさることになる。というのは、提案されている税は必要を満たすために過剰分を投資するという効果だけを生むからである。かつての支出額、子供の食費と生活費の総額は変わる。当時は全員が同じように担い、負担は頭割りだった。私の方式では、資力に比例することになる。貧しい人々はほとんど負担せず、中くらいの者はほぼ同じ負担にとどまり、金持ちがほとんどすべてを負担するのである。

イギリスでは、救貧税だけで六〇〇〇万リーヴルにのぼる。しかもイギリスの領土と人口はフランスの三分の一にすぎないのである。

イギリスでは、この膨大な税が政治体の病を癒すために用いられている。フランスでは、子供税はもっと全般的でもっと有益な効果を及ぼすだろう。なぜなら、子供税は国家のすべての要素を一新し、いわば国民のすべての若芽を純化し、共和国に活力とまったく新しい健康の不朽の原則をもたらすからである。

この救貧税という言葉は、私がいくらか道徳的だと考える思想を抱かせる。

われわれは、自分の生活費を稼ぐことのできない老人や障害者を扶養する義務を社会の負債だと考えている。すでに諸君はこの原則を認め、それを実行する手段に取り組んでいる。なぜ高い費用をかけて新しい建物を造るのか。二重に有用な結合を創り出そう。私が言いたいのは、カントンのコミューンの負担で国民学寮用の建物の一部を老人の保護施設にあてるということだ。

そうすれば、老人はほとんど費用なしに質素な食事をともにし、必要な援助を毎日受けることができるだろう。最年長でもっとも力の強い子供たちが次々に老人を手助けするという名誉のある仕事に採用される。

なんと有益な制度であろう。社会的義務についてどれほど多くの生きた教訓となることであろう。

人生を生き始めた者と晩年の者、年老いた障害者と活力ある子供を近づけることには、何か心を打つ宗教的なものがあるように、私には思われる。

こうして老人にたいする神聖な尊敬、不幸な者への同情、慈悲深い人間性が、われわれの生徒の心に最初の印象とともに浸透する。彼らの習慣そのものが彼らの美徳になるのだ。

代表者諸君、これが、私が諸君にゆだねる案の概略である。

これまでこの問題を論じた人々はすべて、公的な知育の制度を作ることのみに励んできたように思われる。私はといえば、知育に先だって国民学寮を設立しなければならないと考えた。知育は何人かの人々の利益であるのにたいして、国民学寮は全員の利益になる。

前者は有用な知識を広めるが、後者は必要な習慣を生み、増やすのだ。

公教育はやがて、私の案のなかでそれに与えられた位置を占めることになる。公教育は建物の部分的な装飾であり、それにたいして国民学寮は建物全体がそのうえに据えられる礎石である。

私が考えている国民学寮は工芸や農業を損なうものではなく、かえってその新しい繁栄を用意するものである。それは子供たちを数年間、工芸や農業から借りるが、まもなく、もっと活力があり、しかも幼年期の完璧な柔軟さを授けられた働き手を工芸と農業に返すであろう。

こうして、国民は強力な励ましを受け取るであろう。母親たちは、彼女たちの本来の関心によって、もっとも甘美な義務、自分の子供に自分で授乳するという義務にふたたび立ち帰るであろう。

五歳以下の子供が有害な無関心のもとに放置されることは少なくなるだろう。自然は生きるために創り出したのに、毎年、不注意のために死に追いやられる大勢の不幸な子供たちが、共和国では、励ましといくらかの知識のおかげで生きながらえるであろう。

五歳から一二歳まで、つまりつねに保持される修正と印象と習慣を身体と道徳に与えるのに決定的に重要な人生のこの期間のあいだ、共和国を構成すべき子供たちはすべて共和主義の鋳型のなかに投げ込まれるであろう。

そこでは、全員が平等に扱われ、平等な食事を取り、同じ衣服を着、平等に授業を受ける。平等は、若い生徒たちにとってもっともらしい理論ではなく毎日実際に行なわれる実践になるであろう。

こうして力強く、勤勉で、規則正しく、規律を身につけた、生まれ変わった種族、越えることのできない障壁によって古い種族の偏見との不純な接触から守られた種族が形成されるであろう。

国民学寮では、全員が一箇所に集められ、国民の気前のよい援助によって窮乏から解放され、同じ教育、同じ知識を平等に与えられるであろう。さらに自宅や両親の貧困から離れているという特別の状況のせいで、どの子供にとっても、共和国の恩恵はむなしい幻想ではなくなるであろう。

貧しい人々は窮乏にたいする援助を受け、金持ちは富の余剰を手放す。窮乏と余剰という政治体の二つの病気は、発作も痙攣もなく、気づかないうちに和らげられる。

社会の多数を占める重要な部分を救済する機会が長いあいだ待たれてきた。三年前からの諸革命は市民の他の諸階級にたいしてはすべてのことを成し遂げたが、おそらくもっともそれを必要とする階級、労働のみを財産とするプロレタリア市民にたいしては、ほとんど何も成し遂げていない。

封建制は破壊されたが、それはこの階級のためではない。というのも、彼らは解放された農村では何ももっていないからだ。

税金はより公平に配分されるようになった。しかし貧困のゆえに彼らにはほとんどかかわりがなかった。負担の軽減も彼らにはほとんど感じられなかった。

市民的平等は再建されたが、彼らには教育が欠けている。彼らは市民の資格からくる負担のすべてを背負っている。しかし彼らには、市民であれば要求しうる名誉にふさわしい能力が本当にあるのだろうか。

これまでのところ、塩税の廃止が彼らのためになされたただ一つの善事である。というのも、賦役はすでになくなっていたし、彼らは穀物の値上がりや労働の不振や政治的激動から切り離すことのできない争乱のために一時的に苦しめられていたからである。

これは貧しい者の革命である。……しかしそれは優しく平和な革命、所有権に不安を与えたり、正義を損なったりせずに行なわれる革命である。財産のない市民の子供たちを養子にしたまえ。そうすれば、彼らにはもはや貧困は存在しなくなる。彼らの子供たちを養子にしたまえ。そうすれば、諸君は、彼らにとってもっとも貴重なものを救うことができるだろう。これらの若木が国民の苗床に移植されんことを。同じ土壌が彼らに滋養を与え、力強い育成が彼らを鍛えんことを。彼らがたがいに抱き合い、恵み深い天体からの光によるかのように元気づけられて、育ち、成長し、共和国の監督と優しい感化のもとに馳せさんじんことを。

子供が一二歳になると、学寮の期間は終わる。さまざまな産業の仕事に子供を渡すときが来る。

これ以上子供を産業から離しておくことは、社会を害することになるだろう。この年齢までで、社会は子供にたいする厳格な負債を完済し、子供が自然から受け取ったすべてのものを保ち、自然の恵みである子供の身体に磨きもかけた。子供はすべてをなすことができ、心身は豊かになり、あらゆる種類の生産に適するようになった。若い生徒はあらゆる身分に必要な身体的および道徳的習慣を身につけている。彼はあらゆる職業の市民に共通して有益な知識を身につけている。要するに、子供の準備はできあがり、彼の人生の幸福のためにも、共和国を構成すべき有用な要素の一つになるためにも重要な全般的変容を成し遂げている。

しかしながら子供と若者の中間であるこの年齢にたいして、祖国はすべての監督をやめるわけにはいかない。青春期にはまだいくらかの配慮が必要だから、なお配慮が払われなければならない。そしてこの点で、真に立法者の注意を惹くにふさわしい問題がわれわれに提出される。

国民学寮を出ると、農業と工芸がわれわれの生徒の大多数を求めるであろう。この二つの仕事にたずさわる階級が国民のほぼ全体を構成するからである。ごく少数の選ばれた子供が、人を楽しませる技芸の習得と才能に由来する研究とに差し向けられるであろう。

この両者にたいする社会の義務がどのようなものであるかを見よう。

前者についていえば、さまざまな手仕事の徒弟修業は法律の管轄には属さない。利害がその最良の師であり、必要がもっとも説得力のある教えである。田畑や作業場は彼らに開かれており、耕作者や職人を教育するのは共和国ではない。農業と工芸の一般的な改善を見守り、とくに効果的な奨励と健全な経済のための法律によってその進歩を推進すること、これが共和国のなしうるすべてである。

だからといって、職人と農民になった若い市民のこの多数を占める二つの階級を完全に放置したままにしておいてよいのだろうか。むしろ社会は彼らにたいする何らかの道徳的陶冶のための配慮を払いつづけるべきではないだろうか。

この点にかんして、私が有益かつ実際的だと考えることは以下の通りである。

週日は労働に捧げられるのであり、若者たちを労働からそれさせることは不条理であり、不可能である。しかし気晴らしの日々や定められた時期に、若者が身体の運動やいくつかの授業や祭典や、若者の関心と興味を惹き、競争心を燃やすような集会などの機会をもつことは当を得たことであり、適切であろう。こうすれば、子供が受け取る喜ばしい印象はけっして消え去ることはないであろう。しかも仕事に必要な時間はまったく奪われないし、休みが怠惰に堕することはなく、楽しみそのものが教育を与えるであろう。

諸君の委員会は、真の意味で哲学的な労作のなかで、初等学校を卒業した若者たちを市民の荘重な儀式に召集する手段を諸君に提示した。

したがって、ここで私の提案は諸君の委員会の提案によって完成する。私には新たに付け加えることはないし、諸君の時間は貴重である。

(Lepeletier : Plan d'éducation nationale présenté à la Convention Nationale par Maximilien Robespierre, au nom de la Commission de l'instruction publique, J. Ayoub et M. Grenon, III, pp. 24–41)

四　国民教育と民衆協会

解説　一七九三年一〇月末、国民公会は初等教育法を採択した。無償教育、初等学校の設置と監督の地方分権化、旧貴族と聖職者による教育の禁止がその主な内容である。しかしその一〇日後の一一月九日、国民公会はこの法令の修正を命じ、一二月八日、ブーキエが新しい公教育法の提案を行なう。

ブーキエ案は、教育の自由の強調、徹底した反知識人主義、制度の単純さ、経費の節減(初等学校の教員は生徒数に応じて給与を支払われる)を特徴としている。ブーキエの考える教育の自由は学校設立の自由のことであり、教育内容は厳しい政治的規制のもとに置かれた。その主な狙いは、教員資格を緩和して、愛国的な市民を教員として登用することにあった。この点は強烈な反知識人主義と連動して、民衆協会こそ真の学校だとする主張になる。制度の単純さについていえば、ブーキエ案には、全市民が必要とする知識を教える初等教育と共和国が必要とする技術者を育てる最高段階の教育の二段階しかない。一七九四年四月の報告はこの後者を規定するものであった。

ブーキエ案も共和国市民の育成を最大の目的としていたが、ルペルティエが学校を共和国の鋳型としたのにたいして、ブーキエは民衆協会を真の学校とすることによって、学校を社会に解体するものであった。ブーキエの提案した初等教育にかんする法令は共和国二年フリメール二九日(一七九三年一二月一九日)に採択されたが、翌年一一月一七日に廃止された。

ブーキエ
公教育の全般的計画にかんする報告と法令案

共和国二年フリメール一八日(一七九三年一二月八日)

市民諸君、

諸君は初等学校の組織にかんする法令の修正を教育委員会に託した。委員会はこの任務を果たした。しかし委員会はこの義務を終えるにあたって、公教育の組織化という大問題がいくつかの仕方で解決できることを確認し、諸君に新しい案を提出することを決定した。簡単で自然で容易に実行できる案、アカデミーや科学団体や教育の階層的秩序についてのあらゆる思想を永久に追放する案であり、そして最後に、自由、平等、簡潔という憲法と同じ基礎をもつ案である。

共和政体が尊重すべきすべての有用な技術のうちで第一のものは農業である。農業を営む市民はつねに祖国にもっとも貢献した市民であった。

自由な国民には、迷路を通って空想と妄想の領域に旅する思弁的な学者のカーストは要らない。純粋に思弁的な科学はそれに従事する諸個人を社会から切り離し、長期的には共和国を掘り崩し、弱らせ、破壊する毒薬になる。

自由を獲得した人民には、活動的で頑健でたくましく勤勉な人間しか要らない。自分たちの権利と義務をよく認識した人間しか要らないのだ。

このような人間を育てる方法は、若者を訓練して労働につかせ、体力を伸ばすと同時にしなやかさと器用さを与える技芸に従事させること、若者を簡潔で賢明な法律のもとに置き、彼らの従うべき偉大な模範と模倣すべき偉大な手本を示すことである。

王政主義者は最初の戦闘で参ってしまい、最初の銃声を聞いて逃げながら「逃げろ」と叫ぶ。それにたいして、子供のころから厳しい労働で鍛えられた若者は体力で勇気を支え、すぐに優れた兵士になる。彼の力強さは戦争の辛さをものともせず、彼の勇気は勇敢に危険に立ち向かう。彼は敵を撃退し、祖国をあらゆる支配の軛《くびき》から守り、その勇猛心、粘り強さ、毅然とした態度、献身によって、真の共和主義者の模範になる。

したがってわれわれはこのような人間を育てることに専心しなければならない。そしてこの点で、すでに革命は驚くほどわれわれに役立っているのではないだろうか。フランス国民を一瞥してみよう。フランス国民が革命前にはどのようであったか、また、今日どのようであるかを見よう。革命前のフランス人は、怠惰で無気力で極端に無頓着で、浅薄な科学と軽薄な技芸があらゆるものに取って代わった。彼らはいわば圧政の重みも知らずに、その鉄鎖を耐え忍んだ。彼らは自由の名をやっと知ったばかりだった。何世紀も前からフランス人を傷つけてきた人食いの暴君たちの行きすぎた行為や残忍さや卑劣な行為によって、専制がフランス人を投げ込んできた無気力な眠りの手から彼らを引きはがすことが必要であった。しかし、ついに覚醒のときが到来した。自由の警鐘が遠くから鳴り響いた。国民は立ち上がり、権力を取り戻した。瞬く間に、奴隷的人民は英雄的人民になった。バスチーユは打ち壊され、悪代官は震え上がった。国民はみずからの権力を組織し、民衆協会が形成された。理性の声を聞いて、各市民は兵士になった。自由への愛がすべての人の心をとらえ、人々を共和主義の高みへと速やかに導いた。

以上が、われわれの革命が生み出した奇跡的な結果である。以上が、革命の用いた手段である。

いったい、われわれの目の前にあるものを遠くにまで探しに行く必要があるだろうか。市民諸君、若者が真に共和主義的な教育を受けるもっとも美しくもっとも有益でもっとも簡単な学校は、疑いもなく、県、地区、市町村、民衆協会の公開の集会である。この清純な泉から、若者が自分たちの権利、義務、法律および共和主義の道徳についての知識を汲むであろう。武器を操作し、国民軍の訓練に専念し、労働に慣れ、つらい肉体労働に従事することによってこそ、若者の四肢はしなやかになり、体力は増し、身体能力は完全なものになるのである。あらゆるものが彼らに教育手段を提供するであろう。彼らはそれぞれの家族のなかに、諸君が刊行する教科書のなかに、諸君が制度化しようとしている国民祭典のなかに、それを見出すであろう。

この簡単な説明によって、革命自体が公教育を組織し、とくに教育の汲み尽くせぬ泉をいたるところに配置したことをはっきりと理解しなければならない。

したがって、人民が創ったこの簡素で至高の組織の代わりに、アカデミーの定款《ていかん》を模倣したまがいものの組織を置かないようにしよう。アカデミーの定款が、甦った国民を腐敗させるようなことはもはや、あってはならないのである。人民と革命が成し遂げたことを貴重なものとして保存しよう。公教育を完全なものにするために不足しているものをほんの少し付け加えることで満足しよう。この補完物は革命の天分が創り出した成果のように簡潔でなければならない。〔報告につづいて、「教育は自由である」(第一条)をはじめとする、五節四三条からなる法令案が提案されたが、省略した。〕

(Bouquier : Rapport et projet de décret formant un plan général d'instruction publique, par G. Bouquier, membre de la Convention nationale et du Comité d'instruction, J. Ayoub et M. Grenon, V, pp. 39–40)

ブーキエ

最高段階の教育についての報告と法案

共和国二年ジェルミナル二四日(一七九四年四月一三日)

国民公会は教育の自由を確立することによって、人間の不滅の権利に敬意を表した。国民公会は教育の豊かな泉、その身体に良い水は自然と同じく清浄であり、自由と同じく光り輝き、平等と同じほど甘美な泉を開かなければならない。公徳心と良い習俗という点で人民の信頼に値する男女の市民を、教員という名誉ある職務に招き寄せることによる以上に、国民公会がこの任務をうまく果たせる方法はあるだろうか。国民公会は、教育という職業の自由を開いた。国民公会は、共和国全土に教育を広めるために、これ以上に大規模で重要で効果的な手段を用いえたであろうか。

国民公会は、フリメール二九日(一二月一九日)の法令(二二一—二二四ページ参照)により、子供が身につけることができ、それが完全なものになれば、本物の共和主義者、祖国に役立つ市民を育てることになるはずの知識の教育を組織したが、それだけでは教育にかんする任務の一部を果たしたにすぎない。それらの基礎知識を完全なものにし、人民が熱狂的に受け入れ、非常な力とエネルギーと勇気と大胆さで防衛する民主政体にかんする基礎知識を身につける手段を若者に与えるという任務が残っているのだ。

われわれには、教育は二つの観点からしか考えられないと思われた。市民に不可欠の知識の観点と社会に必要な知識の観点とである。

法律の教育や、旧体制の学者たちがいまも特別の愛着を抱いている、何かよく分からぬ諸科学のための中等学校ないし中間の学校を設立するという考えは、何度も提案された。おそらく大学の元教授の頭脳から生まれた同じような考えは、それ以上のことは何もいっておらず、共和国の制度を破壊するようにわれわれには見える。共和国の簡素な制度は自然にもとづかなければならないからである。

このような提案は、文句なしに、時代後れの教育施設を復活させることになるのではないだろうか。そこでは、不道徳な若者が、大抵は偽りで例外なくくだらない知識、自分の利益や好みから役に立つ知識を得ようという望みをもてば、忘れ去られてしまうにちがいない知識を、苦労して頭に詰め込むために貴重な時間を無駄にしていたのだ。このような提案の主張は、新しいアカデミーを組織し、思弁的な利己主義者たちが社会から絶縁しても何ら不利益をこうむることのないような新しい隠れ家、出自と富からくる不条理な権力による貴族主義と同じほど有害な教育上の貴族主義を培うことのできる隠れ家の設立を望むことではないのか。

法学の講座を設けるという提案は、理性と自由と哲学の決定的な一撃を加えて打ち砕いた屁理屈とその付随物を復活させようとすることではないのか。それは法学者のソルボンヌを創ることではないのか。そこでは偽者であれ本物であれ博士どもがすぐさま法律の代わりに自分たちのおかしな意見を用いるようになるだろう。それは、法の庇護のもとで不幸な訴人からの略奪を再開するために、きっと新しい法律屋に加わるにちがいない旧体制下の検事や代訴人の強欲に、人民をもう一度ゆだねることを望むことなのだ。

市民諸君、革命は大地の奥深くまで浸透し、硝石〔火薬の原料〕を採掘した。コレージュや大学やアカデミーにその速い歩みを止めることができようか。おそらく、否である。革命はそれらを覆し、これらの反理性の巣窟に浸透するであろう。革命は、不道徳、誤謬、虚偽、迷信、無知、傲慢を一掃するであろう。革命は、利害が破廉恥にも法の科学という威圧的な名目で行なう三百代言の殺人技術の講義を転覆するであろう。

法律は、簡単で、明確で、少数でなければならない。各市民がいつも携行できるものでなければならないのだ。

こうして国民公会は、法律の学校を設立するどころか、法律についてのあらゆる種類の長ったらしい説明や解釈や註解や解説を厳罰をもって禁止しなければならない。

現在、民衆協会はつねに暴君どもが手を組んで行なう陰謀を粉砕し、彼らの密議を挫折させ、悪人を監視し、ペテン師を追及し、陰謀を暴くことに専念している。しかし革命の奔流が自由の敵を呑み込むときがくれば、民衆協会はもはやこのような監視をつづけなくてよくなるから、平和のなかで法律、科学、技術の教育に専心するであろう。そのときこそ、民衆協会は、若者にとって真の共和主義のリセになり、人間精神があらゆる種類の科学と技術において進歩を遂げるであろう。

それゆえ、場所やお金がないために民衆協会がまだ設立されていないコミューンには、民衆協会の設立を促進しよう。狂信は各コミューンに神殿をもっていた。これらの神殿が自由、教育、法と共和主義的習俗の普及の神殿になるようにしよう。現在放棄されており、また今後放棄されるであろう迷信の建物をコミューンの所有にすることを布告したまえ。この法令によって、諸君は教育のために多くのことを成し遂げることになるだろう。

習俗が政体を作るのではない。政体が習俗を作るのだ。ずっと以前から認められていたこの真理は、革命の結果によって、また諸君が布告し、フランス人民が裁可した共和政体が一挙に押し上げた驚くほど崇高な公徳心によって、あらためて証明された。

王政の私生児であるエゴイズムは、暴君どもの支配のもとで、すべての市民を孤立させた。個人的利益が彼らの行為の最高の支配者だった。諸君が専制政治の玉座の残骸のうえに、最後の暴君の墓のうえに、民主政体の礎石を据えるや否や、理性と哲学の光が共和国全土を照らし出し、無知はその薄暗い洞窟に沈み、狂信は消え、誤謬《ごびゅう》は真理の前から逃げ去った。

フランス人は同じ共同体の囲壁のなかに住みながら、たがいに自分たちの政治的存在も物理的存在さえも知らなかった。革命の警鐘が彼らの耳を打った。それは彼らの心に自由の感情を目覚めさせ、暴君に勝利するのに必要な団結心で彼らの心を満たした。一瞬のうちに、二五〇〇万の孤立したエゴイストたちは、兄弟と友人の巨大な家族に変わった。

たえず行き来し、思想をたえず交換することによってこそ、精神はたがいに啓蒙し合い、心はたがいに高め合い、英雄的な美徳が繰り拡げられるのだ。

角帽をかぶった博士どもが屁理屈で理性を曇らせるような学問しか教えず、自然の注意深い観察から生まれる単純な観念の代わりに形而上学的で神秘主義的な観念を説く古臭い学校から、愛国心の炎、共和国を救うために必需品を手放すように市民たちを導く愛国心の炎が、噴き出たであろうか。女性の市民たちが、自由の守護者の要請に応えて、自分の宝石や装身具を犠牲にすることを学んだのは、このような学校においてであろうか。彼女たちが、美徳こそ女性のもっとも美しくもっとも豊かな飾りであることを学んだのは、このような学校においてであろうか。戦いで死んだ多くの英雄たちが、暴君を憎み、自由を熱愛し、祖国のために死ぬことを学んだのは、「にもかかわらず」と「それゆえに」を決まり文句とする博士どもの巣窟においてであろうか。最後に若きバラ〔一七七九―九三。ヴァンデの反乱で共和国軍に加わり、死亡。愛国の少年英雄として神話的存在になった〕が若き共和主義者の永遠の模範になり、パンテオンに祀られるにいたった、あの英雄的な勇気を汲み取ったのは、この巣窟においてであろうか。疑いもなく、否である。これらの至高の美徳の芽はこれらの高潔な英雄の心のなかにあり、自由への熱愛のみがその芽を伸ばしえたのだ。

共和主義的な美徳と習俗と法の真の学校は、民衆協会のなかに、地区の集会のなかに、旬日祭のなかに、国と地域の祭典のなかに、市民的な饗宴と劇場のなかにある。そこにおいてこそ、若者はいわば苦痛なしに自分の権利と義務の知識を得、心を共和主義的美徳に高めるのに適した感情を汲み取るであろう。そこにおいてこそ、若者は、祖国の安寧に身を捧げることが偉大で美しいこと、祖国のために死ぬことが至高であることを学ぶであろう。わが革命のなかで、パリのジャコバン協会は単独で、ヨーロッパのすべての学術施設が数世紀かけて生み出したよりも多くの英雄的行為と美徳を生み出したのだ。

諸君は、フリメール二九日の法令によって、すべての人に必要な教育をすべての人の手の届くようにして、市民にたいする諸君の義務を果たした。この点にかんして、諸君に残されている義務は、社会に必要な諸科学の教育を組織することだけである。

この教育の目的は、社会の安全と幸福、および共和国の利益にかかわる職務を有効に果たすのに必要な教育を受けた市民を、いつも見出すことができるようにすることにある。諸君は、共和主義的行為とともに次の諸技術を普及させる、愛国心に溢れた啓蒙された教員を国民の負担で組織することによって、この目的を達成できるであろう。すなわち、病める人々や、自由を貪り食おうとする怪物との戦いで傷ついた祖国の防衛者たちや、苦しい労働の仲間であり、計り知れないほど役に立つ家畜に救急処置を施す技術、共和国の国境の防衛を整備し、金で雇われた敵の軍団にたいし自由な人間の砲火を浴びせて撃退する技術、わが国の道路、運河、河川、港を保全し、商業に必要な交通網を開く科学、航法を改良し、共和国の海運を卓越したものにする技術、そして最後に、鉱山を開発し、地中から鉱石を採掘し、それを人民の必要と人民の主権の防衛に用いる技術、である。

これらの教育施設は、自然の指示するところに従って配置されるべきである。水路学の教育施設を設立すべきなのは、ピュイ＝ド＝ドーム県ではない。攻撃、防衛、築城の技術を教えるべきなのは、ランド県のヒースの荒野においてではない。医学の教員や獣医学の教員を配置すべきなのは無人の地ではない。このように社会に有益な諸科学の無償の教育をいくつかのコミューンに固定すれば、これらの教育が全員の手の届くものではなくなるという反論が出されるかもしれないが、われわれは、そんなはずはないと答えよう。

じっさい、それを受けた結果、自分の才能を用いて地位を獲得したり財産を殖やす手段を与えることになるような教育を、共和国の費用で各個人に与えることが、共和国の義務であろうか。疑いもなく、否である。われわれが述べたように、共和国が子供に与えるべき教育は、市民の権利を行使し、市民の義務を果たすのに必要な科学の無償の教育だけである。このような科学の無償の教育を全土に広めることによって、フランス共和国は単独で、その歴史をつうじてわれわれに法と習俗と習慣を伝えたどの自由な国家よりも、多くのことを成し遂げたのである。学問ととりわけ技芸をきわめて高い感性に導いたギリシャ人は、けっして教育者に給料を支払わなかった。それでも、祖国とその時代に名誉をもたらし、長いあいだ、後世の模範になり、後世の感謝に値する多数の学者と芸術家が生まれたのである。

したがって、全員に必要な教育を全員の手の届くものにすることによって、共和国は共和国の子供にたいする負債から解放されたのである。あらゆる種類の技術と科学の教育にかんする自由を宣言することによって、共和国は、自分の性向に従ってそれらに専念するすべての手段を増やし提供したのである。さらに、われわれが諸君に提案する法案は、富の代わりに、幸運な天分——科学の険しい道を平坦にし、ミネルヴァの愛《め》でし人々と富の奴隷をつねに区別する幸運な天分——を自然から授かった人々に有利な措置を含んでいる。

したがってわれわれは、社会に有益な諸科学の教育を、その成功を早めるのに最適の位置にある共和国のコミューンに配置することが不可欠だと考える。

医学の教員は、共和国の大きなコミューンの施療院、慈善施設の近くに配置されるべきである。

工兵技術、鉱山と砲兵の技術は要塞で教えられるべきである。

水路学が船員を育て航法を改良するための科学の講義は、沿岸地で行なわれるべきである。

最後に、社会に絶対に必要だというのではないが、その教養が政体の名声、輝き、栄光に寄与するような技芸や科学の普及のための全般的施設は、共和国のもっとも人口の多いコミューンに置くべきである。

社会に必要な科学の教育にかかわる、自然から汲み取られた以上の考察にもとづき、公教育委員会は諸君に次の法令を提案するように、私に命じた。〔報告につづいて、六節五二条からなる法令案が提案されたが、省略した。〕

(Bouquier : Rapport et projet de décret sur le dernier degré d'instruction, par G. Bouquier, présenté au nom du Comité d'instruction publique, J. Ayoub et M. Grenon, V, pp. 390–393)

五　共和暦の制定

解説　一七九二年九月二一日、国民公会は王政の廃止を議決し、翌二二日、共和国の成立を宣言する。この日は「共和国第一年」の始まりとされ、公教育委員会はキリスト教暦に代わる新しい暦を制定する努力を開始する。ロムやファーブル・デグランティーヌを中心に進められた共和暦制定の作業の結果は、一七九三年九月二〇日、ロムによって報告され、国民公会は、一〇月五日、共和暦の採用を決定する。ただし月と日の名称については再検討が必要だとし、ファーブル・デグランティーヌがヴァンデミエール（葡萄月）、ブリュメール（霧月）、フリメール（霜月）といった自然と農業にもとづく月の名称を提案し、それが採択されることになる。（一一月二四日）

ロムの提案には三つの狙いがあった。一つは十進法にもとづく新しい度量衡が空間を合理化したように、時間を合理化すること、第二に、日々使用する暦によって革命の事績を国民に根づかせること、第三に、非キリスト教化を促進することである。共和暦は革命の定着という大きな期待を担って制定されたが、強制的手段を含むさまざまな方策にもかかわらず容易に浸透せず、一八〇五年に廃止された。

共和暦についての報告

ロム

一七九三年九月二〇日

市民諸君、

私は、公教育委員会の名において、諸君が委員会に求めた共和暦にかんする審議の結果を提案し、諸君の審議にゆだねよう。

諸君は、技術と人間の精神の進歩にとってもっとも重要で、革命期にしか成功しない仕事の一つを企てた。すなわち、たえず商業と産業を阻害してきた度量衡の多様性、一貫性の欠如、不正確さを解消し、地球の尺度そのものにもとづいた、単一で不変の新しい尺度のタイプを採用することである(1)。

技術と歴史にとって、時間は一つの要素ないし必要な道具であり、技術と歴史は、また、時間の新しい尺度、すなわち、信じやすい人々と迷信に満ちた因習によって同じように無知の時代から現代まで伝えられてきた誤謬《ごびゅう》から解放された時間の新しい尺度を、諸君に求めている。

キリスト教暦は、ローマ帝国の滅亡が近いことを予告する混乱のさなかに、無知で信じやすい人々のもとで誕生した。それは一八〇〇年にわたって、狂信の蔓延、諸国民の堕落、思い上がりと悪徳と愚行の破廉恥な勝利、残忍な専制君主のもとで美徳と才能と哲学がこうむり、あるいは人々が専制君主の名において行なった迫害と屈辱を、時間のなかに固定することに貢献してきたのである。

ときには下品に、ときには信仰に厚くて形式に囚われない鑿《のみ》で彫り込まれた同じ暦の銘板のうえに、王たちの名を高めた犯罪、彼らが現在さらされている憎悪、宗教的には崇《あが》められている何人かの僧侶たちの狡猾《こうかつ》さ、宮廷の腐敗と強奪を支えた恥知らずでずるがしこい腹心たちにつきまとう正当な汚名、これらのものを見出すことができるであろうか。否である。キリスト教暦は残忍、瞞着、裏切り、隷属の暦であった。それはあらゆる災いの源泉である王政とともに終わりを告げた。

革命はフランス人の魂を鍛え直した。革命は日々フランス人を共和的美徳で鍛錬している。時間は歴史の新しい書物を開いた。そして時間は、再生したフランスの年代記を、平等と同じく、新しく荘厳で理解しやすい進行のなかに、新しい力強い鑿で刻み込まなければならない。

これが、一七九二年九月二二日の法令の精神である。この法令は、この日からすべての公的証書に共和国第一年の日付を記入することを命じたのである。私が今日諸君に提案するのはこの法令の展開である。

第一節　一年の長さについて

一年の長さは諸国民の知識の進歩のあとを示している。季節と昼夜の長さを決める地球の公転からすれば、一年は三六五日五時間四八分四九秒であるのに、人々は長いあいだ、一年を太陰暦の一二カ月、すなわち三五四日としてきた。

不規則な間隔で日や月を挿入することによってのみ、暦年を天体と季節の運行に合致させてきたのである。確定した規則なしで行なわれたこれらの挿入はすべて、間違った計算の結果を一時的に補正しただけで、その根本原因を放置した。

エジプト人は太古から、バビロニア人はキリスト教暦の紀元前七四六年から真の原理に近づき、一年を三六五日とし、それを等しく三〇日からなる一二の月と五日の閏日《うるうび》に配分した。

独裁者で神祇官であったユリウス・カエサルは、ファルサルの戦役〔紀元前四八年、ポンペイウスを破る〕の二年後に、アレクサンドリアの有名な天文学者であるソシゲネスを召し出して、彼とともに暦年の改革に着手した。カエサルは、ロムルスによって導入され、ヌマによって不十分に修正された太陰暦を禁じた。数世紀間の誤りが蓄積されて、冬の月々が秋の季節に対応したり、春の宗教行事が冬の季節に対応したりするほどの混乱をもたらしていたからである。

ユリウス・カエサルは一一月と一二月のあいだに九〇日の日数を挿入することでこの食い違いを一挙に解消した。この年の日数は四四五日で、混乱の年と呼ばれた。さらに彼は、四年ごとに一日を加えることを命じた。これは一年を三六五日と六時間と仮定することであり、一一分間長すぎた。これがユリウスの改革であった。

このときから一六世紀のちの一五八二年には、一一分の誤差は暦のうえで一〇日間の食い違いを生み出した。当時教皇だったグレゴリウス一三世は、天文学者たちとともに新しい改革に取り組んだ。彼は、この年の一〇月から一〇日を差し引き、世紀の最後の年については四回に一度だけを閏年とすることを命じた。この改革もまだ一年を長く想定しすぎていたが、ロシアとトルコ以外の全ヨーロッパで採用された。スイスのグリゾン州の人々は五日間の補正だけを採用した。彼らは、ローマ教皇庁が提案した修正をすべて採用することによって、プロテスタンチズムの名誉を傷つけることを嫌ったのである。

今日では、人々ははるかに啓蒙されたから、数世紀以前に準備され、年代学者や歴史家や天文学者を困惑させたこれらの改革の無益さを見抜いている。事物の自然的進行に従い、今日ではよく知られた天体の運動に定点を求めれば、小さな誤差が蓄積されて一日分になると、すぐに修正して、暦日を太陽年に合わせることは、つねに容易なことになるだろう。

第二節　一年の始まりについて

一年の長さが地球の公転運動の正確な知識にもとづいて決められていなかったあいだは、暦年は曖昧で、年の始まりはあらゆる季節を次々と移動した。

いくつかの民族は夏至《げし》か冬至《とうじ》を年の第一日とし、他の民族は春分ないし秋分の日を年の第一日と定めた。またいくつかの民族はそれを季節のある時期に定める代わりに、彼らの年代記の歴史的画期を採用することを好んだ。

フランス革命は、世界の記念日のうちで、天体の運行、季節、古い伝統と出来事の経過のあいだに、きわめて衝撃的であり、おそらく唯一の合致を提供した。それは、われわれが諸君に提案する事物の新しい秩序に、国民全体を賛同させずにはおかないほどの合致である。

君主政の最後の日であり、キリスト教暦の最後の日であるべき一七九二年九月二一日、国民公会に集まったフランス人民の代表は会議を開き、王政の廃止を宣言した。

九月二二日、この法令はパリで宣言された。九月二二日は共和国の第一日であった。同じ日の九時一八分三〇秒に、太陽は天秤座に入り、真の昼夜平分点に達した。こうして、市民的・道徳的平等が人民の代表によって、新しい政体の神聖な基礎として宣言されたのとまさに同じ時に、天上では昼と夜の平等が示されたのである。

こうして、いつの日か全人類を照らすはずの自由の松明《たいまつ》が、フランス国民をはじめて完璧な純粋さで照らし出したのと同じ日に、太陽は地球の両極と地球全体を次々と照らしたのだ。

こうして、王たちの抑圧に勝利した人民が君主政体から共和政体に移行したのと同じ日に、太陽は北半球から南半球へと移ったのだ。

天体と労働の作用で豊饒《ほうじょう》になった大地が、その恵みを惜しみなく与え、勤勉な人間の手入れや労苦や勤労にたいして気前よく報いたこの幸福な季節に、フランス人たちは完全に自己のもとに帰ったのである。

エジプトの神聖な伝統はオリエント全体の伝統になったが、その伝統は、わが共和国と同じ星座のもとで大地をカオスから救い出し、その時点を事物と時間の起点と定めた。多くの状況の幸運な一致が、この新紀元に神聖な性格を刻み込んだ。それはわれわれの革命の祭日のうちでもっとも特別な祭日であり、おそらく未来の世代の祭典のうちでももっとも記念される祭典になるであろう。

われわれは、共和国創立の日である秋分の日がフランス人の新紀元、年の第一日だと布告し、同時に民間で使用されているキリスト教暦の廃止を提案する。

セレウコス〔ヘレニズム期にシリアを支配した王朝〕の紀元は秋分の日から始まっており、それはキリスト教紀元より三一二年先だっている。あらゆる信仰をもつオリエントのすべての民族は、拝火教徒もアブラハムの末裔もキリスト教徒もマホメット教徒も、すべてこの紀元を用いていた。ユダヤ人は、一〇四〇年にヨーロッパに四散したときにはじめてこの紀元を放棄した。

第三節　一年の分割と再分割

月について

ローマ人を除いて、すべての民族は一年を一二カ月に区分することを知っていた。

春分と秋分、夏至と冬至による地球の軌道の区分、すなわち一年を四つの季節に区分するとすれば、約数としては四の倍数しかありえない。人々は一二という数を採ることを決めたが、それはおそらく、地球が一巡するあいだに月が太陽の前を何度通過するかを表す数だったからである。この分割は便利で、根強い反対を受けることはありえない。しかし理性がわれわれの暦を否認し、放棄しなければならない理由は、月の日数が不可解にも不等なことである。一月が三〇日か三一日かを知るのが難しいことが、精神を疲弊させるのだ。

この不規則さは、一年をあまりに短く定め、閏日という修正の手段を思いつかなかったために、いくつかの月に一日ないし二日を加えた諸民族のもとで生まれた。

太古の時代にもっとも賢明だったエジプト人はすべての月を等しく三〇日と定め、年の終わりに五閏日を加えた。この分割は簡単で、家庭および民間で用いるのに大きな利点をもっているから、フランス人の新しい暦にも適している。

週について

エジプトの占星術師は惑星系にも世界の創造にも七という数を見出し、この数で時間の分割を行なおうとした。彼らは週という分割を考えついたが、それは月も年も正確に分割するものではない。彼らの考えでは、それぞれの惑星にはその惑星の作用を受けた一週の日付があり、一日の時間があるとされた。

啓蒙の世紀にはきわめて恥ずべきことだが、迷信はわれわれの時代までこの間違った時間の分割を伝えた。この分割は、規則的に到来し、ローマの法王庁の計画では勧誘と入信の日になった休日をつうじて、祭司の影響力を拡大するのに少なからず役立った。諸君は、おそらくこの間違った時間の分割をわれわれの暦から取り除くことをためらわないだろう。われわれの暦は、あらゆる臆見と宗教的慣行から独立しておらねばならず、啓蒙された理性の産物にのみ属する単純さという性格を、諸君の英知から受け取らなければならないからである。

諸君は十進法の全利点を知っている。諸君は十進法をすべての種類の度量衡と共和国の通貨に採用した。われわれは十進法を月の分割にも導入することを諸君に提案する。

一月は三〇日であり、一〇日からなり旬日《デカツド》と呼ばれる三つの部分に分けられる。こうして、一年は三六・五旬日または七三の半旬日で構成されることになる。なじみ深い習慣になれば、手の五本の指のそれぞれを、半旬日のうちの一日を示すのに用いることができる。旬日の一日はつねに年および月々の同じ曜日を指すことになるが、この利点は週という分割からは得ることのできないものである。

日について

古代ペルシャ人は鶏鳴によって一日を分割し、シベリア人、エオリア人、フィン人は今日でもそうしている。一日が昼と夜、昼夜それぞれの中点によって四つの部分に分けられるのは当然の理《ことわり》である。エジプト人は夜を一二の等しい部分に分割したが、その長さは、夜が長くなったり短くなったりするのに応じて、長くなり短くなった。昼も同じように一二の部分に分割されたが、昼の一二の部分が夜の一二の部分と等しくなるのは春分と秋分の日だけであった。その後、一日は二四の等しい部分に分割されることになったが、一日の始まりはどこでも同じというわけではなかった。イタリア人は日没から数え、天文学者は正午から数えた。ヨーロッパの他の部分では、真夜中から数えた。バーゼルでは、その歴史上のある事件の記録を見てみると、一日はそれよりも一時間遅く始まっている。

一時間を六〇分に、一分を六〇秒に分けるのは、計算にはきわめて不便である。フランスの天文学者は、計算をより速くより正確にすることを目指して、いくつかの変更を加えた。時間の分割が、すべてを十進法で分割する簡単で一般的な規則に従うようになれば、変更は完璧なものになるだろう。一日を一〇の等しい部分に分割するいくつかの観測時計が作られた。この時計は一日の一〇万分の一まで測ることができるが、これは、中背で健康な男の一回の脈拍と軍隊の速歩に等しいのである。

一日をこのように分割すれば、四にも二〇にも四〇にも分割することができる。だからこの分割は、二四時間に分割したときのほとんどすべての利点と、さらにそれにはなかった他の多くの利点を併せもっているのである。

時間の古い分割が度量衡の全般的制度とのあいだに不快な齟齬《そご》をきたさないようにするために、われわれはこの分割を諸君に提案する。

しかし、この分割には時計の製造技術の変革が必要であり、徐々にしか実行されえないから、共和国第三年を待って、この分割の使用を市民的義務とすることを提案する。

第四節　オリンピアードについて

革命の四年後であり、閏年にあたる年に、国民は、国民を抑圧していた王権を覆して、共和国を樹立した。これまでの閏日の設定がローマ人の猿まねではなかったとしても、われわれの暦はこのようにして新しい四年周期を開始したのである。ユリウス・カエサルは、その傲慢さにふさわしく、厳密な天文学上の一致を考慮せずに、閏年を設定した。一七九二年には二月に一閏日が挿入されたが、それでもなお真の昼夜平分点は二一・五時間前にある。われわれが先人たちの間違った足跡に盲目的に追従するよりも、むしろ自然に従うことを理性が望んでいるとすれば、昼夜平分点が閏日をもたらす時点に、つねに閏日を置かなければならない。天体観測との一致によって必然的となる配置ののちには、周期はつねに四年になるであろう。おそらくこの周期の終わる閏日には、一日中、諸君が創設した公開の競技が行なわれ、ギリシャのオリンピアードに似たものになるであろう。われわれはこの日をフランス人のオ、リ、ン、ピ、ア、ー、ド、と名付け、周期の最後の年をオリンピック年と名付けることを提案する。オリンピック年の第六追加日になる閏日、この荘厳な日には体育競技が演じられ、模範として伝えられるに値する美しい行為、才能、美徳、勇気が、祖国からそれらにふさわしい褒賞を受けるであろう。

第五節　フランス暦の呼称について

月々の名前は、ジャンヴィエ(一月)、ジュイエ(七月)、ウト(八月)のように、彼らの国の抑圧的な暴君を思い起こさせたり、フェヴリエ(二月)、マルス(三月)、メ(五月)のようにローマ人やエトルリア人の神々を思い起こさせ、あるいはセタンブル(九月)、オクトブル(一〇月)、ノヴァンブル(一一月)、デサンブル(一二月)のように、ロムルスの月の順序を示すのに用いられた序数詞を思い起こさせる。この奇妙な月の順序は人々の慣行と迷信によってのみ説明できるもので、ヌマ以降にはもはや用いられなかったが、しかしこれらの序数詞はわれわれの時代までつづいている。ジュアン(六月)だけは、タルクイニウス〔古代ローマ王政期の最後の王〕を追放したブルートゥス〔ユニウス・ブルートゥス、共和政の創立者とされる伝説的英雄〕を思い起こさせるから、伝えるに値する。

この命名は明らかに隷属と無知の記念碑であり、諸民族はそのうえに彼ら自身の堕落の痕跡を次々に加えたのである。

週の占星術風の名称とその秘教的な順序は、初期のエジプト人に倣って、そこから利益を得た詐欺師たちと、どんな場合でも祖先の馬鹿げた習慣にわずかな変更を加えるよりも堪え忍ぶことを好む人々とによって保持された。これらの名称があらゆる偏見を見事に攻撃しえた諸君の監視の目を免れて存続するならば、われわれの革命の名誉を損なうであろう。われわれは、天体の名称でも神秘的でもない新しい名称を提案する。その名前はすべて革命から採られ、主な事件や手段や目的を表している。

これらの名称は、この八月一〇日までの革命を表す以下の一覧のようにまとめられる。

共和国の月の順序

第七月(三月二一日—四月一九日) フランス人たちは、十四世紀にわたる圧政に倦《う》み、ずっと以前から犯罪的であった宮廷が引き起こし、見本を与えてきた頽廃の恐るべき進行に傷つけられて、再生の必要を感じた。——再生月

第八月(四月二〇日—五月一九日) 宮廷の万策は尽き、フランス人を召集したが、彼らの集会は最後の策を講じた。——集会月

第九月(五月二〇日—六月一八日) 彼らは代表者を名乗り、彼らの勇気は暴君を怒らせた。彼らは脅迫されたが、球戯場に集まり、——球戯場月

第一〇月(六月一九日—七月一八日) 人民の庇護のもとで、人民を圧政と危険から救出する誓いを発した。この誓いはフランス中に鳴り響き、全土で人々は武装し、自由に

なることを望んだ。バスティーユは、――バスティーユ月
第一一月（七月一九日―八月一七日）主権をもつ怒りに燃えた人民の一撃で倒された。悪人は増え、裏切りがあふれ、宮廷は陰謀をめぐらし、誓いに背いた代表者は下劣な目的のために国民の利益を犠牲にした。――人民月
第一二月（八月一八日―九月一六日）しかしつねに人民に忠実なモンターニュ派は、フランスのオリンポスの神々になり、国民に支援され、人民の名において人民の権利と憲法を発布し、――モンターニュ月
第一月（九月二二日―一〇月二一日）共和国と、――共和国月
第二月（一〇月二二日―一一月二〇日）統一と、――統一月
第三月（一一月二一日―一二月二〇日）友愛は、――友愛月
第四月（一二月二一日―一月一九日）フランス人の力となり、そして自由は、――自由月
第五月（一月二〇日―二月一八日）暴君の首をはねた国民的正義の至上の行為によって、――正義月
第六月（二月一九日―三月二〇日）聖なる平等と永遠に結合する。――平等月

再生月は、春の始まりであり、すべての自然が甦る。

集会月は、憲法の条項によって第一次集会のために神聖化された月である。

球戯場月は、フランスを救った誓いを神聖化する。

バスティーユ月は、バスティーユが人民によって占拠された時期を含む。

人民月は八月一〇日の不滅の二つの時期(一七八九年八月一一日の封建制廃止令と一七九二年八月一〇日の国王の権利停止)を含む。

モンターニュ月は、国民が人民に忠実な代表者にたいして与えた荘厳な承認の直後に来る。

共和国月は、共和国が布告されたときから始まる。

統一月と友愛月は、人々が田畑で大地のすべての果実を収穫したのちに、家に帰り、全員で親しく自然とよい政治組織の恵みを享受する月々である。

自由月と平等月は、人民が代表者によって最後の王を裁き死刑を宣告した正義月と結びついている。

九月一七、一八、一九、二〇、二一日の五日間は国民の祭典にあてられる。この五日間の名前は新制度の道徳的目的の手短な解説から選ぶことができる、とわれわれは考える。

追加日の名称

共和国のすべての子供は、毎年荘厳にくりかえされる養子縁組ののちに、大家族の子供として保護され、世話され、育てられる。――養子縁組の日

同じ教育によって、子供たちは全体としてすべての種類の勤労を身につける。――勤労の日

子供たちは技術者または兵士として試験を受け、彼らにふさわしい褒賞を受け取る。――褒賞の日

両親は励ましと尊敬を受ける。――両親の日

老人は名誉を与えられる。――老人の日

四年ごとに革命はオリンピック競技で祝福される。――革命の日

旬日の日々の名称

すべての市民、祖国と祖国を花開かせる技術を愛するすべての者は、毎日、勤労と自由を表す象徴で取り囲まれていなければならない。われわれが旬日の日々にかんして提案する名称は、まさにこのような考察から生まれた。

第一日　平等のシンボルである、水準器の日
第二日　自由のシンボルである、フリジア帽子の日
第三日　三色旗のシンボルである、帽章の日
第四日　自由な国民の武器である、槍の日
第五日　大地の富の道具である、馬車の日
第六日　産業の富の道具である、コンパスの日
第七日　統一から生まれる力のシンボルである、束桿〔斧と棒を束ねたものでローマの執政官の権威を表す〕の日
第八日　われわれの勝利の道具である、大砲の日
第九日　繁殖の紋章であり、社会的美徳のシンボルである、樒の樹の日
第一〇日　休息の日

これがわれわれの提案する暦の形式である。それは、とうの昔に放棄されたが、もっとも啓蒙された古代の諸民族の習慣のなかからほぼ完全に採られた。われわれは、とりわけ農村人に適切でありえたものを探した。彼らの暦は自然のように単純でなければならず、自然からけっして離れないからである。

われわれの暦書はもはや、主日記号や一五年期〔古代の紀年法〕や黄金数で満たされてはいない。

月齢は、とくに農夫や船員が知ろうとするものだが、新しい暦ではもっとも容易に知ることができるだろう。新しい月は太陰月と半日しか変わらないからである。

旬日の日々の名前はつねに月々と一年の同じ日に対応している。われわれの革命の特徴的な紋章になった水準器が、すべての旬日、すべての月、すべての年、すべてのオリンピアードの開始になるだろう。

あらゆる民族において、暦は、僧侶がいつも管理して、知力の低い多数の階級を惹きつけるのに成功してきた強力なお守りであった。毎月、毎日、毎時間が、この信じやすい階級の人々に新しい作り事を与えた。

人々に祖国と祖国の繁栄を保証しうるすべてのものを愛させることによって、真実、公正、効用を広めることこそ、新しい暦をもつフランス人の役目である。

この暦の作成は、天体の運動と古代に知識の深い人々との何回かの会議の成果である。

この暦は市民パングレ〔一七一一―九六、天文学者〕、ラグランジュ〔一七三六―一八一三、天文学者、数学者〕、モンジュ〔一七四六―一八一八、幾何学者〕、ギトン〔一七三六―一八一六、化学者〕、デュピュイ〔一七四二―一八〇九、歴史家〕、フェリー〔一七五六―一八四五、メジエール工科学校教授〕の厳密な検討を受けたから、委員会は確信をもってこの暦を提案する。

(Romme : Rapport sur l'ère de la République, par G. Romme, Séance du 20 septembre 1793, L'Imprimerie nationale, s.d.)

（1）一七九〇年五月一〇日、立憲議会は封建的で不統一な従来の度量衡に代えて、新しい度量衡を確立するために、度量衡委員会を設置した。一七九三年八月一日、国民公会は十進法による度量衡の採用を決定し、その使用を義務づけた。

六　フランス語教育

解説　方言の一掃と言語統一は、革命の当初から革命家たちの重大な関心事であった。フランスには三〇もの方言があり、方言の存在が革命の精神を広め定着させるうえで重大な障害になっているというのが、彼らの共通の認識であった。〈一つの国民、一つの法、一つの言語〉が、彼らのスローガンであった。このような観点から、グレゴワールは一七九〇年八月に農民の方言と習俗の調査を行ない、タレイランは一七九一年九月の公教育にかんする報告で「堕落した方言、封建制の最後の残滓の一掃」を主張した。

しかし方言の一掃と言語統一は一朝一夕に実現することではないから、二つの方策が採られねばならなかった。一つは、新しい法律や宣言の意味を住民が普通に用いている言葉で説明すること、要するに地方言語に翻訳することであり、もう一つは、地方にフランス語教師を派遣し、フランス語の使用を義務づけることである。このような二言語主義は、国内の危機の深化とともに、放棄されることになる。連盟主義と闘うために各県に派遣された国民公会議員は通訳ぬきでは何もなしえず、方言が反革命の武器になっていると見なされたからである。とりわけヴァンデの反乱は、方言の一掃が急務であることを痛感させた。バレールの報告と、その四カ月後にグレゴワールが行なった「方言の絶滅とフランス語の使用を普及させる必要とその方策について」の報告は、このような状況を色濃く映し出している。

バレール

方言とフランス語の教育にかんする報告と法案

共和国二年プリュヴィオーズ八日(一七九四年一月二七日)

市民諸君、

同盟した暴君どもは言った。「無知はつねにわれわれのもっとも強力な援軍であった。無知を維持しよう。無知は狂信者を生み、反革命派をはびこらせる。フランス人を野蛮へ引き戻そう。教育のない連中、公教育の言葉とは異なる言葉を話す連中を利用しよう」と。

委員会は無知と専制政治のこの陰謀を知っている。

私は今日、ヨーロッパのもっとも美しい言語、すなわち人間と市民の権利をはじめて明確に確立した言語、自由という至上の思想と政治についてのもっとも偉大な考察を世界に伝える責務を負う言語に、諸君の注意をうながしたい。

長いあいだ、この言語は奴隷であり、王たちにへつらい、宮廷を堕落させ、人々を隷属させた。長いあいだ、この言語は学校では辱められ、公教育の書物のなかでは嘘をつき、法廷では狡猾、寺院では狂信的で、公文書のなかでは野蛮な言語であった。詩人たちによって柔弱にされ、演劇によって堕落した。しかしこの言語はもっと美しい運命を待っている、いやむしろ望んでいるように見えた。

ついに、この言語は数人の劇作家の手で純化され、洗練され、何人かの雄弁家の演説のなかで気高く光り輝くものになった。この言語は、一七八九年の革命以前に迫害を受けたためにかえって尊敬された数人の哲学者の筆のもとで、力と理性と自由を取り戻そうとしていた。

しかし、この言語はなお、社会の特定の階級のものでしかないと思われていた。つまりこの言語は貴族的な差別という色合いを帯びていたのである。そして宮廷人たちは悪徳と略奪によって他から区別されるだけでは飽き足らず、同じ国にいながら別の言語を用いることによって際立とうとした。ただ一つの国民のなかにいくつかの国民があるようなありさまであった。

教育施設に入るには貴族であることの証明が必要な君主政体のもとでは、また、いわゆる上流人であるにはある種の言葉遣いが必要とされ、きちんとした人になるためには特別の話し方をしなければならない国では、当然の事態であった。

これらの子供じみた差別は、物笑いの種になっていた宮廷人のしかめっ面や背徳的な宮廷のがらくたとともに消え去った。多少とも純粋で響きのよいアクセントにたいする自負も、共和国の全地方から集まった市民が国民議会で自由の誓いを表明し、共通の法律を作るために自分の思想を表明したとき以来、もはや存在していない。それ以前は、議会はちょっとした違いを競い合う表面上は華やかな奴隷の集まりであり、彼らは衣裳や言語の優越を求めてたがいに争っていたのである。それにたいして、自由な人間はすべてたがいに似通っている。自由と平等の力強いアクセントは、アルプスやヴォージュの住民の口から出ようと、ピレネーやカンタル、モン＝ブランやモン＝テリブルの住民の口から出ようと、また中部地帯や海岸地帯や国境地帯の人々によって言い表されようと、同じである。

公共精神の普及にもっとも反しているように見え、また共和国の法律の認識とその執行の障害になっている方言という点から見ると、共和国の四つの地区だけが革命的な立法者の注意を惹くに値する。

ヴェルシュ語、ガスコーニュ語、ケルト語、西ゴート語、ポーカイヤ語、オリエント語といった古い方言は、共和国の領土を構成する諸地方と市民たちの交流において若干の微妙な差異を形作っているが、それらの古い方言のうちで、われわれの観察したところでは、バ゠ブルトン語と呼ばれる方言、バスク語、ドイツ語およびイタリア語が狂信と迷信の支配を永続化させ、僧侶や貴族や法律家の支配を確固たるものにし、革命が九つの重要な県に浸透するのを妨げてきたし、さらにフランスの敵どもを利する恐れがある。（この点にかんしては、議員の報告は諸県に派遣されたさまざまな役人の報告と一致している。）

バ゠ブルトン語から始めよう。この言葉はもっぱら、モルビラン、フィニステール、コート゠デュ゠ノールの諸県のほぼ全域、イル゠エ゠ヴィレーヌの一部、ロワール゠アンフェリユールの大部分で話されている。これらの地方では、無知のために僧侶と貴族が押しつけた抑圧が永続化している。そこでは市民は誤りのなかで生まれ、そして死ぬ。彼らは新しい法律が存在するかどうかも知らないのだ。

農村の住民はバ゠ブルトン語しか耳にしない。まさにこの迷妄の道具によって、僧侶と陰謀家どもは彼らを自分の支配下におしとどめ、彼らの良心を導き、市民が法を知り祖国を愛するのを妨げているのである。諸君の仕事は彼らには知られていない。彼らを解放するための諸君の努力は知られていないのだ。

そこでは公教育は確立されえず、国民の再生は不可能である。思想の交流の欠如のうえに築かれた連邦主義は、破壊することのできない連邦主義になる。そして、少なくとも農村部でさまざまな方言が話されている県では、このような連邦主義者たちは、教員や小学校の教師によってのみ、数年かけてはじめて矯正することができる。

西部五県であまりにも長くつづき、あまりにも広く用いられてきた方言の結果は非常に顕著であり、農民たちは(これらの県に派遣された人々の報告によると)法律という語と宗教という語とを混同し、官吏が共和国の法律や国民公会の法令について話すと、彼らは自分たちの俗語で「奴らはわれわれにたえず宗教を変えさせようとしているのか」と叫ぶ始末である。

農村の善良な住民の頭のなかで法と宗教を混同させたとは、僧侶どもの何たる老獪さであろうか！　この一事からしても、いまやこの問題に取り組むべきときであるか否か、判断していただきたい。共和暦によって、諸君はこれらの迷える狂信者から聖人たちの支配を取り除いた。いまや、フランス語の教育によって、僧侶の支配を取り除かなければならない。

オー＝ラン県とバ＝ラン県で、裏切り者どもと協力して、侵略を受けた国境地帯にプロイセン軍とオーストリア軍を呼び入れたのは、いったい誰か。それは農村の住民ではないのか。彼らはわれわれの敵と同じ言葉を話し、したがって自分たちは、別の言葉を話し別の習慣をもつフランス人の兄弟、同胞であるよりも、敵の兄弟、同胞だと信じたのである。

言語の同一性がもつ力はきわめて大きく、ドイツ軍が撤退すると、バ＝ランの二〇万を超える農村住民が亡命したほどである。ドイツの敵とバ＝ランの同胞を支配している言語と知性の支配はまったく異論の余地のないもので、生まれた土地や守り神や耕した土地といった、人々がもっとも大切だと思うもののすべてをもってしても、バ＝ランの同胞の亡命を止められなかったのである。身分の違いや傲慢が最初の亡命を引き起こし、それはフランスに数十億フランをもたらした。教育の欠如と無知が第二の亡命を呼び起こし、ほとんど一県全体を耕作者のいない状態にしている。このようにして反革命は、われわれが消滅させるべきであった外国の方言や野蛮な方言のなかに逃げ込み、いくつかの国境地帯に根を下ろしたのである。

共和国の他の端には、古くはあるが新興の一民族、けっして奴隷にも主人にもならなかった牧畜と航海の民族がいる。カエサルはガリアへの遠征で大勝を収めたさいにも彼らを征服できなかったし、スペインはスペイン革命の最中にもこの民族を手中に収めることはできなかった。そしてわが専制君主の専制政治も彼らを地方総監の軛《くびき》のもとに屈服させることはできなかった。私が語ろうとしているのはバスク民族のことである。彼らは大西洋に面した西部ピレネー地方の端を占めている。響きのよいイメージ豊かな言語は、自分たちの起源のしるしであり、祖先から伝えられた遺産だと彼らのあいだで見なされている。しかし彼らのもとには僧侶がおり、僧侶どもは彼らを狂信者に仕立て上げるために彼らの言葉を利用している。しかも彼らはフランス語も共和国の法律も知らないのだ。だから彼らはフランス語を学ばなければならないのである。というのは、言葉の違いや僧侶の存在にもかかわらず、彼らは共和国に忠実であり、すでにビアソダ川沿岸でわが艦隊に拠って共和国を立派に防衛したからである。

われわれの注目を惹くもう一つの県はコルシカ県である。彼らは自由の熱烈な味方で、裏切り者のパオリ〔パスカル・パオリ、一七二五―一八〇七。ジェノヴァ、フランスに抗してコルシカ独立運動を起こした〕や僧侶と手を組んだ連邦主義的な行政官たちも彼らを惑わせてはいない。コルシカ人たちはフランス市民である。しかし革命から四年になるのに、彼らはわが国の法律を知らないし、われわれの自由にかかわる事件も危機も知らないのだ。

イタリアのきわめて近い隣人であるコルシカ人は、イタリアから何を受け取ることができたのか。僧侶ども、免罪符、挑発的な言辞、狂信的な運動である。認知された身元によるとイギリス人で、陰険な性癖をもち、年のせいで気弱なパスカル・パオリは、主義としてはイタリア人、欲望の点では聖職者であり、公共精神を腐敗させ、人民を惑わせ、自分の党派を増やすために、イタリア語を大いに利用している。彼はとりわけ、コルシカの住民の無知を利用している。フランスの法律はコルシカ住民の理解しない言語で書かれているために、彼らはその存在に気づきさえしていないのだ。

たしかに数カ月前からわれわれの法律はイタリア語に翻訳されている。しかしコルシカに外国語の翻訳者を置くよりも、われわれの言語の教員を置く方が望ましいのではないだろうか。

市民諸君、ヴァンデの反乱はこのようにして生まれたのだ。ヴァンデの反乱の揺りかごは法律にたいする無知であり、この地への革命の浸透を妨げる手段によって成長した。しかもそのとき、宣誓を拒否した僧侶、陰謀家の貴族、貪欲な法律家、無能な共犯者である行政官といった無知の神々が、フランスの内奥に忌まわしい傷口を開いた。それゆえわれわれは無知を粉砕しよう。農村にフランス語の教員を送ろう。

三年来、国民議会は公教育について語り議論してきた。久しい以前から、初等学校の必要が感じられている。農村が諸君に求めているのは生活に不可欠な精神的糧《かて》である。しかしわれわれはおそらくあまりにもアカデミックで、人民からあまりに隔たっているために、彼らの差し迫った必要にもっとももよく合致した学校制度をいまだに彼らに与えてはいないのである。

教育にかんする法律は、職人、芸術家、学者、文学者、法律家、公務員になる準備を与える。しかし教育にかんする第一の法は市民になる準備を与えるものでなければならない。ところで市民になるには法に従わねばならず、法に従うには法を知らねばならない。したがって諸君は、人々に立法者の声を理解できるようにする基礎的な教育を与えなければならない。オー゠ランとバ゠ランの両県、モルビアン、フィニステール、イル゠エ゠ヴィレーヌ、ロワール゠アンフェリュール、コート゠デュ゠ノール、バス゠ピレネー、コルシカの諸県は、すべての人にとって何という矛盾を呈していることであろう。立法者は、法を施行し法に従うべき人々が理解しない言葉を話しているのだ。昔の人々はこれほど驚くべき対立、そしてこれほど危険な対立をけっして知らなかった。

言語を民衆のものにし、野蛮な国民のただなかに洗練された国民を打ち立てるような言語の貴族政を打破しなければならない。

われわれは政体、法律、慣習、習俗、服装、商業、さらに思想の革命さえも行なった。それゆえ、それらの日々の道具である言語の革命を行なおう。

諸君は共和国のすべてのコミューンに法律を送付することを命じた。しかしこの恩恵は先に私の挙げた諸県のコミューンでは失われている。巨費を費やしてフランスの隅々にまでもたらされた知識は、そこに着いたときには消えてしまう。そこでは法律が理解されないからである。

連邦主義と迷信はバ゠ブルトン語を話す。亡命者と共和国を憎むものとはドイツ語を話す。反革命はイタリア語を話し、狂信者はバスク語を話す。これらの災厄と誤謬の道具を打ち砕こう。

委員会は、緊急で革命的な措置として、指定された諸県の各コミューンに一人のフランス語の教員を派遣することを諸君に提案すべきだと考えた。フランス語教員の任務は、若い男女にフランス語を教えるとともに、一〇日ごとにコミューンの他の全市民に法律と国民公会から送られた政令と訓令を読んで聞かせることにある。最初のうちはより容易に理解されるように、これらの法律を声に出して翻訳することが、これら教員の役目になるだろう。ローマは若者に一二表法〔古代ローマの基本法典〕で読むことを教えて、彼らを教育した。フランスは、人間と市民の権利の宣言の書物で市民の一部にフランス語を教えるべきである。

他の諸県にも多少とも粗野な他の方言が存在しないというわけではない。しかしそれらの方言は排他的ではないし、国語を知る妨げにはならなかった。たとえ国語がいたるところで方言と同じほど上手く話されていなくても、少なくとも容易に理解されている。愛国的なクラブや協会は国語と自由のための初等学校である。こうした方言や、習慣によって維持され、教育の軽視や無視によって広められた特殊な言葉づかいの名残りがいまなおあまりに大きい諸県においても、国語を教えるにはこの種の学校で十分であろう。立法者は大所高所から見るべきであり、したがってとくに目立つ差異や大きな違いだけを見なければならない。立法者は、ある方言にのみ慣れていて、いわば国民という大家族から孤立し切り離されている地方にのみ国語教員を派遣すべきである。

この教員たちは、いかなる信仰であれ、信仰にかかわる職務には一切たずさわらない。公教育には聖職者は不要だからだ。よき愛国者、開明された人々、これこそ教育にたずさわるために第一に必要な資格なのである。

民衆協会がこれらの教員の候補者を指定する。これらの教員は民衆協会のなかから、都市のなかから生まれなければならず、革命政府を確立するために派遣された人民代表によって選抜される。

教員の給料は国庫から支払われる。共和国はすべての市民に基礎的な教育を与えなければならない。彼らの給料は金銭欲を呼び覚ますものであってはならない。それは農村における一人分の必要を満たす額であるべきで、年一五〇フランになるだろう。設立された諸機関の示す熱意が、一見したところよりもずっと重要な使命を果たす教員にたいする共和国の支払いの保証になるであろう。彼らは自由な人間を作り出し、市民たちを祖国に結びつけ、法を認識させることによって法の施行を準備するのである。

おそらく委員会のこの提案は、普通の人々の目には取るに足りないものに見えるだろう。しかし私は、政治と人間精神が経験した革命のうちでもっとも美しい革命を導く責を負う人民の立法者に語りかけているのだ。

もし私が専制君主に語りかければ、彼は私をとがめるだろう。君主政のもとでさえ、各家、各コミューン、各州はいわば習俗や習慣や法律や慣習や言語の点で別々の国である。専制君主には、人民を孤立させ、諸地方を分離し、利害を分割し、交通を妨げ、諸思想の同時的な展開とさまざまな運動の一致をおしとどめることが必要であった。専制政治は方言の多様性を維持した。君主政はバベルの塔に似ざるをえなかった。暴君にとっての普遍的言語は、服従を得るための力の言語と、金を得るための租税の言語だけである。

反対に、民主政においては政府の監視はそれぞれの市民にゆだねられている。政府を監視するには政府を知らねばならず、とりわけ政府の言語を知らねばならない。共和国の法律は全市民が相互に特別の注意を払うこと、法の遵守と公務員の行為にたいする不断の監視を前提としている。しかし言語が混乱し、人民の初等教育がないがしろにされ、市民が無知であるような状態のもとで、このような監視を期待することができるだろうか。

そのうえ、立憲議会と立法議会の法律をフランスで話されるさまざまな方言に翻訳するために、われわれはどれほど多くの経費を費やしたことであろう。それはあたかも、狂信者や反革命にしか役立たない野蛮な俗語や粗野な方言を保持することがわれわれの義務であったかのようである。

市民を国語に無知な状態のままにしておくことは祖国を裏切ることであり、啓蒙の奔流を汚染され、あるいは堰き止められたままにしておくことである。さらにそれは、印刷術の効用を見誤ることである。というのも印刷工は、言語と法律を公衆に教える教育者だからである。

諸君は、思想を生み、知識を広め、法律と法令を再録して一週間で共和国全体に行き渡らせるこの美しい発明を、何の成果も生まないままに放置しようというのであろうか。国民公会がすべてのコミューンの眼前に存在するようにし、啓蒙、教育、公共精神、大国民における民主政体を唯一保証することができるこの発明を、である。

市民諸君、自由な国民の言語は一つであり、全員にとって同じでなければならない。人々が考え始めるや否や、人々が自分たちの考えを結びつけることができるようになるや否や、僧侶や暴君や陰謀家どもの支配は崩れ去る。

だから、公共の思想の道具であり、革命のもっとも確実な動因である同一の言語を市民に与えよう。

諸外国の人民があらゆる地でフランス語を学び、われわれの新聞があらゆる地方に流布しているときに、『ジュルナル・ユニヴェルセル』や『ジュルナル・デ・ゾム・リーブル』が世界のあらゆる国民に読まれているときに、フランスでは自分たちの国の言語をまったく知らず、自分たちの地で行なわれている法律も革命も知らない六〇万人のフランス人が存在しているとは、なんということだ。

われわれは、フランス語が共和的になって以来、フランス語の優越がもたらすはずの誇りをもち、義務を果たそう。

諧調の心地よさと、柔弱で堕落した詩の表現に捧げられたイタリア語は放っておこう。自由な国民のためには作られていないドイツ語は、封建的で好戦的な政体が廃止されるまで放っておこう。ドイツ語はそういった政体にもっともふさわしい道具だからである。

宗教裁判と大学用の言語であるスペイン語は、それが全スペインの諸民族の権威を失墜させたブルボン家の追放を表明するまで放っておこう。

国民の尊厳という言葉で飾られた日には偉大で自由な言語であった英語についていえば、この言語はいまではもはや圧政的で忌まわしい政府と銀行と為替手形の言語にすぎない。

われわれの敵はフランス語を宮廷の言語にした。それを人民の言語にするのがわれわれの任務である。そうすれば、フランス語は尊敬されるであろう。

世界の言語になるのは、自由と平等に力強さを与えた言語、立法府の演壇と二千の人民の演壇をもち、多数の人々の集まりに活気を与える大きな議場と愛国心を称賛する舞台をもつ言語、この四年来、あらゆる国民に読まれ、ツーロン、ランダウ、ヴォーバン要塞を奪取した栄光と国王の軍隊の絶滅の役割を果たした一四の軍隊の価値を全ヨーロッパに知らせた言語、こうした言語にのみ許された任務である。

しかしこの大望は自由の守護神の大望であり、自由の守護神はこの望みを果たすであろう。われわれは、人間の諸権利の宣言を記している言語を共和国の全土で話させるという責務を、同胞にたいして、共和国の強化にたいして負っているのである。

(Barère : Rapport et projet de décret présentés, au nom du Comité de salut public, sur les idiomes étrangers et l'enseignement de la langue française, par B. Barère, dans la séance du 8 pluviôse, l'an deuxième de la République, L'Imprimerie nationale, s.d.)

七　理工科学校の設立

解説　テルミドールの政変は公教育の構想にも大きな変化をもたらした。初等教育に重点を置き、知育中心か徳育中心かという教育理念にかんする議論に終始したそれまでの議論に代わって、エリートの養成を目的とする高等教育が公教育制度の中心課題になるのである。こうして一七九四年九月から、のちに理工科学校として知られることになる公共事業中央学校、国立工芸院《コンセルヴァトワール・デザール・エ・メチエ》、医学校（パリ、モンペリエ、ストラスブール）、中央学校などが次々と設立される。

公共事業中央学校は、一七九四年三月にバレールの提案にもとづいて、軍隊が緊急に必要としている技術将校の速成と科学・技術の総合的教育を目的として、設立が決定された（ヴァントーズ二一日の法令）。同日、フルクロワ、ギットン・ド・モルヴォー、プリウール・ド・ラ・コート＝ドール、ランバルディ、ベルトレらからなる設立委員会が組織され、一七九四年九月、フルクロワが委員会の審議にもとづいて行なったのがこの報告である。公共事業中央学校の開校は共和国三年フリメール一〇日（一七九四年一二月一日）とされ、ランバルディが初代校長に就任した。翌年八月、公共事業中央学校は理工科学校と改称され、その後、フランスの科学技術教育の中心的位置を占めつづけることになる。

フルクロワ

公共事業中央学校の設立のために公安委員会の取る措置についての報告

共和国三年ヴァンデミエール三日（一七九四年九月二四日）

陰謀家ども〔ロベスピエール派のこと〕は啓蒙の及ぼす影響力を恐れて、フランスから啓蒙を消滅させようとしたが、国民公会は全力を尽くして、こうした野蛮人どもの努力に反対した。あらゆる天分の成果を注意深く保護し、圧制者どもが消し去ろうとしている啓蒙された人々を追放から救い出したのである。物品を収集し教育ある人々を保護すれば、それらを啓蒙の普及に役立てうるときの来ることが、国民公会には分かっていたのである。

公安委員会と公教育委員会は、人間の理性の進歩にたいする陰謀の存在に疑いをさしはさむことができないほど、多くの証拠と事実を集めてきた。そこから判明したことだが、無知と迷信のあとにつづく知識の残骸を踏み越えて支配へと進むために、科学と技芸を全滅させるというのが、陰謀家どもの立てた計画の一つであった。

啓蒙がフランス革命を開始させ、啓蒙がフランス人民を次々と勝利に導いた。あらゆる障害に打ち勝ち、あらゆる成功を用意し、フランス共和国が到達した卓越した地位を保ちえたのは、啓蒙のおかげである。啓蒙がなければ、国境での勝利も、立法における叡知も、国内の平和もありえないであろう。社会を汚すあらゆる悪徳を追放し、習俗と私的な徳にかんしては素朴さを愛させ、公共の徳を生み出し、常軌を逸した貪欲をおしとどめ、そして最後に、あらゆる社会的美徳の奥底から公共の繁栄の泉を湧き出させるうえで、啓蒙は力強く貢献している。つい先日までいた陰謀家どもがこれまでに何をしたのか、いかなる思想体系に従って教育の炎を消そうとしたのかを、しばらく考えていただきたい。彼らは、啓蒙が危険であり、啓蒙は人民を誤らせることにしか役立たない、と人民を説得した。そしてあらゆる機会をとらえて変わらぬやり方で、科学と技芸にたいする漠然とした弾劾を加えた。天賦の才をも非難し、知性を追放した。公教育のあらゆる泉を干上がらせ、一世紀にわたる骨の折れる努力の成果を数カ月で失わせた。書物を焼き捨て、天分の産物を傷つけ、善意の人々にたいするもっともらしい口実をつけて、芸術の傑作を打ち壊した。最初の合図で芸術と文学作品のすべての貴重な保管所を焼き払うために、その近くにオマル〔マホメット後の二代目カリフで、アレクサンドリアの図書館を焼き払ったとされる。六世紀末―六四四〕の松明《たいまつ》を配した。いつも取るに足りない反対理由をもち出して、国民公会に提出された教育案を阻止した。共和国の置かれた状況では実行不可能な教育案〔ルペルチエ案のこと〕を提案して、教育がまったく存在しないようにしようとした。あらゆる公共機関を一挙に破壊したが、何も設立しなかった。一言でいえば、教育に役立つすべての事物とすべての人々を全滅させたのである。以上が、陰謀家どもがもっとも危険でもっとも陰険な巧みさで仕組んだ、巨大な陰謀のあらましである。

もう数日遅れれば、おそらく彼らの極悪非道な計画が完全に炸裂し、人間精神の歩みは数世紀後退させられ、フランスにおける人間精神の驚くべき進歩はもはや歴史のなかにしか跡をとどめなかったであろう。しかし公安委員会は、天分の成し遂げた努力と科学・技術のあらゆる能力を保持し、祖国の防衛に用いるために、何一つ見逃さなかった。戦争は王にとっては残虐な野蛮にすぎず、自由と諸権利を取り戻した人民にとってのみ正当なものである。フランス共和国にとって、戦争は、技術のすべての力能を発展させ、学者と芸術家の天分を鍛え、巧みな応用によって彼らの有用性を不滅のものにする、一つの幸運な機会になったのである。武器や硝石や火薬を製造し、わが軍の近くに観測気球を上げ、通信制度を確立し、同胞たちに革製の武具を一週間で用意すること、幾何学と物理学で新たに得られた手段によってそれまで知られていなかった防衛技術を発明し増やすこと、まさにこういったことによって、公安委員会は、科学の重要性と、産業活動を注意深く受け継ぐことの必要性を確認したのであった。共和国の地から諸科学と産業活動を追放することを望む陰謀家どもは、フランスから教育のある技師と砲兵、啓蒙された将軍、熟練した船員を奪い、武器も火薬も船舶も不足させ、共和国の要塞と港を護る者も手段もないままに放置し、このようにして、共和国の敵の優勢を確実にし、敵にたやすく勝利を与えるという罪深い望みを抱いていた。しかし自由がもつ天性の力が武器の力と結びついた。この二つの力は人民の安寧を休むことなく見守り、力を合わせてヨーロッパも驚く成功を収めたのだった。

公安委員会は今日さらに、啓蒙の影響力を共和国の防衛に役立てる機会を諸君に提供しようとしている。公共事業中央学校の創設にかんするヴァントーズ二一日(一七九四年三月一一日)の法令について報告しよう。当時、公安委員会はあらゆる執行委員会の仕事を組織する任務を負っていたが、この学校の設立に必要なあらゆる実行手段の準備をつづけた。委員会は、これらの手段が近いうちに成功を収めることを確認したうえで、作業の報告を諸君に報告し、この学校の活動を開始するために取るべき最終措置の布告を諸君に要求する。

共和国の軍隊には、いくつかの天分をもつ技師が絶対に必要である。その必要はたえず感じられており、しかも日ごとに緊急のものとなっている。必要とされているのは、(一)城塞の築造と維持、要塞と野営地の攻撃と防御、兵舎や武器庫など軍事建築物の築造と維持のための軍事技師、(二)地上および水上の交通、道路、橋梁、運河、水門、海港、ドック、栈橋、灯台、海軍の使用する建造物の築造と維持のための土木技師、(三)陸海の総合的な地図と個別の地図を作製するための地理技師、(四)鉱石の探査と採掘、金属の加工と冶金技術の改良のための鉱山技師、(五)最後に、あらゆる船舶の建造を指導し、その用途にもっとも適したものにし、船舶用の木材とあらゆる種類の資材の港への供給を監視するための造船技師、である。以上の、共和国にとってきわめて重要な五つの分野の教育の現状を一瞥しただけでも、現在の教育がいかに不完全であり、それを新たな基礎のうえに確立することがいかに必要であるかが、国民公会には分かるであろう。

フランスには、軍事技師のための学校は一校しかなかった。それはメジエール〔アルデンヌ県の都市〕に設置されており、二〇人の生徒を擁し、毎年その半数が入れ替わった。さまざまな偏見から来る欠陥がいくつかあったけれども、そこで採られた教育方法はこの分野では最良のものであった。そこでは、他のどこでも教えられていないことが教えられ、すべての授業で教えられたことを生徒自身が実行し、実地の訓練が精神の活動と結びつけられていたからである。

革命がもたらした状況のために、メジエールの学校の教育は弱まり、ついで完全に停止させられた。(1) その結果、公安委員会はもとの状態に立ち戻り、共和国軍隊にとって差し迫った必要に応えるために、築城と要塞の攻撃と防御の初歩を生徒に速成で教える臨時の学校をメス〔モーゼル県の都市〕に設立しなければならなかった。それについで生徒たちをさまざまな軍隊に派遣した。生徒たちは派遣された軍隊で技師を助け、技術を実地で学んだ。しかしこの方法が真の技師を育てる方法ではないことを隠してはならない。この方法は緊急の状況によって正当化されるだけであり、若者たちが新しい学校に進み、わが戦士たちの武勲が歩みを緩める時期に、もっと深い研究を学ぶことが必要であろう。

パリには土木学校があった。そこでの教育制度は、最年長の生徒が仲間を教えるというものだった。しかし戦争で必要とされたために、この学校からは以前の教師がまったくいなくなってしまった。

防衛工事と軍役には多数の軍事技師が必要であり、人々は、愛国心と勇気では教育の不足を必ずしも補えないことをしばしば経験してきた。現在の土木工事においても事情は同じであり、学校は必要に応えるにほど遠いありさまである。航法と干拓は以前の政府によってまったく無視された。公共事業委員会はこの二つの問題について、もっとも重要な計画を提示しなければならない。諸君の良識はこの計画を受け入れるであろうが、この計画の実行にもその準備の作業にも多数の技師が必要なのだ。

何年か前に、数人の教授と一二人の生徒からなる鉱山学校が創設された。そこでは化学と鉱物の採掘が教えられた。しかしそこで与えられた知識はまったく思弁的なもので、実践の場を得るためには敵国まで行かねばならなかった。この分野の教育を受けたフランスでは数少ない人々は、ドイツでその知識を得たのである。したがって、フランス共和国に鉱物にかんする本物の教育があったなどとは、とてもいえないであろう。鉱物学にかんしては、六つの技師、二つの副調査官、五つの調査官のポストがあったが、革命以来、これらの技師と調査官はまったく活動しなくなってしまった。彼らのうちのあるものは他に職を求め、鉱山そのものが放棄されてしまった。

公安委員会は、鉱石の知識と採掘について教育のあるすべての人々を集め、彼らに八カ月にわたって共和国の領土をくまなく踏査させ、すでに採掘されたり、よく知られた鉱山のある地を訪問させた。報告しか残っていない鉱山をじっさいに確かめ、いたるところで採掘について助言し、採掘しようとしている市民に知識を与える任にあたらせた。公安委員会は、採掘のあらゆる分野において特別の教育法を作り出した。委員会は、試験で四〇人の生徒を選び、彼らにパリで理論的な知識を身につけさせたのちに、八カ月間、調査官と技師とともに旅をし、実地に技術を学ぶように命じたのである。

鉱山の管理にあたる鉱山管理局は、技師および調査官と連絡を取り、技師の報告にもとづいて計画されるか、もしくはすでに開始されている採掘に前貸し金を提供し、採掘を助成しなければならない。また、鉱山の作業のあらゆる細部について意見書を公表し、世界全土でこの分野にかんして行なわれている発見と改良をそこに盛り込まなければならない。

旧体制下においては、軍事技師の団体とは別に独立の地理技師の団体があった。奇妙でほとんど理解しがたいことだが、地理技師たちには技術を教える学校がまったくなかった。この技術にかかわるすべての知識は、メジエールの工科学校の生徒には、注意深くしかも成功裡に教えられていたというのに、である。しかしながら、工科学校の生徒はこの知識をじっさいに用いてはならなかった。この知識を彼らの業務に応用することを禁じる条例が出されていたからである。これまでの経験によれば、メジエールの生徒たちがこの分野で行なった研究は有益であることが明らかになった。じっさい、今日われわれがもっているもっとも見事な地図は、工科将校の描き上げたものなのである。

こうして、かくも大きな効用があり、他にはないこの分野の研究を公共事業学校で保持することが共和国にとって有利だ、と委員会は考えた。

船舶建造技師に必要な教育は、二つの部分に分けられた。一つは数学および物理学の原理であり、彼らはそれを学校の教師のもとで、あるいはパリの個人教師のもとで学んだ。

かつての科学アカデミーのかたわらに、海事ホールと呼ばれた施設があり、そこでは生徒たちが知識のある建造技師の前で、船舶の平面図と射影図を描く訓練を受けた。しかし旧アカデミーのホールと同時にここも閉鎖された(2)のちには、この教育はなくなってしまったのである。

船舶建造の生徒の教育の第二の部分は、港ないし建造現場で行なわれる。彼らはパリで学んだ理論的原理を技術の実践に応用することをそこで学ぶのである。

船舶建造の生徒たちは、競争試験ののちに入学を許され、いくつかの試験に合格したのちに卒業し、はじめて港に派遣される。生徒数は一〇人から一二人で、通常の時期にはこの数で十分であろう。しかし共和国の現状のもとでは、われわれの栄光と繁栄には、この分野の仕事の教育を受けたはるかに多くの人々が必要である。海軍将校の学校は港に置かれなければならないが、船舶建造技師の仕事も他の分野の技師と同様、対象の厳密な製図技術にもとづいていることを考えると、船舶建造技師の学校がパリに設立されることには、誰も驚かないだろう。現在の状況では、厳密な製図の総合的技術、他のあらゆる幾何学的技術の源泉であり支柱であるこの技術は、パリでしか教えられていないのである。そしてこの学校をあらゆる分野の建造に共通の知識を与える学校のなかに設置すれば、公共の事柄にとっていっそう有益であろう。

共和国が種々の有益な職業を必要としていることを認識し、同時に、革命の危機によって中断された精密科学の教育を再建するために、国民公会はヴァントーズ二一日に、次のように宣言した。あらゆる種類の作業をその権能のもとにまとめる公共事業委員会は、それらの作業間の関係を考えて、さまざまな職業のためにもっと容易に生徒を育て、われわれがこの分野で有している資源からもっと有利な解決策を引き出すために、公共事業中央学校の設立に取り組むと宣言したのである。

公共事業学校の教育は、あらゆる種類の技師に必要な知識をまとめるものであるが、数学と物理学という二つの主要部分に分かれるであろう。この二つの精密科学こそ、あらゆる分野の建造に必要な研究の基礎として役立たねばならない。軍事技師には、要塞や野営地を築くのにもっとも適した地形を識別するために、もっとも有利な道筋を見つけ出すために、その土地の状況に適した遮蔽物の利用法を決めるために、築城作業と要塞の防御策を指導するために、数学と物理学の知識が必要である。土木技師にとっては、道路や運河の設計図を作成し、橋や公共建造物の築造を命じ指揮するのに役立つであろう。地理技師は、土地の正確な地図を作製し、あらゆる地形を忠実に表現するうえで、数学と物理学の知識なしですますことはできない。鉱山技師は、到達すべき地点まで地中を進み、鉱石の採掘と処理に役立つ機械を作製するうえで、これらの知識から利益を引き出すことができる。船舶建造技師は数学の力を藉りて、それぞれの部分の配置が船舶に与える特質を知り、その用途に応じて配置を選ぶことができる。これらの技師は、全員、力学の諸原理に親しんでいなければならない。彼らに任された作業を指揮するにあたっては、与えられた力をもっとも有利な仕方で用いることが、彼らの目的でなければならない。技師は自然のすべての力を知り、利用しなければならない。作業のうちのつらい部分はすべて機械にやらせて、共和国の市民には知性を用いる仕事のみを残さなければならない。

物理学と化学は、あらゆる分野の技師が自分の用いる種々の材料の特性を正確に知り、自然から与えられたあらゆる資源を活用するのに、ともに欠くことができない。技術が成功するか否かはすべて、数学と物理学というこの二つの分野の知識にかかっている。また漆喰《しっくい》とセメントの理論に始まり、近代人の天才の手になる、もっとも驚異的でもっとも有用な発明の一つである蒸気機関の製作にいたるまで、諸科学のうちで偉大なものや、技術の実行に直接に適したもののすべてが、技師の研究の基礎にならなければならない。

数学と物理学の二つの分野のうち、数学は、与えられた課題をじっさいに生徒に実行させ、応用させるという方法で、メジエールで教えられていた。生徒たちは理解しただけでは不十分であり、正確に実行しなければならないとされたのである。数学については、そのすべての長所とともに、公共事業学校に移されるであろう。

物理学と化学は、フランスではまだ理論の段階にしか達していない。

ハンガリーのシェムニッツ鉱山学校は、この有用な科学の基礎をなす演算を生徒たちに実際にやらせたり応用させたりすることがどれほど有益であるかについて、目を見張るような模範を提供している。そこでは実験室が生徒たちに開放されており、そこには、すべての生徒が実験をくりかえし、物体が化合するさいに示すあらゆる現象を自分の目で観察するのに必要な器具と素材が備えられているのである。

公安委員会は、公共事業学校にこの方法を導入しなければならないと考えた。この方法には二つの長所がある。すべての感覚を同時に働かせて教育の進歩をはかるという長所と、授業ではほとんどいつも教授や生徒の目を逃れてしまう多くの事実に生徒の注意を注がせるという長所である。生徒たちはそれぞれの教室に分けられ、そこで、共同講義室で教師が教えた記述幾何学の演算を実際に行なう。同じように、生徒たちはそれぞれの実験室で化学の基本的な実験をくりかえし、もっとも簡単な方法ともっとも完全な製品を見つけることに習熟する。

数学と物理学の知識が公共事業学校の教育を形作っているが、その数と有用性を考えると、それらを完全に学ぶには三年間が必要である。そのため生徒は三学年に分けられる。毎年、学習を終えた生徒が学校を卒業し、能力があると判定されたものは政府に雇用されて共和国の仕事に就き、またあるものはパリで受けた教育を故郷に伝え、真に有益な知識を故郷で広める。

卒業生と同数の生徒が新たに入学を認められ、学習を始める。

わが国が通常の状況にあり、共和国が啓蒙された技師をさほど緊急に必要としていないのであれば、今年は公共事業学校の受け入れる生徒の三分の一だけを入学させ、来年にはもう三分の一を入学させて、三年間で学校は完全なものになり、本来の一様な状態に到達するであろう。しかし共和国の差し迫った必要は、このようなゆっくりとした歩みに従うことを許さない。公共事業学校の教育のすべての部分を同時に設立する手段を見つけなければならないのだ。この目的を達成する手段を委員会に提供したのは、国民公会がその長所を認めた革命的教育(3)である。

それぞれの講義が三カ月で同時に与えられる、いわば集中的な講義は学校の全講義を含み、駆け足だが完全な教育を形作り、この最初の講義を終えると、生徒を三つの学年に分けることが可能になる。各学年は三年間のそれぞれの年に割り当てられた学習に直ちに従事し、このようにして学校の全部分が、設立当初から活動することになるのである。

生徒は、知力と素行の点で優れていることを示し、共和国の諸原理のなかで育った若者から選抜される。

知力は、算術、代数および幾何学の基礎にかんする試験によって判定する。精密科学の初歩の概念をすでに学んだ若い市民を公共事業学校に集めれば、どこの学校でも教えることのできる基礎知識に授業時間の一部を割かないですむし、またこの教育の効果は共和国にとっても生徒自身にとってももっとも有益なものになるであろう。

多くの若者はすでに基礎教育を受け、知力を鍛えられ、祖国に奉仕するにふさわしい状態にある。共和国はすでに始まったこの教育を早急に完成させ、直ちにこの利点を活かさなければならない。公共事業学校に入学する生徒の年齢は、最初の徴兵年齢の直前、すなわち一六歳から一八歳までとする。この年齢の若者とは別に、祖国の防衛のために兵役に服するのに必要な身体上の性質には欠けているが、知的作業によって義務を果たすことのできる者も多数入学させる。彼らは、頑丈で体格のよい若者にはごく自然な運動はさほどできないが、しかし同時に、注意力をそらさずに精神を集中させ、知的能力を発揮するのには適している。賢明な立法者は各市民をそれぞれにふさわしい位置に配し、あらゆる天与の資質を活用して、最大の公益を実現しなければならない。

公共事業学校で与えられるべき教育が、さまざまな等級の技師の育成のためにこれまでに設けられた施設の教育よりも完全なものでなければならないとしても、共和国のいかなる能力も危うくしないようにするために、既存の学校はどれも廃止しないこと、少なくとも新しい学校が軌道に乗るまでは廃止しないことが適切だ、と委員会は考えた。共和国の教育にたいしては、これまでにあまりにも多くの攻撃が加えられてきたのだから、国民公会は、今後、野蛮と蛮行が加えようとしている攻撃をすべて退けなければならないのである。

したがって既存の学校はそれぞれの従来の教育をつづけることができる。ただし、既存の学校に通学する生徒のうち、公共事業中央学校で要求される資質を備えている者は、公共事業中央学校の入学試験を受けることができるものとされる。

ここで、公共事業学校で用いられる教育方法の説明に、公安委員会がヴァントーズ二一日の法令に従って、この法令の執行をうながすために取った方策についての説明を付け加えよう。

国立公共事業会館が、この施設のためにできるかぎりの資材をすべて提供した。教室を用意し、教育に必要なすべての教室を割り当てた。委員会は、実験室や物理学の陳列室や製図と地理学の教室に備えるべき器具、模型、機械を収集することに取り組んだ。さらに委員会は、教員と知識のある一人の行政官の選抜、学習の順序、授業の進行および学校の内部組織にかかわるすべての事柄についての規則の作成に取り組んだ。

これらすべてのことを実現するための措置はすべて完全な実行に近づいており、生徒が到着しさえすれば、国民公会が六カ月前に布告したこの施設は活動することができる。公表し、試験を行ない、生徒がパリに到着するにはおよそ二カ月が必要だから、たえず生徒に呼びかけることは緊急を要する。委員会は生徒の到着をフリメール一〇日〔一七九四年一一月三〇日〕の数日前に決めることを提案する。さらに延ばせば、大きな不都合が起こり、すでに行なった準備が無駄になるだろう。これまで冬という季節は活用されてこなかったが、〔農閑期である〕冬は学業に最適であり、生徒を育てるのに最適の季節である。彼らは近くの野営地で十分な知識を獲得し、軍隊や港湾や、やがて良い季節になれば活動を再開するあらゆる種類の公共事業において、共和国に貢献することができるからである。

公共事業学校の生徒はさまざまな資質を備えるべきだが、それは部隊の動員のためにせよ、若者を講義に召集し、しかるのちに故郷に送り返すためにせよ、そのような資質を共和国全土に一様に行き渡らせることが必要だったのに、そうなっていないことによる。

われわれは、予備的な学業をすでに終え、特別な職業に身を捧げる生徒を必要としている。公共事業学校の生徒の身分はそのような職業の第一級の資格になるだろう。すでによく準備のできた若者を召集し、彼らが才能を発揮して共和国にすぐに利益をもたらすことが期待されている。公共事業学校の建物と準備が許すかぎりで、もっともふさわしい若者を集めるために、彼らの才能を知る唯一の方法が、彼らの知力と素質を正確にはかる試験を受けさせることであることは、明らかである。委員会が講じる措置で、約四〇〇人の若者を集めることが可能である。

生徒には手当を与える必要がある。大部分の市民には三年間パリで子供を養う資力がないし、彼らは子供に初等教育を受けさせるためにすでに支出しているからであり、また生徒は試験の結果によって公共事業の第一級の資格を得るからである。

公安委員会がもっとも心を配ったことの一つは、パリでの生徒の良俗の保持に必要な措置を講じることである。そのためには、生徒を共同の寄宿舎に収容したり集めたりするのではなく、家庭での模範をとおして生徒に共和国の徳を身につけさせ、仕事への愛を鼓吹し、生活、健康および扶養に必要な温情ある世話を引き受けてくれるような、良き市民の家庭に、別々に、あるいはごく少数ずつ下宿させるべきだ、と委員会は考えた。

委員会はまた、生徒を下宿させる市民の選択を確実なものにする方策も講じた。委員会は、この下宿させるという方法に、良い模範を伝えると同時に、二つの利点、すなわち、生徒への配慮を増すとともに、生徒が彼らの家庭で広める教育を通じて、この配慮そのものが家父長にも有益なものになるという利点を結びつける、友愛に満ちた手段を見出したのである。

以上が、諸君が人民のことを配慮してその創設をすでに布告し、諸君の投票に付する用意の整った学校の計画である。委員会は諸君に次のことを言っておかなければならない。この学校はヨーロッパで比類のないほど偉大であり、共和国の必要と、五年来人民が求めてきた一般教育をともに満たすものであること、この学校は精密科学の研究にたいするきわめて有益な関心を徐々に共和国全体に広めること、そしてこれこそが有用な技術の完成と人間理性の完成とに向かって一歩前進させるためのもっとも力強い手段だ、ということである。

委員会は、公的扶助委員会、農業委員会および公教育委員会と協議して、数日のうちに、共和国にとって同じように重要な二つの教育分野にかんする計画を諸君に提出することを約束する。一つは、軍隊における衛生将校を速やかに育成することを目的とし、もう一つは、技術の基礎をなす農業の改善に必要な知識を革命的に普及させることを目的としている。いまや、両者はともに陸軍と海軍の食糧補給の確保に不可欠である。

議員諸君、フランス人民に仕事への愛と有用な科学と技術の育成をたえず想起させよ。そうすれば、やがて祖国の子供らがすべて、諸君のかたわらで、幸福と繁栄を強固なものにするために力を合わせて働くであろう。

(Fourcroy : Rapport sur les mesures prises par le Comité de salut public pour l'établissement de l'Ecole centrale des travaux publics présenté le 3 vendémiaire, an III, Moniteur, XXII, pp. 74-78)

(1) メジエールの工兵学校は、共和国二年プリュヴィオーズ二四日(一七九四年二月一三日)に閉鎖された。

(2) 科学アカデミーなどの諸アカデミーは、グレゴワールの提案にもとづいて、一七九三年八月八日に廃止された。

(3) 共和国二年プレリアル一三日(一七九四年六月一日)、バレールは共和国の危機に対応するために、技術将校を速成するエコール・ド・マルスの設立を国民公会に提案した。頑健で知性が優れ愛国心にあふれた三〇〇〇人の若者を全国から集め、テントで共同生活をさせ、同じ教室で学ばせ、同じ食事を取らせ、野営地で共同で働かせることによって、三カ月で技術将校を育成するというのがその目的だった。バレールはこの方法を「教育の革命的方法」と呼んだ。「革命にはその原理がある。それは、必要に応じるためにすべてを急がせることである。革命が人間精神に及ぼす作用は、アフリカの太陽が植物に及ぼす作用と同じである。」

八　国立工芸院の設立

解説　フランス革命が創設した学校組織のうちで、現在まで存続しているのは理工科学校と国立工芸院である。理工科学校は、戦争のなかで革命を防衛するために、技術将校の速成と土木工事のための技術者の養成を目的として設立された。それにたいして、国立工芸院の目的は、散在している機械・道具の収集とその展示・実演をつうじて発明と技術改良を助成することにあった。それはいわば「動く博物館」であり、産業進歩による共和国の独立と繁栄を保証することを目指していたのである。

機器の収集は革命前から行なわれていた。科学アカデミーのコレクション、ヴォーカンソンの紡績機のコレクション、オルレアン公爵のコレクションなど。しかしこれらの収集物は散在し、整理もされていなかった。一七九三年八月、ルーブル美術館の開設とともに工芸臨時委員会が設けられ、芸術作品と同時に機器の目録の作成に取りかかった。発明と技術改良の奨励については、グレゴワールがこの報告でふれているように、工芸諮問委員会が発明と技術改良にたいして褒賞を与えることとされた。国立工芸院はこれらの企ての延長に位置している。

国立工芸院の設立は一七九四年一〇月一〇日に決定されたが、財政難と政治危機のために実際の発足は遅れ、グレゴワールは一七九八年五月六日に国立工芸院の発足を要請する報告をあらためて行なわねばならなかった。

グレゴワール

国立工芸院の設立にかんする報告

共和国三年ヴァンデミエール八日(一七九四年九月二九日)

「機械がなければ二、三人でかからないとできないことを、機械の助けで一人で成し遂げることは、市民の数を二、三倍に増やすことだ」とムロン〔フランスの経済学者、一六八〇―一七三八〕は述べた。われわれには二つの梃子《てこ》がある。それは二本の腕だ。産業は二本の腕を自然の力に結びつけて、ときにはそれを百倍にもする。そのことによって、われわれの知識の範囲と所有物が増加するのである。

技術がまだ揺りかごのなかにある人々とあらゆる技術的能力を発展させた人々の大きな相違、鎌ではなくて雌牛の肋骨で麦を刈り取るパラグアイの住民と金属の糸を作り織物を作るヨーロッパ人の技巧との大きな相違を考えていただきたい。

驚くべきことに、産業の改良と労働の単純化は危険をともなう、といまでも主張する人が見られる。産業の改良と労働の単純化は、多くの労働者の生活手段を奪うというのだ。印刷術が発明されたときに、写字生たちはこのように考えた。ウエストミンスター橋が建設されたとき、反乱を起こそうとしたロンドンの船頭たちはこのように考えた。ル・アーヴルとルーアンで、人々がやむをえず綿紡績機の船頭を破壊したのは、わずか四年前のことである。新しい発明が一時的に多くの労働者の職を奪う場合には、立法者は温情ある配慮で彼らを貧困から守り、貧困から生じる動乱を防ぐ措置を講じなければならない。けれども、そのような措置が講じられない場合には、織機や生糸の撚糸機や産業が社会の幸福のために生み出したすべての傑作を壊さなければならない、という反論は子供じみている。手によるよりも機械を用いる方がより多くの製品を手に入れることができること、労働を単純化すれば製品価格を下げることができること、それが外国製品の競争を撃退して、外国の産業を圧倒する商業を確立する絶対に確実な手段であることを理解するのに、いったい、大きな知的努力が必要であろうか。

何人かの著作家が、原材料を提供する農業と原材料を用いる技術との均衡点がどこにあるかを探究した。これは難しい問題である。じっさい、政治においても道徳においても、限度を定めることはつねに最大の難問なのだ。しかし不幸なことに、農村経済と産業が全面的な努力を展開するときまで、この問題の解決を引き延ばすことはできない。

両者がともに助成を求めているというのが、現在の状況なのだ。

農業、工芸、および公教育の各委員会の名において、私は国民的産業の改良の手段を諸君に提案しよう。しかしこの問題に入る前に、少し脇道にそれて、古くからある手工芸と自由学芸〔中世の大学で教えられた、文法、修辞学、論理学、算術、幾何学、天文学、音楽の七科目〕の区別を批判することをお許しいただきたい。

フェイディアス〔古代ギリシャの代表的彫刻家〕の時代からデルフォイとコリント〔いずれも古代ギリシャの都市〕の時代にいたるまで、画家と彫刻家のコンクールがあり、作品は総会で評価された。絵画と彫刻にたいするギリシャ人の情熱は非常なもので、隣保同盟会議〔共通の神や神殿を中心として結ばれた古代ギリシャの近隣都市国家の同盟〕はギリシャの全都市においてポリュグノトス〔古代ギリシャの画家〕に国費で住居をあてがったほどだった。それではギリシャ人たちは、われわれの必要に直接にあてられる生産物を作る技術を助成するために、何をしたか。何も、ほとんど何もしなかった。

ペンテリコン産の白大理石で建物の屋根を葺《ふ》くために、はじめて大理石を瓦に整形した職人の立像をナクソス島に建立したときにも、彼らは、役に立つ発明よりもむしろ奢《しゃ》侈《し》品の発明に報いようとしたのであった。プラトンがいなければ、アルキテレスが石工として、テアリオンがパン職人として称えられていたことは、いまなお知られていなかったであろう。

ギリシャ人とローマ人のもとでは肉体労働は奴隷に任せられていた。そこから、産業を襲う軽蔑が生まれた。そこから、奴隷によって行なわれる手工芸と自由人が独占的に担う自由学芸のあいだの、今日まで用いられている区別が生まれた。

宮廷のある国ではどこでも、手工芸は卑しめられている。そこには、不道徳な特権によって、手工芸に従事することが不名誉なことだと信じる階級がいるからだ。専制君主が手工芸を優遇する場合でさえ、専制君主の与える保護は手工芸を衰退させた。国を富ませる有用な職人とそれを貪り食う不遜な悪代官のあいだに政治的な差別を設けたからである。

わが国では、王室付き帽子職人何某とか、王室付きメリヤス業者何某とか、王室付き、王太子閣下付き、アルトワ伯閣下付き御者とかといった卑屈な呼称を付けることによって、この距離を少し縮めたと考えた人々もいた。これほど長いあいだ、有用な技術が侮辱されてきたこと、ノール県の人形のようなものには改良が加えられてきたのに、ごく最近まで、たとえば必要このうえない包帯製造技術が医学に従事する人々から軽蔑されてきたことに驚くべきであろうか。二〇〇年来、『完璧な菓子職人』とか『完璧な料理人』といった書物が印刷されてきたのに、仕立て職人の技術が説明されるようになってから、わずか四〇年にしかならないのである。この種の改良は、贅沢な遊び好きのものたちの享楽を洗練しはするが、葡萄酒を搾っているのに水を飲み、白パンを作っているのに麬《ふすま》入りのパンで生きる貧乏人のためのものではなかった。

観念を分類するにはさまざまな名称をつけることが必要であるのにたいして、知的な技術と物を作る技術の区別は事物の本性にもとづいてなされる。前者は精神の働きに直接に由来し、後者は手の協力をとくに必要としているのである。しかしわれわれの言語は、われわれの原則と一致しなければならない。自由な国においては、あらゆる技術は自由でなければならないのだ。

あらゆる技術に与えられるべき奨励は、単にその効用に応じてだけでなく、その製品を得ることの難しさに応じて決められなければならない。見事な詩は良い靴よりもはるかに役立たないが、大詩人を見つけることは、熟練した靴屋を見つけるのと同じほど稀だから、諸君は、詩人が重要なことを明らかにした場合に限って、大詩人と靴屋にたいして同等に報いるべきである。しかしながらどこにおいても、有用性の程度がわれわれの評価の尺度でなければならない。はじめて樽板を合わせて樽を作った者や最初に丸天井を作った者、あるいは穀粒を篩《ふる》い分ける箕《み》を思いついた者やパン種によってもっと消化のよいパンを作った者（ゴゲが主張しているように、この発見が偶然によるものではないとすれば）の方が、六千年のちにアンリアド〔ヴォルテールの風刺詩〕を書く者よりも人類に貢献したのである。

すべての技術は兄弟であり、立法者はいかなる技術も配慮から漏らしてはならない。国民はさまざまな技術のための夥《おびただ》しい量の機器をもっているが、そのうちの一部はほとんど、あるいはまったく知られていない。夥しい、といったが、それらの機器を見たことのない者には、その数やその貴重さや完成度や重要さを理解することが難しいからである。技術にかんする臨時の委員会がそれらの機器の広大な保管所を設けた。さらに諸君には、旧科学アカデミーの所蔵する機器——そこにはオンザンブレー〔フランスの哲学者、珍しい機器を収集し、科学アカデミーに寄贈した。一六七八—一七五四〕の収集した機器が混じっている——がある。また諸君は、フィリップ・エガリテ〔オルレアン公爵の通称、一七四七—九三〕と、とりわけ、素早くまたうまく動く模型を作ったヴォーカンソン〔技師、自動人形の製作で知られる。一七〇九—八二〕の収集した機器をもっている。ヴォーカンソンの技法のいくつかは書き残されなかったが、彼の仕事を受け継ぎ、完成することのできる人々は存在する。

すべての科学が有用な目的に向かい、その発見のすべてが共和国の物質的および道徳的な繁栄という点で一致することを、諸君は望んでいる。各市民が何らかの技術を使って生活手段を確保できることを、諸君は望んでいる。われわれは、機器を一箇所に集める工芸院を設立して、これらの大量の機器をすぐに利用することを諸君に提案することで、諸君と計画をともにできると考えた。そこでは、美的感覚と工芸の天分を示す作品が、工芸にいそしむすべての人の関心を集め、彼らの労働を啓発し助成するであろう。

この数年、わが国の年間輸入額が三億リーヴルを超えており、その大部分が工業製品であることを考えると、この計画が重要であることはすぐに分かるであろう。一七九〇年に、わが国の工場の一つが綿製品を作るために、二万錘《すい》の綿糸をスイスで紡がせることを認めざるをえなかったことが思い出される。この仕事に適した機械も労働者も不足していたからである。

最近になってもイギリスかぶれがフランスを支配していることを、共和主義者は憤《いきどお》りをこめて思い出すであろう。衣服も食器もかみそりもナイフも馬車のスプリングも眼鏡も、すべてイギリス風なのだ。イギリス風の言葉とものを永久に捨てよう。「生きるために、他人の手を借りる必要のないものこそ真に自由である」とジャン＝ジャック〔ルソー〕は述べた。彼が個人について述べたことは、国民にも完全にあてはまる。技術の改良は、自由を守るための原則なのだ。外国産業の軛《くびき》を振り払うことこそ、その国民の独立を保証するのである。産業が、放縦と、怠惰の子供であるあらゆる悪徳とを消滅させるもっとも効果的な手段であることを考えれば、この真理はいっそう確かなものになる。自由を支えるものは、啓蒙と美徳の二つしかない。無知と不道徳は共和国をむしばむ癌であると人民にくりかえし言いつづけなければ、われわれは人民の大義を裏切ることになるだろう。

知らず知らずのうちに、女性をその体質に適した仕事に導けば、習俗と国民の繁栄は大きな勝利を得るであろう。すでに若干の女性は印刷業で植字の仕事を始めている。針を用いる仕事はすべて女性に適している。体格のよい男は、戦場での勝利のなかで戦死した同胞に代わって武器工場や戦場に戻るべきなのに、女性の髪結いや女性服の仕立屋や下僕やカフェのボーイをしているのを見て、苦々しく思わない市民とはどんな市民であろうか。

諸君がご存じのように、自由な政体のもとでは、すべての事柄が民主主義に結びついている。だから、外国産業を駆逐し、わが国の産業を活発にするあらゆる手立てを講じよう。

「イギリス人は発明し、フランス人は改良する」といわれるが、これは奇妙な偏見である。作り話をするのではないが、自由なフランス人にはあらゆることを成し遂げる能力があり、他のいかなる国民よりもよく発明し改良することは、愛国心が鼓吹した身びいきと単なる競争意識による評価でなく、ただ数え上げさえすれば証明できるであろう。最近、革命の名を高めた、数々の科学的で真に驚異的な発見の一覧表が諸君に提出された。しかしまだほとんど知られていないが、愛国者の心を喜ばせる新しい事実がある。船舶用のランタンを作るために、角《つの》の薄片を鑞《ろう》づけする工場、泥炭を調合する炉、援助を受ければすぐに稼動する酸化鉛工場、ドイツに毎年支払っていた貢納金からわれわれを解放してくれる長柄の鎌の製造工場、皮革の鞣《なめ》しには二年を要したのに数日間で鞣す技術、こういったあらゆるものが生まれ、繁栄し始めているのだ。

パリとブザンソンの時計製造業のおかげで、われわれは外国の時計製造業を忘れるまでになっている。わが国の領土にほとんど取り囲まれたある都市が、この製品で毎年九〇〇万から一〇〇〇万リーヴルをわれわれから吸い上げてきたのだ。ジュネーヴの人々とのよき隣人関係を保とう。しかしわれわれの時計を作ろう。

この産業活動を、それが可能なすべての領域に拡げよう。われわれには原料があるのに、なぜ外国から膠《にかわ》を輸入するのか。われわれにはアルミナ土があるのに、なぜ毎年七、八〇〇万リーヴルもの明礬《みょうばん》を輸入してきたのか。インドのモスリン製造業と匹敵しうるモスリン工場をもつことができるのに、なぜ四〇〇〇万リーヴルものモスリンを輸入してきたのか。フランスには、インド式のやり方で綿を紡いでモスリンにする紡織機の雛型がアミアンとパリに二つある。後者は国有である。

新しく発明されたり改良されたすべての道具と機器を集めた工芸院を設立すれば、好奇心と関心は呼び覚まされ、あらゆる分野できわめて速やかな進歩が見られることになるであろう。そこには、教条主義的なものは何もない。眼に語りかける実験のみが、同意を得る権利をもつであろう。規則の圧制から解放されねばならない、習慣がすべてを作るのだと主張する人がいまなおいるとすれば、われわれは、できれば、日常の習慣に固執する労働者と、理論に結びつけることによって習慣的なやり方を正す労働者との相違を測るようにうながそう。ヴォージュ県では斧《おの》で木を切るが、ヴィレル゠コトレの近くでは鋸《のこぎり》で切る。二つの方法の一方が文句なしに好ましい。この問題はおそらく確かめるに値することであろう。いくつかの地方では、鋸はしなやかで薄くて長い歯だが、他の所では同じ用途に用いられても、まったく違うように成形されている。同じ穀物の畑を耕すのに、ある地方では鉄製で柄の長い薄刃の鍬《くわ》を用い、他の所では柄の短い重い刃のものを用いる。柄の短い重い刃の鍬を用いる地方では、労働者は腰をかがめざるをえず、たえず腸に有害な圧迫を加えることになる。労力を節約し、健康にもっと良い方法を可能にする道具を、どうして教えないのであろうか。

技術を花開かせるには、技術を束縛するものを壊し、技術を貪欲な税務当局から解放すれば十分だなどとは言わないでいただきたい。技術について無知な人々と技術を知る手段をもたない貧しい人々を啓蒙することが必要なのである。そうだとすれば、貧しい人々と無知な人々にたいして、彼らの生活を保障する労働を助けるのにもっとも適した道具の見本を提供することは、彼らによい恵みを与えることになるのではなかろうか。

フランスの木ねじの品質は、その製造に適した道具が乏しいために、概して悪いと言われている。アメリカの鍬、力織機の飛杼《とびひ》、オランダ人が行なっているような、木材を柾目《まさめ》取りする方法は、文句なしに有益である。人々がそれらの道具を知らないのではないとすれば、どうして利用しないのであろうか。自分の作業場しか見たことのない職人は、もっとよいものがあるとは思わない。われわれが諸君に提案する計画は、職人にあらゆる道具や方法を与え、彼らの競争心を刺激し、彼らの才能を開花させることにある。模倣しかできないものは、優れた見本を知ることによって自分の慣行的なやり方を正すであろう。もっと距離を取って見ることのできるものは、そこから新しい手段を生み出すであろう。あらゆる技術には接点があるからである。このようにして、諸君は知識の総量と知識をもつ者の数を増やすことができるであろう。いくつかの産業分野では、もっとも貴重な知識がごく少数の人々のものにとどまっているから、このことはいっそう必要不可欠である。たとえばフランスには、印刷活字を彫る腕の良い職人は一〇人ほどしかいない。数学および物理学の機器を製作する腕利きの職人はせいぜい五、六人を数えるだけである。そしてこれらの製品の輸入は、年に数百万にものぼるのだ。それにくらべれば、あらゆる技術を活気づける工芸院の費用ははるかに少ないのである。

ここで、ハーシェル式望遠鏡をできるだけ早く製造することがどれほど重要であるかを考察しよう。共和国にこの機器がないために、わが国の何隻かの船舶が波に呑み込まれることになるかもしれない。こうした考えはまったく現実離れしているように見えるかもしれないが、天文学の改良と航海の成功のあいだに深い関係があることを知っているものの眼からすれば、けっしてそうではない。旧科学アカデミーはこの機器の製作のために三万リーヴルを取っておいたのだった。戦争が始まったとき、アカデミーはこの額を祖国に贈与すべきだと考えた。しかし学者たちの意見は、もともとの用途の方がもっと有益だということで一致した。この仕事には数年間は必要である。だから諸君は、カロシェ——すでに年老いているが、共和国にふさわしい記念物を作り、ハーシェルのものより三分の一大きい、長さ六〇ピエ〔一ピエは三二・四センチメートル〕、直径六ピエの望遠鏡を作りたいと考えている——のような才能をもつ人々の徴用を急がなければならない。

機器を収集する工芸院は、われわれに別の利益をも約束する。

一　技術にかんする言語はまだ幼児期にある。ある技術には適切な用語が欠けている。他の技術には同義語が多すぎる。さらに、ある製造業から別の製造業に移ると、命名が変わり、人々はたがいに理解し合うことができないのである。したがって専門語を確定し、統一することが不可欠なのである。

二　天分をもって生まれた人々が、すでに発明されたものを発明するのに苦心して、貴重な時間を費やすといったことが、まま見られた。十進法の振り子時計を諸君に届けるために、ミディ地方の奥地からやって来た市民はその一例である。これは、ルポートル、ジャンヴィエ、ベルトゥーらの作品を見たものには、何の新しさもなかったのである。もし彼がすでにある見本を知っていれば、それが出発点になったであろう。そして彼は、既知のものにたどり着くために試行錯誤する代わりに、科学に向かってさらなる一歩を進めたであろう。

立法者と政府はしばしばいわゆる秘密の考案に煩わされてきた。摩擦の理論についてごくわずかな観念ももっていないのに、永久運動にかんする発見について、しつこくわれわれを悩ます人々についてはいうまでもない。また、他の者は、空想ではなくまっとうだが、すでに実現された計画を提出する。そのような計画は保管所行きにすれば十分であろう。彼らには、技術はここまで来ている、君が技術の進歩に新しく付け加えたものを見よう、と言おう。ペテン師をやりこめる手段をもつことは、政治において無視することのできない強みである。

工芸院の組織に移ろう。われわれの構想は以下の通りである。

広くて、その一部に階段教室を入れることのできる場所が選ばれるべきである。農業・工芸委員会と財務委員会はもっとも適切な場所を決めるために協力するであろう。

そこには、機器と衣食住を対象とするすべての技術の見本が集められる。農業は長子権をもっているから、第一級の場所を占めるであろう。次に、農業に近い産業の分野、とくにもっとも改良された風車の模型が置かれる。この部分はあまり進歩していないが、小麦からパンを作る技術は健康に大きな影響を及ぼすからである。

建設とあらゆる分野の製造のための機器と道具は、臨時工芸委員会が科学と技術にかかわる物品の分類にかんして行なった指示にほぼ従って、七部門に分けられる。

第一部門　木挽《こび》き工具
第二部門　仕上げと刳型《くりがた》工具
第三部門　穿孔《せんこう》工具
第四部門　ろくろとその付随工具
第五部門　木ねじ・ナット製作工具
第六部門　歯車製造工具
第七部門　版画・印刷工具

これらの細部の改良こそ、機械の改良をもたらすのである。

その次には、生糸の撚糸《ねんし》機、羊毛の梳毛《そもう》機と製糸機、あらゆる幅の布地を織る織機、さまざまな色の布地を織る織機、同時に数巻きの布を織る織機、刺繡糸の紡績機、通常の編み機、裏目なし編み機、固定編み目編み機などの織物にかんする技術、石の切り出し技術、指物細工の技術が置かれる。要するに、それぞれの技術がそれぞれにふさわしい位置を占めるのである。

しかし無用な機器の蓄蔵は避けなければならない。たとえば、あらゆる種類の鍬やろくろを集めることは何の役に立つだろうか。すべての分野において、よりよいものだけがこの保管所に収められる権利をもつべきである。

機器には、可能なかぎり、次のものが付け加えられるべきである。

一　つねに比較を可能にするための、国産と外国産の製品見本。

二　それぞれの機械の図面。製図学校では、手工芸にかかわるすべてのものの製図を優先させるべきである。

三　いわば発明者の考えを伝えるための記述。それには用語集を付け、必要があれば、それを論じたさまざまな著作が参照されるべきである。これらの注意は技術史に必要である。というのは産業が進歩するにつれて、見本が消滅していくからである。図面と記述が合えば、なされたことを思い出し、新発見の道が開かれるであろう。さらに、文芸の文書館にある書物を複製してそれに加えることもできよう。古代人たちがこのような注意を払い、書いたもののなかに技法を書き留めていたならば、コリントの大砲やギリシャ煙硝〔東ローマ帝国海軍が敵艦を焼き払うのに用いた火薬〕や黒曜石や蛍石の壺〔古代ローマで虹色に輝くとして、珍重された〕について、あれほど喧《やかま》しく論議しなくてよかったであろう。また、蠟画法で描かれた絵画や緋色に染める技術やローマ人が建物に用いたパテの成分は、おそらく見失われなかったであろう。パンチローリ〔イタリアの法律家で、失われた古代の発見・技術についての著作を著した。一五二三―九九〕の論考を開けば、多くの発見が過去のなかに沈んでしまったことに苦々しい後悔の念を覚えるであろう。

技術は作業場で習得される。工芸院では、たとえば靴下やリボンの製造を教えるのではない。技術の化学的部分も工芸院では教えられない。しかしその機械的部分、すなわち道具や完璧な機械の制作、その操作、仕掛けの配置、力の使い方は工芸院で教えられる。科学のこの部分は新しく有益である。

この講義は機器の見本の横で行なわれ、講義には実演者が要る。しかしおそらく諸君は重要なポストを設けようとしている、と非難の声をあげる者が出てくるだろう。彼らは、言葉と声量で臆病な連中を黙らせ、同意を引き出し、善行を妨げるであろう。このようなくだらない弁舌がいまなお信用を得れば、すでに形成された機関を根絶しなければならないという結果になるだろう。だから、批判者はわれわれにたいして率直に、次のように言うべきである。「われわれは産業の助成のために何もしようとは思わない」と。そうでなければ「自分たちがこうした連中ぬきで産業を開花させる手段を提出する」と。

私はといえば、私もこのような連中を信用してはいない。私は長いあいだ、彼らを研究することは、一般的にいって彼らを尊重する方法ではないという格率を信じてきたからである。しかし、何も生み出さない無と、政府の活動――さまざまな機関を創設し改善し監督する、人民の友である政府の活動――とのあいだの均衡を取るべきだ、とは私は思わない。

これまで、この機関の費用については、固定経費についても流動経費についてもまったく述べなかった。われわれの計算では、工芸院の職員の手当ては年間一万六〇〇〇リーヴルである。そして工芸院の自由にできる資金にもとづく臨時の支出にかんしては、農業・工芸委員会が責任を負うべきだ、とわれわれは考えた。諸君は絵画と彫刻のためにあれだけのことを成し遂げたのだから、工芸技術にかんする要求も無に帰することはないだろう。

さらに産業を光り輝かせ、いたるところに産業の光明をもたらすことが重要であることを考えれば、資金がおそらくこれより高い金利で投資されたことはけっしてなかったことが分かるであろう。

国立音楽演劇学院、天文台および自然誌博物館を設立するさいに、諸君は、これらの機関の成員がそれぞれ講義と内部の管理にかんする規則を設け、委員会の承認を得るように命じた。同じことを工芸院にも提案することができる。

現在重要なことは、すべての県がこの機関の恩恵に浴するようにすることである。国民公会はひいきをしないし、家族全体が同じ権利をもっているからである。すでに、工芸委員会の指示に従って、あらゆる地区で機器と見本が収集されている。工芸院は運河をつうじてフランス全土を潤す貯水池になるであろう。有用だと証明された物品の図面、記述、見本が各県に譲り渡されるであろう。しかし共和国が新発明から収益を得ることができるように、その知識を貪欲な外国から保護する慎重さが必要である。

おそらくこの留保条件が可能であるか否か、政治にかかわるか否か、正しいか否かが、問われるであろう。

いくつかの国民が注意深くある種の技法を秘密にしてきたけれども、秘密は暴かれた。さらに、ある発見はほとんどつねに科学的研究の結果、最終点である。そして学者たちが一貫した努力を結びつけて目的に近づいたときには、さまざまな国でも、学者たちが同じように目的に達しているのだ。

すぐに全国的な活動を与えるために、普及させることが重要な発見というものがある。火薬を製造するために、諸君はこのようにした。この製法を秘密にしようとするのは、有害な思惑だったのである。

個人間と同じく、国民間でもつねに道徳に立ち帰ることが必要である。さらに、政治と正義が同じ意味を表さなければならない。こうして重要な問題には、何が正義かを検討すれば、容易に答えることができるだろう。いかなる国民も、他の国民の生存に必要なものにかんしては、理性の進歩をおしとどめる権利をもたない。しかし社会契約を結んだ諸個人は、排他的な利益を確保することができる。社会契約に加わっていない者はこの利益にあずかることはできないのである。この原理から、国境には税関が設けられ、若干の商品の輸出を禁止する法律が設けられるのである。

発見というものは、いわば、ある国民が自分の利益のために排他的に採掘する鉱山、その国民にとって秘密を保つことの重要な要塞の図面のようなものである。それゆえ、いくつかの機械の輸出を禁止すること、国民の富の源泉である発見の外国への流出を阻止すること、発見を漏洩しないことに関心をもつ個人だけをその管理者にすること、こうしたことは普遍的な人類愛と矛盾しない。このような行動は国際公法とあらゆる国民の習慣によって認められている。

もう一つ産業を活気づける手段がある。それは、入門書を普及させることによって、技術の改良に適した明解な観念と原理を広めることである。

一七九一年九月一二日法の第四条は、褒賞用の資金の一部を産業の進歩に有益な著作の出版にあてることを求めている。それに応えて、工芸諮問委員会事務局は、委員会が与えた褒賞についておよそ二二〇の報告書を作成したが、まだ一〇〇ほどの報告書を作成しなければならない。褒賞を受けた発見が埋もれたままで共通の財産にならなければ、この制度の目的は達成されないからである。報告書のいくつかは公刊されたが、発行者の考えは十分に実現されておらず、そのためにごくわずかな利益しか生まれていない。報告書はそれぞれの発見を明解に紹介すべきであった。取り扱い法や技法や図面を、必要なら図版をつけて、誇張せずに記述することが必要だったであろう。

報告書は分野ごとに分類して分冊にするべきであった。そうすれば、職人は自分に必要な部分を容易に手に入れることができるだろう。さらに諸発見の配列にもまずい点がある。たとえば、皮革を耐水性にする方法とか人造セメントにかんする発見を、インド人のサテン仕上げやヤスリの目を立てる新しい機械についての報告書の脇に置くといった配列である。欠点が明らかになれば、対策が示される。報告書は作り直すべきなのである。

工芸学校の論集や商工業にかんするベイリーの二つ折り版の二巻本——この立派な著作は翻訳されていない——から事例を採取すれば、報告書を改善することができるだろう。さらに旧科学アカデミーの書類や以前の商業行政当局の書類箱にも、急いで公表すべき未完の優れた論文がある。

工芸院の建物には、すべての新発明がもち込まれる展示室が設けられる。われわれの考えでは、ルーヴル美術館で絵画と彫刻にかんして行なわれているのとまったく似通ったこの手段は、天分を豊かにするのにきわめて適切だと思われた。そこでは市民たちがよい機械見本を用いてたがいに啓蒙し合い、正しい観察によって職人を啓蒙するだろう。

このようにして、公衆が、工芸諮問委員会――その改革案はまもなく提出されるだろう――の下した判断の最終的審判者になるだろう。

工芸諮問委員会の委員の一部はさまざまな部署に散らばっており、残っている者の数は仕事量にたいして不十分で、負担が過重になっている。しかも彼らは手当を受けていないのだ。彼らを公平に扱い、このような悪弊を正さなければならない。

技術の進歩にかかわりをもつのは一部の市民だけではないし、技術の助けを必要とするのは一日や一瞬のことではない。工芸院を設立すれば、すべての職人と祖国を愛する者の心に喜びをもたらすことを信じていただきたい。スイスの谷間や山岳地帯で、徳と誇りにあふれた自由な姿勢で、手には羊飼いの杖とサーベルと本を持ち、犂《すき》の後ろにつき、羊の群の先頭に立っている人々を見たことがある。フランス人も同じようにみずからを治め、みずからを養い、闘わなければならない。

専制君主たちは傲慢にも、彼らが臣民と名付けた人々の血と涙で固められた宮殿を打ち立てた。諸君は、茅屋のなかにも幸福を生み出すための施設を設立することに取り組まなければならない。革命の動乱の真只中で産業の避難所を開き、国民の幸福の基礎となるすべてのものを収集することは立派なことだ。この歩みはまさに立法者にふさわしい。個人においても、国民においても、もっとも腕の良いものがつねにもっとも自由であるからだ。したがって、無知と怠惰からあらゆる口実を奪い取り、科学と美徳をもっとも安価にすることは、政治において考量すべきことである。

(Grégoire : Rapport sur l'établissement d'un conservatoire des arts et métier, par Grégoire, L'Imprimerie nationale, s.d.)

九　師範学校の設立

解説　新しい時代にふさわしい知識を全国一律の方法で教えることは、啓蒙の普及と知識の平等を促進するうえで不可欠であった。しかしそのためには、それにふさわしい教師の養成を急がなければならない。こうして、知識そのものよりも知識を教える技術を教えることを目的として、師範学校が設立された。この学校がエコール・ノルマルと名付けられたのは、標準的な知識を標準的な方法で教える教師の養成が目指されていたからである。

師範学校では、このような教師を大急ぎで養成するために、公共事業中央学校で採られた「革命的教育方法」が採用された。教科内容にかんしては、校則の第二条に見られるように、自然科学の重視と、歴史、道徳、文法、悟性の分析といった新しい科目が置かれた。これは、テルミドール政変後に重きを占めたイデオローグの主張によるものである。教育方法の点では、教師があらかじめ用意した講義ノートを読み上げ、生徒はそれを筆記するという従来の方法に代えて、即興的講義と質疑・討論を重視し、講義をすぐに印刷し配布するという新機軸が編み出された。

師範学校は大きな希望を乗せて門出したが、ドーヌーが述べたように、生徒間の能力の相違、教育方法の不徹底などのために、短期間で閉鎖された。

師範学校の設立にかんする報告を行なったのはラカナルだが、その草案を作成したのは、当時の公教育委員会委員でイデオローグのジョゼフ・ガラである。

ラカナル

師範学校の設立にかんする報告

共和国三年ブリュメール三日(一七九四年一〇月二四日)

代表者諸君、

私は、公教育委員会の名において、諸君が布告した師範学校《エコール・ノルマル》の組織案を諸君に提案する。この学校組織の名前だけでも、国民と国民公会の大きな関心と注意を呼び起こすであろう。すべてを闇で覆いたいという動機をもつ連中が、教育と啓蒙について諸君に語る人々を犯罪者として扱う決意を固めたのは、数カ月前のことであった。諸君は暴君どもを打倒した。追い剝ぎや殺人者が街灯を恐れるように、暴君どもが啓蒙された人々を恐れたというのは本当だ。今日では、国民公会のみが、それが代表する国民を支配している。そしてフランスと立法者は、人民全体にまったく新しい啓蒙を広めるために、異口同音に新しい教育制度を求めている。

ずっと以前から、われわれは、フランス共和国における革命を終わらせ、人間精神の新しい革命を開始すべきこの問題についていちはやく語らねばならないと感じてきた。この問題はかくも重大な関心事だから、いくらか広い範囲で話すことをお許しいただきたい。

革命が始まって五年になるのに、革命は教育にかんしてはまだ何もなしていないことに人々は驚いている。私自身も、これほど長い遅れのせいでとりかえしのつかない損失が引き起こされたのではないか、もっと早くフランスに良い教育制度を与えることができたのではないかと考えて、しばしば諸君の前で呻吟してきた。

このような後悔の念のゆえに、われわれは、事物の本性よりもわれわれの焦眉の願望に、われわれのもっている手段よりもわれわれの抱く願いに従ったのである。

人間精神の巨大で正当な希望の基礎となりうる公教育案を成功裡に確立しようと試みるには、いくつかの条件が必要である。まず必要なことは、政体の諸原理が理性の進歩を何ら恐れず、そこからつねに新たな力と権威を汲み出すことができることである。次に必要なのは、時間と不幸の経験をつうじて、生命と運動に満ちているが、もはや嵐のような激動に悩まされることのない、本質的に優れた政体が打ち固められること、である。つまり、自由にはもはや獲得しなければならないものは何もなく、人民全員が、君主政と貴族政の犯罪的な攻撃を永遠に退けるには、民主政を理性に従わせなければならないと痛感すること、である。そして最後に必要なのは、人間精神が進歩を遂げ、すべての人々を啓蒙し、あらゆる進歩を可能にする容易な方法と手段をもっていると確信することができるようになることである。

現時点まで、おそらく私が諸君に話しているこの瞬間まで、これらの条件はどれも存在しなかった。

いつの時代でも、なにがしかの才能のある哲学者たちは良い国民教育の力を認め、見抜いた。いつの時代においても、彼らは、良い国民教育があらゆる能力を改善し、人類の運命を良いものに変えることができることを見抜いた。そして哲学者たちは、隠遁生活と深い思索のなかで養った性格からくる素朴さで、ときには王たちにこの主題についての彼らの見方を述べた。それは王たちに王位を捨てるように提案することであった。

しかし暴君どもには、猛獣と同じく、彼らの本能がある。提案をよく理解せずに、ひどく恐れるという本能である。人民が考えることを学べば、自由であることを学ぶことになり、人々が先入見と誤謬《ごびゅう》をなくせば、多くの幻惑にもとづいている君主政はその土台をすべて失うことになる、と暴君どもは漠然と感じた。暴君自身も玉座のうえで精神の楽しみを、権力者の倦怠を慰めるのに役立つ娯楽のうちに数えていたが、人民の理性と偉大さの秘密を人民に明かすのに適した教育の計画を国内で確立することには警戒を怠らなかった。

ダランベールはフリードリッヒのもとに赴き、ディドロはエカテリーナのもとに赴いた。しかしロシアは蛮人で満たされたままであり、プロイセンは奴隷状態のままであった。

フランスでは、革命前に『エミール』が刊行されたが、それは『新エロイーズ』以上に小説であった。そしてわが国の書物は良い教育への意欲と自然や自由についての豊かな感情をヨーロッパ中に振りまいた。しかしわが国の子供たちの生まれ出ようとしている知性と心は、恥ずかしげもなく王の長女を名乗る大学の薄暗い学舎に閉じ込められ、窒息させられていた。

国民のごく一部に広まっていた啓蒙に導かれた八九年の革命において、もっとも輝かしい希望、もっとも普遍的な期待は、新しい教育計画、国民に返された主権を立派に行使できる状態に国民全体を高める新しい教育計画であった。人々は、先入見が消滅した結果、人々の精神に残された大きな空白が諸原理によって埋められるのを早く見たくていらだっていた。しかし立憲議会は、革命がもたらした偏見の破壊にのぼせあがると同時に疲れ果てて、偉大な創設の瞬間には力も勇気もない状態に陥ってしまった。立憲議会は、国制を構成するさまざまな部分を大急ぎで集め、手直しを加えたが、さまざまな顧慮と解散の時期が迫っているという弱さとのために、それらの部分を駄目にしてしまった。立憲議会は王政と自由という本質的に和解しえない二つのものを和解させようと望んだのである。立憲議会にはもはや、どのような特質を国民に与えるべきなのかが、分からなかった。というのも立憲議会は、対立し敵対する二つの魂を法律のなかで結びつけたからである。念入りに作成された公教育案(1)が演壇から提案されると、議会はその朗読を、単なるアカデミーであるかのように、またこの教育案を単なる哲学的議論にすぎないかのように、聞いたのだった。そして主権が承認され、諸権力の分割が定められたのちに、人間の再生にかんして異論の余地なくもっとも重要な部分をなす公教育は、立法議会に付託された。

しかし洞察力と広い判断力をいくらかもっている人々は、この時点で、立法議会がフランスに新しい国民教育を与えることはないと見抜いていた。じっさい、教育は、本質的に国民の基本的な社会制度ときわめて深く関係している。憲法が教育のために作られ、教育が憲法のために作られるのでなければならないほどなのだ。もし両者が同じ精神、同じ天分の作品でなければ、またもし両者がいわば唯一同一の考えのたがいに相関する部分でなければ、両者とも失敗に終わるほどである。立法議会は、憲法制定権力の一部をふたたび取り戻すように強いることになりかねない任務をいやがらずに引き受け、大仕事を順序よく進めた。この仕事はきわめて広大な観点にもとづいて準備された。真に哲学的な精神の持ち主が、(2)人間のすべての知識を公教育案に盛り込んだ。あらゆる知識のためのあらゆる機関の概略が描かれた。しかしこれらの機関から光明が発するようにするための配慮を、誰に任せることができるだろうか。公教育を窒息させることを最大の利益とする王であろうか、それとも、王が無数の手段で自分の利益に組み込む行政官団であろうか。そんなことをすれば、教育が王位を転覆させるか、王位が教育を堕落させるかのどちらかだ。当時、立法議会はいたるところで、執行権力〔王権のこと〕を破壊する素振りも見せずに、執行権力を憲法から遠ざける手段を求め、教育にかんして議会の信頼にもっとふさわしい執行権力を創り出す気配も見せずに、それを見つける手段を求めた。このような光景は、それを観察する者にとっては、興味深く教育的だが、悲しむべきものだった。目的はきわめて賞賛に値するが、微妙な駆け引きという点では国民代表の威厳にはほとんどふさわしくない探求のなかで、時間が空費された。いわば、憲法上のさまざまな制約にたいしてさまざまな事件がもち上がったのである。これらの制約は、フランス国民の法律と、その至上の思想、そのより崇高な運命とのあいだに立ちはだかる障壁であった。玉座の破壊が、フランスには歓喜の声を、ヨーロッパの専制君主には恐怖の叫びを巻き起こした。国民公会が登場し、立法議会の教育案は立憲議会のそれと同じく、もはや一編の小冊子でしかなくなった。

世界を揺るがす多くの事件の真只中で生まれた国民公会は、その内外で生まれ、直面せざるをえなかったさまざまな新しい事件によってたえず揺さぶられた。そのために、国民公会はフランスを啓蒙する責務とフランスを勝利させる責務に同時に取り組むことはできなかったし、するべきでもなかった。国民公会は公教育のためにいくつかの試みをし、放棄した。国民公会は、自己の見通しと意図と手段のすべてを尽くして行動しうる時期がまだ到来していない、と感じたからである。造船技師が荒海に耐え乗り切る船の土台を据えるのは、嵐が大波を巻き起こしているときではない。彼は少なくとも、嵐が最後のうなり声、最後のささやきになるのを待つだろう。無数の危機、無数のきわめて新しい道徳的経験のただなかにあり、さまざまな新しい真理が、刻々、生まれているときに、教育のために不動の原理を提起することなど、どうして考えられようか。分別盛りの人々も立法者たち自身も、たえず驚くべき事件として炸裂し、何よりもすべての思想を変化させる一群の出来事につき従ったが、立法者たちは子供と若者の教育を組織するにあたって、自分たちが受けた教育から離れることはできなかった。彼らは、彗星が光り輝く尾を大地に振りまいているときに、書斎に閉じこもって彗星の理論を書いている天文学者に似ていた。われわれの不幸そのものが開いた社会的観察の奔流がおさまるのを待つことが必要であり、賢明でもあった。人間の偉大な師と呼ばれる時間、受け入れやすく恐ろしい教訓に満ち満ちた時間が、いわば、共和国の唯一で共通の教授にならねばならなかった。

フランスはこのような状態に置かれていたが、いまやそこから抜け出している。事件はけっしてやんだわけではないが、和らいだ。国外での経過は、われわれの規則正しい勝利のみを示している。国内でわれわれを動かしているのは、正義にたいしてなされた冒瀆を償い、人間性に刻まれた傷口をふさぐという欲求だけである。あらゆる危機が人間の平等をいっそう完全なものにし、あらゆる不幸が、法律——そのもとではすべてのものがその威光に従い、すべてが友愛によって平等になる——を執行する権力を共和国に与えなければならないことを理解させた。平等はいまや単に一つの理論ではなくて、一つの感情である。そして法の支配を求める欲求は、もはや単に一つの理論ではなく、生への愛や死への恐怖と同じく、一つの情念である。ヨーロッパは共和国の権力に服従し、共和国は理性の権力に服従する。いまや、革命が終わり成就する瞬間を準備すべきときである。いまや、先の諸世紀に蓄積された知識と後につづく諸世紀を獲得すべき知識の萌芽を、諸君とフランスと人類にふさわしい公教育案に集めるべきときなのだ。

もはや諸君は、諸君が表明した社会秩序にかんする原則を教育によって不動のものにすることを恐れるには及ばない。われわれは、空虚な偶像崇拝や盲目的な熱狂ではなく、精密科学と同じほど厳密な証明によって、新しい教義が最良であり、唯一良いものだと確信している。そして理性が進歩すればするほど、この証明は明らかになるであろう。したがって諸君は、この永続的な基礎のうえに教育を据えるべきである。他方では、人間精神はときにはおずおずと、ときには大胆に前進したが、臆病さよりも大胆さのせいで、正道からそれることが多かった。人間精神は、道に迷うときと同じく良い方向に向かうときにも、偶然に導かれてきたのだが、何世紀もの彷徨ののちに、ついに、従うべき道と前進の方策を発見した。ベーコンとロックと彼らの弟子たちが、人間精神の本性を究め、人間精神を導くすべての手段を発見したのである。奇跡のように賢明で豊饒《ほうじょう》な方法、すなわち自己の歩みを細大漏らさず見守り、後退することも脇道にそれることもない分析という方法を採用した科学に、新しい光明が降り注いだ。分野がちがっても、対象が異なるだけで、観念は同じように形成されるのだから、分析は、あらゆる種類の観念にたいして同じように簡明な言語と明晰さをもたらすことができる。この方法はベーコンとロックが求めたことを実行し、人間の悟性を作り直すことのできる唯一の方法であり、この方法によって、精神諸科学、すなわち自分自身の美徳によってみずからを統治する諸国民に必要不可欠な精神諸科学は、厳密な物理学と同じほど厳密な証明に従うことになるだろう。分析によって、われわれの義務にかんする諸原則は、情念の雲に覆い隠されることのない鮮明な光であまねく照らし出されるであろう。そして最後に、分析が新しい公教育において人間のあらゆる知識の普遍的な装置、すべての教授に共通の言語になれば、精神諸科学は、普通の知性を自然から授かったすべての人々の手の届くものになるだろう。精神諸科学は高級な科学と呼ばれてきたが、それは、精神諸科学を教える人々自身がこれらの科学よりもはるかに劣っていたからであった。政治的自由と産業および商業の無制限の自由が富の途方もない不平等を破壊するのにたいして、分析は、すべての学校であらゆる種類の観念に適用されれば、それよりもはるかに致命的で屈辱的な知識の不平等を破壊するであろう。したがって分析は、偉大な民主政の根本的に欠くことのできない道具なのだ。というのも分析が放つ光は、いたるところに容易に浸透し、あらゆる液体がそうであるように、たえず平準化する傾向があるからである。

このような考えや希望が思弁と理論にとどまっているかぎりは、それらにたいする筋の通った反対は何一つありえない。しかしそれらを実現しようとすれば、その入口のところにすでに重大な困難が待ち受ける。じっさい、これほど多くの学校で、これほど新しい知識を、これほど新しい方法で教えることのできる人間を、どこに見出すことができるのか。このような人間を以前の学校の教員のなかに求めてはならない。彼らはそれに適していないだろう。大学は一般に諸アカデミーよりも劣り、アカデミー自身は、諸君がそれによって人間精神の革命を成し遂げようとした洞察よりも劣っていた。洞察力を富ませ、真理をもっと明晰にするような方法、一を教えて万事についてうまく推論することを教えるような方法で、有益な技術と必要な知識を教えることのできる二、三〇〇人の人々(われわれにはそれ以上の人数が必要なのだ)が、フランスに、ヨーロッパに、地上に、現存するだろうか。否である。どれほど少数に見えようとも、このような人々は地上にまったくいないのだ。したがってこのような人間を育てなければならない。そして、人間の運命がいつもそのなかを堂々巡りしてきたと思われる致命的な悪循環によって、このような人間を育てるには、すでにこのような人間がいなければならないように見える。

まさにこの点で、国民公会の天才的ひらめきに敬服すべきである。フランスにはまだ六歳の子供が読み書きを学ぶ学校がまったくなかったのに、諸君は師範学校、公教育の最高段階の学校の設立を布告したのだ。

諸君が、事物の根本的で自然な秩序をひっくり返して、公教育というこの大きな建物をてっぺんから作り始めた、と無知な人々は考えたかもしれない。しかし私は憚《はばか》らずに言うが、まさにこのきわめて異様に見え、ずっとのちに提出されたこの考えのおかげで、諸君は、理性と真理の精神――諸君がフランスの普遍的精神にしようと望んでいる精神――がいたるところで同じように支配する学校を、共和国のあらゆる地点に組織する唯一の手段を手に入れることができるであろう。

じっさい、諸君は最初の師範学校の設立を布告することによって何を望んだのか、また、これらの学校は何になるべきなのか。諸君は、諸君の構想と決議のなかにある広大な公教育の計画のために、この計画——民主主義によって全員が平等になった二五〇〇万人の共和国において人間の悟性を再生させることを目的とする計画——を実行することのできる多数の教員を前もって創り出すことを望んだのだ。

したがってこれらの学校で教えられるのは、諸科学ではなく、諸科学を教える技術である。これらの学校を卒業すると、生徒たちは単に教育のある人間になるのでなく、教える能力のある人間になる。したがって地上ではじめて、自然、真理、理性、哲学が集まって一つの養成所をもつことになるのだ。あらゆる分野の科学と才能においてもっとも著名な人々、これまでは諸国民と諸時代の教授にすぎなかった人々、天賦の才をもつ人々が、はじめて一国民の学校の最初の教師になるのだ。じっさい、諸君は、ヨーロッパにおいて異論の余地のない名声で光り輝いている人々のみをこの学校の教授に任命しようとしているのである。ここで重要なのは教師の数ではなくて、その優秀性である。教授の数は少なくても、全員が科学と理性の選良であるほうが望ましい。教授全員が、人間精神の再建者を育てるべきこれらの学校のことを考えるとすぐに出てくる名前である、ラグランジュ、ドーバントン、ベルトレのような人々の同僚にふさわしい存在でなければならないのだ。これらの師のまわりに、才能と愛国心の点でもっとも際立っている、と憲法で定められた権力が認めた市民を共和国全土から呼び集めることを、われわれは諸君に提案する。彼らはすでに科学への愛に満ち、選抜されたという名誉でさらに熱意を燃え立たせ、彼らがもっとも愛し、その栄光が人間の最高の大望だと考えている人々の話に聞き惚れる。このようにして彼らは、彼らが学ぶ技術にかんして、計算することも予見することもできないほど急速な進歩を成し遂げるであろう。

パリで人間の知識を教える技術の課程が終了するとすぐに、この重要な授業を受けた学識のある哲学的な若者たちが、今度は彼らを必要とする共和国のあらゆる地域にそれを伝えに行く。彼らはいたるところで師範学校を開設するのである。彼らは学んだばかりの技術をなぞることによって、この技術を強固なものにするだろう。そして他人を教えれば、自分の才能を調べることが必要になり、そのことによって彼らの見識と才能は高まるであろう。啓蒙のこの泉は、あらゆる分野で共和国の第一級の人々から発しているから、きわめて純粋かつ豊富であり、その流れのなかで少しも純度を失わずに、フランス全土に注がれるであろう。教える技術は、ピレネーやアルプスにいたるまで、パリと同じになるだろう。そしてこの技術は自然と天分の技術になるだろう。田舎の藁葺《わらぶ》きの家に生まれた子供も、金持ちの家に生まれた子供のまわりに大枚の金を払って集めることのできる家庭教師よりも、もっと熟達した家庭教師を得ることができるだろう。大国民の知性のごく一部がきわめて入念に耕され、他は荒れはてた広大な砂漠のままといった事態は、もはや見られなくなるだろう。人間の理性はどこでも同じように見識のある手腕で耕され、どこでも同じ結果を生み出すだろう。そしてこれらの結果は、世界の模範、モデルとなる一国民のもとで、人間の悟性の再創造になるであろう。

代表者諸君、これが、公教育委員会に提出された師範学校の設立の観点である。諸君が賢明にもあたためてきたこの考えは、諸君の熱意をかき立てるにふさわしいものである。諸君は、国民公会としての使命の本性からして、無限の権力を付与されている。諸君は革命政府と同じように、共和国と人類にこの巨大な利益を速やかにもたらす手段を手にして、満足するであろう。テュルゴ――彼は自分の徳と才能によって人間の資格を名誉あるものにしたのだから、諸君の前に彼の名前をもち出すことは許されるだろう――は、理性と自由と人類のためになると考えたすべてのことを障害も遅れもなしに実現するために、一年間、絶対的権力をもちたいと、何度も願った。テュルゴがもっていたもので諸君に欠けているものは何一つない。テュルゴに欠けていたものを、諸君はすべて手にしている。諸君が行なう決意は世界史の一つの画期となるであろう。

(Lakanal : Rapport sur l'établissement des écoles normales, par Lakanal, Séance du 3 brumaire, l'an III de la République, J. Ayoub et M. Grenon, VII, pp. 118-122)

ラカナル

師範学校の設立にかんする法令

共和国三年ブリュメール九日（一七九四年一〇月三〇日）

国民公会は、フランス市民に必要な教育を一律な仕方で共和国全土に広める時期を早めることを望み、以下のごとく布告する。

第一条　パリに一つの師範学校が設立される。師範学校には、すでに有用な諸科学の教育を受けた市民が、あらゆる分野のもっとも熟達した教授のもとで教える技術を学ぶために、共和国の全土から集められる。

第二条　地区の行政当局は、人口に比例した数の生徒を師範学校に派遣する。人口比の基礎は住民二万人に一人の割合とし、パリでは、生徒は県当局によって指名される。

第三条　行政当局の管理者は、素行が清廉で信頼のできる愛国心をもち、教育を受け、広めるのに必要な素質をもつ市民のみを選ばなければならない。

第四条　師範学校の生徒は二一歳以上でなければならない。

第五条　師範学校の生徒は次のフリメール末日〔一七九四年一二月二〇日〕までにパリに赴かなければならない。彼らは旅費と講義期間の滞在費として、公共事業中央学校の生徒に与えられるのと同額の俸給を受け取るものとする。

第六条　公教育委員会は、師範学校の教員の職務を果たすのにもっとも適した市民を指名し、その名簿を国民公会に提出し承認を受ける。公教育委員会は財務委員会の協力を得て、彼らの給料を定める。

第七条　師範学校の教員は、道徳を教える技術と、若い共和主義者の心に公的および私的な美徳の実践を刻み込む技術にかんする講義を生徒に与えなければならない。

第八条　師範学校の教員は、まず、読み書き、計算の基礎、歴史、フランス語の文法の教育に、国民公会が採用しその命令で公刊された教科書で示された方法を適用することを生徒に教えなければならない。

第九条　師範学校の教育期間は少なくとも四カ月とする。

第一〇条　国民公会の任命した二人の人民代表が師範学校の近くに住み、この重要な施設にかかわるあらゆる問題について、公教育委員会と連絡を取るものとする。

第一一条　この共和主義的学校で養成された生徒は、課程を終えると、それぞれの出身地区に帰る。彼らは、地区の行政当局の指名したカントンの三つの首府で、師範学校を開設する。これらの師範学校の目的は、彼らがパリの師範学校で身につけた教育方法を、公教育に身を捧げようと望む男女の市民に伝えることにある。

第一二条　これらの新しい師範学校の課程は少なくとも四カ月とする。

第一三条　各県の師範学校は憲法によって設立された権力の監督下に置かれる。

第一四条　公教育委員会は師範学校の計画の作成とそこで行なわれるべき教育方法の決定にかんして責任を負う。

第一五条　公教育委員会は、毎旬日ごとに、パリの師範学校とこの法令の実施により共和国全土に設立される各県の師範学校の現状について、国民公会に報告しなければならない。

(Lakanal : Décret sur l'établissement des écoles normales, J. Ayoub et M. Grenon, VII, pp. 145–146)

ラカナル

師範学校の校則にかんする条例

共和国三年ニヴォーズ二四日（一七九五年一月一三日）

フランス人民の新しい運命にふさわしい教育体制をフランス人民に与えることが、国民公会の計画に含まれている。しかしこれほど大きな計画を実行するには、教員も教授も不足している。したがって、国民公会は共和国全土のために教員と教授を育成しようと望んだ。

これが師範学校を設立する目的である。

他の学校では、さまざまな分野の知識だけが教えられる。師範学校では、主として知識を教える技術が教えられる。またそこでは、各分野のもっとも有用な知識が説明され、それらを説明する方法が強調される。この点に、師範学校の本質的な特徴がある。この点に、師範学校の名前に恥じない内容がある。

ここでは教授たちにはまったくふれないでおこう。教授たちについて語らなければならないとすれば、それは彼らが適切に選ばれていない場合であろう。何人かの教授たちは、諸科学に新たな進歩をもたらしたか、または進歩を容易にした方法を創り出し、あるいは完全なものにしたことで知られている。この種の功績は最高の才能であり、師範学校の教授に必要な功績であった。

これらの特質はきわめて新しいものだが、師範学校が示すべき唯一の特質ではない。他の学校では、教授だけがある科学の各部分について一度だけ講義する。他の学校では、教授たちの述べたことは受講者の記憶のなかに痕跡しか残さない。受講者が聞き間違いをし、理解しないこともあるだろう。彼らの記憶が未完成で不完全なままにとどまることもあるだろう。

われわれは、師範学校においては、教授の説明が十分に理解されなかったり聞き取れなかった場合には、読むことによって十分に理解されるようにしようと考えた。

われわれは、一回目の講義で十分に明らかにされず、理解されなかった点は、二回目の講義で明らかにされるようにした。

各分野の教授は科学と方法を提示し、学校全体でそれらを討議することにしようと考えた。

われわれは、発言の主導権と司会は教授にのみ属するが、すべての生徒が教授の知識について質問し、彼ら自身の知識を交換するために、彼らに発言権をもたせようと考えた。

われわれは、師範学校にもたらされた知識とそこで生まれた知識が師範学校の校舎の壁のなかに閉じ込められてはならないのであり、講義が行なわれるのとほとんど同時に、他のすべての学校とフランス全土に広められるべきだと考えた。

公教育委員会がこれらすべての目的の実現のために採るべきだと考えた簡単な手段は、以下の通りである。

話されるのと同じ速さで書くことのできる速記者を師範学校に配置し、そこで述べられたすべてのことが印刷され集められて日誌で公刊されること、である。

一回目の授業では、教授だけが話す。同じ講座の次の授業では、人々が同じ対象を論じ、すべての生徒が話すことができる。生徒たちは、速記による日誌によって、教授が前回の授業で話したことを一、二日前にあらかじめ読むことができるだろう。ときには生徒が教授に尋ね、ときには教授が生徒に質問する。また、ときには、生徒と教授のあいだで、生徒同士のあいだで、教授同士のあいだで、講演会がもたれることもある。

これらの手段を併せ用いることによって、ある対象から別の対象に移る前に、すでに学んだ対象について、諸観念を明晰で確実で広がりのあるものにするのに必要な再考察をもたらすことができるだろう。

教育は一人だけの仕事の成果ではなく、一二〇〇人から一五〇〇人の人々が同時に行う仕事と努力の成果になるであろう。

諸科学は、熟考によって準備され、ゆっくりと成熟する果実と即興の突発的で思いがけない創造とによって豊かになるであろう。

将来、諸科学を教える教授になるきわめて多くの人々が、弁舌の才を養うであろう。弁舌の才によってのみ、教授の天分と知識が生徒に速やかに伝わるのである。

文体は、弁舌以上に、真理に不可欠の正確さを獲得し、弁舌は、文体以上に、真理にほとんどつきものの豊饒《ほうじょう》な熱気を帯びる。師範学校の教育方法は、おそらく、弁舌を文体で正し、文体を弁舌で生き生きとしたものにする手段を提供するであろう。人間理性のこの二つの道具は、代わる代わる用いられ、たがいに改良し合い、理性そのものの完成にいっそう適した二つの道具となるであろう。

古代人のもとでは弁舌が支配していた。弁舌は彼らの天分の美しさと錯乱を生み出した。近代人のもとでは文体が支配している。それは近代人の天分の厳密な力と無味乾燥さを生み出した。両者を代わる代わる用いれば、おそらく、近代人の天分において際立って有用なものと古代人の天分においてより美しかったものとを結合する手段となるであろう。

すべての教授は書斎の静寂のなかで思考し書くことを習慣としており、彼らのほとんど全員が大きな会議で話すのははじめてであろう。だから、彼らが、役に立ちたいという野心とは別の野心をもっていなければ、このような試みは彼らを大いにたじろがせるであろう。

校則

第一条　授業は毎日午前一一時に始まり、午後一時一五分に終わる。

第二条　師範学校の講義は以下のように配分される。(3)

第一日と第六日　1　数学(ラグランジュとラプラス)

2　物理学(アユイ)

3　記述幾何学(モンジュ)

第二日と第七日　1　博物誌(ドーバントン)

2　化学（ベルトレ）
3　農学（トゥアン）
第三日と第八日　1　地理学（ビュオシュとマンテル）
2　歴史（ヴォルネー）
3　道徳（ベルナルダン・ド・サン＝ピエール）
第四日と第九日　1　文法（シカール）
2　悟性の分析（ガラ）
3　文学（ラ・アルプ）

第三条　師範学校の教授は第五日に集まり、生徒の出席のもとで会議を開く。会議には、もっとも卓越した学者、文学者、芸術家が招待される。

第四条　この会議の主な目的は、共和国の初等学校で用いる教科書の朗読と検討である。

第五条　師範学校の授業は第一〇日には行なわれない。生徒たちは、図書館、観測所、自然誌博物館、工芸院、およびあらゆる教育用の保管所に出かける。これらの施設は、公教育委員会の印紙を貼付し、師範学校近在の二名の人民代表の署名のある証明書を確認したうえで、生徒たちに開かれる。
第六条　師範学校の授業は、教える技術の原理にかんする教授の説明と、この原理についての教授と生徒の会議とを交互に用いて行なわれる。
第七条　会議は前回の授業で論じられた問題にかんしてのみ開かれる。
第八条　登録し、教授によって指名されなければ、生徒は発言できない。
第九条　討議の授業においては、教授は回答を次回にもち越すことができる。
第一〇条　師範学校で行なわれる授業、討議、会議の記録は速記による日誌に集録される。この日誌は、国民公会議員、師範学校の教授と生徒に配布される。さらに共和国の地区の行政当局と、外国の大臣、領事、領事館員に送付される。
(Lakanal : Arrêté des représentants du peuple près les écoles normales, J. Ayoub et M. Grenon, VII, pp. 342-344)

ドーヌー

師範学校の閉鎖にかんする報告

共和国三年フロレアル七日(一七九五年四月二七日)

諸君は、先の審議で、師範学校を存続させるか廃止するかという問題について報告するように、公教育委員会に命じた。

師範学校が、諸君の命じた方向に実際には向かっていないこと、師範学校での講義はこれまでのところ、一般的にいって、諸科学の教育において従うべき方法の説明よりも諸科学の直接的説明を行なってきたことを、われわれは、この学校の廃止を求めた諸君とともに認めなければならない。たしかに、多くの生徒が故郷に帰りたいという希望を表明した。近く設立される中央学校に戻ることができると考えているとか、パリでの滞在費が彼らの受け取る手当てと自分の乏しい財産を上回っているというのが、その理由である。さらに、共和国の側からすれば、この施設には、そこで得られる成果によって償われるとはまったく思われないほどの巨額の費用が必要であることも、われわれ全員が知っている。

委員会は、師範学校の廃止を勧告する理由をよく理解したが、それを突然全面的に消滅させることが生み出す不都合を慎重に検討しなければならなかった。というのも、不安定な法律は政治的混乱を生み、変わりやすい社会制度は悲しむべき兆候だからである。賢明さと熟慮によってでなければ、何ものも創り出してはならないとすれば、慎重さと細心さによらずしては、何ものも覆さないということも、同じほど重要である。これほど多くの廃墟に取り巻かれているのに、諸君は、ごく最近の作品をもかくも軽々しく廃止しなければならないのであろうか。とりわけ、諸君は古い公教育の残骸を何一つ存続させていないのに、諸君がその代わりに据えた少数の新しい機関を少なくとも一時的に存続させることさえ拒まなければならないというのだろうか。一八カ月にわたる教育の中断と空白ののちに、また中央学校も、厳密にいえば、初等学校も活動するにいたっていないときに、なるほど不完全だが、少なくとも現在において、もはや存在しないものといまだ存在しないものを代表する唯一の制度を廃止することが、それほど急を要することだろうか。啓蒙の進歩と教育の再生にとって有益な関係を確立することができるかもしれない唯一の制度を廃止することが、それほど急を要することなのであろうか。

師範学校が、その設立のさいに提案された目的のすべてを実現しなかったとしても、公教育委員会は、公教育がそこから引き出すべき成果を認めないわけにはいかなかった。教授たちの授業のほかに、もっとも教育のある生徒たちが与える基礎的授業、受ける者にも行なう者にも有益な教訓を与えるいくつかの特別講義が行なわれたのだ。師範学校に特有で、その構内から生まれたこれらのさまざまな手段が、この大都市に集まる、美術館、劇場、図書館、作業場、記念物、さらに技術と科学のすべての保管所などと結びついた。このようにして、多くの才能ある人々が国民的啓蒙の中心に呼び集められ、才能を豊かにした。すでに教養があり、向学心もあるが、これまで活動の場から遠く離れていた人たちが、美しい芸術作品に取り巻かれ、天才の影響を受けたというのに、何らの成果も生まないということはありえないであろう。彼らはより広い分野を見、より深い感動を体験し、より強くより広い思想を理解したということができる。これらすべての原因から、はっきりと定まった目的に向かう確実な方向が生まれたわけではないとしても、少なくとも、ぼんやりしてはいるが有益な運動が、教育に伝えられたことは間違いない。

おそらく師範学校の設立時には、その目的を正確に規定することにはあまり関心が払われなかった。師範学校にはフランス全土から一四〇〇人の市民が呼び集められたが、その目的は彼らを初等学校の教員に育てることなのか、中央学校の教授に育てることなのか、それとも彼らを共和国の各県に設けられる師範学校に配置しようとしているだけなのか、を正確に知ることが必要であった。このきわめて異なる三つの目的のうちでどの目的が提起されるかに応じて、生徒の選抜も教育の種類も採るべき進行もきわめて異なるものになったであろう。この三つの仮定のどれを採るかを確定すれば、ある科学を教える方法と、科学そのものを教えることとを実際にどの程度区別しうるか、ということの重要な問題の論議に、ある程度は成功しえただろう、と私には思われる。しかし言っておかねばならないが、この施設が組織されたときには、われわれは教える技術の伝達の仕方にかんする明確な見方に導かれるよりも、この伝達にかんするかなり混乱したイメージの方に、はるかに強く惹きつけられていた。高名な教授たちと多くの才能ある生徒たちの協力のおかげで、師範学校は熱狂的に歓迎された。しかしこの熱狂は、通常そうであるように、それ以後、師範学校にたいする不評を測る尺度になった。

これらの考察にもとづいて、委員会はまず、各県に第二次の師範学校を設立するという考えは却下されるべきだ、と考えた。委員会は、この困難で費用のかかる計画をいくぶんでも有効に実行する手段をもはや見出すことができなかった。したがって委員会は、現在のパリの師範学校の生徒で、すでに帰郷の要求を表明した生徒、あるいはこれから表明する生徒のすべてにたいして、故郷に帰る自由を与えることを諸君に提案する。この自由を行使する者を敵視するような偏見がけっして起こらないように、監視することが重要である。彼らは帰郷を要求するにあたって、滞在費が尽きたとか、初等学校ないし中央学校の教育に従事するとかいったもっとも至極な理由しか挙げていないからである。付け加えるまでもないが、彼らが故郷に帰れば、国庫は、師範学校にかかわる経費の大部分を削減できるであろう。公教育委員会は、すべての職務にかんして、もっとも厳格な節約という法を課すべきだと考えたのである。そして本日、委員会が諸君に提案する方策は、監視委員会の雇用者を半減するという、諸君の採った方策と一致している。

今日、われわれがパリに設立された師範学校の全面的廃止を提案しないのは、突然に廃止すれば、諸君がこの施設のために費やした経費がもっと実りのないものになるという結果になるからである。教授たちが始めた講義を終え、三カ月間の重要な仕事が突然の中断によって一日のうちに無に帰することのないようにするために厳密に必要な延長が認められるべきだ、とわれわれは考えた。市民諸君、教授たちの授業が期待されたほどのものではなかったことが本当だとしても、また教授たちの授業が科学の基礎を教える技術よりも深遠な科学に向かっていて、必ずしも真に標準的《ノルマル》な性格をもっていなかったということが本当だとしても、少なくとも、彼らの講義や優れた業績の多くが、理論が含む真理と豊かさによって、あるいは方法の正確さと有益さによって、また形式の美しさと意欲の純粋さの点で推奨すべきものであることを認めないわけにはゆかないだろう。これまで、公教育はいつも人間精神の進歩に半世紀後れを取ってきた。今日、師範学校の教授たちの講義は科学と技術が豊かにしたあらゆる発見を教育にもち込み、公教育を知識の現在の水準に高めたのだ。この利点はけっしてどうでもよいものではないし、勢いを盛り返している偏見や甦りつつある迷信に対抗して、すべての知識と哲学のすべての力を集めることが必要な時期には、とくに評価に値する。

師範学校は三カ月しか活動していない。それはプリュヴィオーズ一日(一七九五年一月二〇日)に始まった。委員会はその閉校をプレリアル三〇日(一七九五年六月一八日)とするよう、諸君に勧告する。委員会は、教育の魅力が生徒たちの熱意と勤勉さを師範学校につなぎとめるものと期待している。そうすれば、彼らはそれぞれ、師範学校のいくつかの講義に特別に励み、もっと確実で長続きのする成果を得るだろう、と委員会は考えた。そうすることによって、委員会は、教授たちが講義を縮めるかもっと頻繁に行なうことによって、この猶予期間のあいだに計画した講義を完了することを望んだ。委員会は、これらの講義が中央学校の教育を導くのにふさわしいものになり、将来、初等学校用の古典の編集に役立つと考えた。最後に、委員会としては、『自然の研究』の著者が道徳の講義を始めるまさにそのときに、(4)この施設の廃止を行なう決定を下すことはできなかった。

法令案

国民公会は公教育委員会の報告を聴取し、以下の通り布告する。

第一条　師範学校の授業は来たるプレリアル三〇日で終了する。

第二条　授業の終了以前に帰郷を望む師範学校の生徒は、自由に帰郷することができる。

第三条　師範学校の教授は、ひきつづき、初等学校用の教科書の作成ないし指定にあたるものとする。

(Daunou : Rapport sur la clôture des cours de l'école normale, présenté à la convention au nom du Comité d'instruction publique par P. C. F. Daunou, J. Ayoub et M. Grenon, VIII, pp. 107-109)

（1）　立憲議会の会期の最後で行なわれたタレイランの「公教育にかんする報告」。

（2）　コンドルセのこと。

（3）　師範学校が開校されて一〇日のちに、クルーゼ＝ラトゥーシュが政治経済学の講座を加えることを国民公会に提案し、一七九五年一月三一日に承認された。ヴァンデルモンドが教授に選任され、二月二一日から講義を開始した。

（4）　ベルナルダン・ド・サン＝ピエールの道徳の講義はフロレアル二日（一七九五年四月二一日）に開始された。

一〇　中央学校の設立

解説　一七九四年秋から、公共事業中央学校、医学校など専門的な技術エリートの育成を目的とする専科学校の設立が相次ぐが、中央学校はコンドルセ案の「学院」を受け継ぎ、イデオローグの理想の実現を目指す百科全書的な高等教育機関として設立された。中央学校は生徒の年齢別に三つの部門に分けられ、一二歳以上の生徒が属する第一部門では製図、博物誌、古代語、現代語、一四歳以上の生徒が属する第二部門では数学、物理学、化学、一六歳以上の生徒が属する第三部門では一般文法、文学、歴史、法律が教えられるとされた。しかしこれらの講義は段階を追った学習が義務づけられたカリキュラムではなく、受講科目の選択は生徒の自由にゆだねられた。当初の計画では、パリに五校、諸県に九六校の中央学校が設立されることになっていたが、翌年の公教育組織にかんする法令(ドーヌー法)では各県一校に削減された。

中央学校は時代後れになったコレージュに取って代わると同時に、恐怖政治期の文化破壊(ヴァンダリスム)に終止符を打つものと期待された。しかし教科内容が初等学校の教育からかけ離れていること、生徒による教科の選択が大きな偏りをもたらしたこと、教員の質が期待される講義よりも低かったことなどのために、私立学校との競争に勝つことができず一八〇五年に廃止された。

ラカナル

中央学校にかんする報告と法案

共和国三年フリメール二六日(一七九四年一二月一六日)

市民諸君、

初等学校の設立は子供たちにたいする祖国の負債であった。祖国は子供たちに彼らの人身と財産の安全を与えなければならないから、人間がペテンの犠牲にならないために不可欠の知識を彼らに与えることは祖国の基本的な義務である。

敵意と無分別な愛国心が、それなりの計算にもとづいて、公教育組織にかかる莫大な費用を言い立てて、世論を怖気づかせてきた。だから、このもっともらしく見えるが誇張された考えを粉砕することが重要である。さらに、法律はよい法律であるだけでは十分でなく、すべての人々によい法律と見られることが必要だ、ということもできよう。

共和国の人口は二六〇〇万と見積もられるから、一〇〇〇人に一校の割合で初等学校を設立すれば、二万六〇〇〇校が必要になり、その費用は全体で六二四〇万リーヴルになる。しかし実際には、初等学校の費用はとてもそんな金額にはならない。じっさい、法律の条文によれば、二〇〇〇人以下の人口の地区には一つの初等学校しか設立されないし、三〇〇〇人以下の人口の地区には二校しか設立されない、といった具合だからである。

一つの初等学校の管轄範囲は、不都合なしに二〇〇〇トワーズ〔一トワーズは約一・九五メートル〕四方に拡げることができる。こうして一つの初等学校は約三平方リュー〔約一二平方キロメートル〕を覆うことができる。この面積に二〇〇〇人以下の住民しかいないすべての地区には、一つの初等学校しか設立されないのである。この考察からだけでも、初等学校の数は大幅に削減される。

旧アカデミーの最後の紀要に挿入された人口表によれば、一平方リューあたりの人口は、通常、五〇〇人である。したがって、われわれが初等学校一校の管轄範囲と考えている三平方リューにはおよそ一五〇〇人の住民がいるということになる。

実際には、人口がきわめて稠密な地区やきわめてまばらな地区のような、統計データから遠く隔たった極端な場合がある。たとえばノール県の農村の平均人口は、一平方リューにつき一八八三人である。

しかしこの種の結果は、おそらく、われわれの行なう節約にもっとも好都合であろう。というのは、いくつかのコミューンをまとめて、各初等学校の校区に一〇〇〇人以上が含まれるようにすることは容易だからである。このことから、地区の行政当局がどのように学校を配置するかを、偶然に任せてはならないことが分かる。うまく配置すれば、大きな節約が生まれるだろう。しかしコミューンをまとめて、最小の空間の人口を可能なかぎり二〇〇〇人に近づけるように注意を払わなければ、容易に避けることのできる経費の増加に必然的に陥るであろう。

まったく簡単な計算でもこの考察の有益さを納得させるのに十分だろう。

共和国全土の初等学校の全校区のうち、三分の二の校区が一五〇〇人の住民を含み、三分の一の校区だけが一〇〇〇人の住民を含むと仮定しよう。この仮定によれば、全フランスには一九五〇〇校の初等学校が要ることになり、その費用は四六八〇万リーヴルで、したがって二五六〇万リーヴル(1)が節約されたことになる。これは、少なくとも他の段階の教育の経費をまかなうのに十分な額である。おそらく人口のきわめてまばらな地方がこの計算の修正をもたらすにちがいないが、われわれは初等学校に必要な費用の上限〔六二四〇万リーヴル〕と下限〔四六八〇万リーヴル〕を示した。

一五〇〇リーヴルの俸給を受け取る教員については語らないでおこう。というのは人口が二万人を超える都市はきわめてわずかだからである。さらに、二〇〇リーヴルの家賃はまったく現実的でないし、多くの地域で初等学校にあてられる国有財産の家賃の評価を上回っていると考えられる。

こうして、敵意や無分別な愛国心の計算の結果がどのようなものであれ、初等学校には、平均を取れば、せいぜい五四六〇万リーヴル、(2)諸君の租税の約六分の一しかかからないだろう。さて、自由な人民のもとでは、教育が支出の一覧表のうちで主な項目であるべきだという点で、誰が意見を異にするだろうか。

諸君は絶対に必要なものの枠を厳しく守ってきた。しかしある大国民が、生来の天分と能力からして、そこに到達しなければ天命を全うしたことにはならない栄光に到達するという大望をもったときにも、人々は必要にこだわるであろうか。

諸君は、フランスの子供たちが読み書き数えるといった道具的な知識をもつだけで、フランス国民の尊厳が満たされるとは考えなかった。多くの市民にはそれで十分だとしても、共和国の栄光にとっては大したことではない。共和国は、その住民の天分が約束するあらゆる貴重な宝物を享受することを望み、政治的世界と同じく道徳的世界の再生を義務付けられているからだ。最後の暴君〔ロベスピエール〕の支配のもとで、フランス人には憲法と戦争しか教えてはならない、と言われるのを私は聞いた。彼ら〔ロベスピエールとルペルティエ〕がわれわれに身につけることを求めたスパルタ人の質素さを、私もその一人〔ルペルティエ〕と同じように賞賛する。しかし、超自然的な努力を払って、共通の母である自然にたいして、自然の恩恵なしですますことができることを証明するよりも、自然が人間の感覚を完全なものにし、その関係を拡大するために、人間に与えたすべての手段を働かせる方が素晴らしい、と私は思う。栄光と技術の享受をみずからに禁じることは、隠者の不条理な美徳である。人間の美徳は、栄光と技術の享受をより完璧なものにし、全員のために役立てることにあるのだ。

初等学校は、諸君がつけた名前が示しているように、ずっと以前からフランス人が待ち焦がれていた大きな建物——何人かの建築師が時と場所の助けを借りずに思想の力ですでに設計し、私が今日、公教育委員会の引いた図面を諸君に提示している建物——の玄関である。この壮麗な建物が建立され、科学と学芸の永遠の避難所として役立つか否かは、諸君にかかっている。そして、この避難所がなければ、自由は地表を通り過ぎるだけになってしまうであろう。

この壮大な建物を建てるには、コレージュの残骸を取り除くことから始めなければならない。そこでは、役に立たない教授たちが、驚くべきことにいまなおポストを濫用しており、諸君が国家予算から除くことを忘れた給与を受け取るためや、自分と自分の弟子たちを仕事と革命の運動から免れさせるために、数人の生徒を廃墟に集めている。この教授たちは、最低の僧侶たちが神の信仰において占めていたのと同じ位置を、学芸の信仰にかんして占めているのである。

何世紀も前から哲学が抗議し、モンテーニュとルソーが特権的な無知の避難所として人間理性にたいして告発してきたコレージュは、したがって、自由なフランスの地から消え去るであろう。そして諸君は、まったく新たな出費なしに、コレージュの残骸とそこに注ぎ込まれてきた基金のなかに、われわれが提案している再生のための学校に必要な財源を上回る財源を見出すことができるだろう。再生のための施設の設立を要求する多くの陳情書が多数の県から寄せられている。次の諸県を挙げておこう。ジェール、タルン、ブーシュ＝デュ＝ローヌ、ロワレ、ラ・サルト、カルヴァドス、エロー、ヨンヌ、アルデシュ、コート＝ドール、コート＝デュ＝ノール、アリエージュ、ドルドーニュ、モン＝ブラン、モーゼル、オート＝ピレネー、バ＝ラン、シャラント＝アンフェリユール、ジュラ。

これらの県が要求しているのは中等学校ではない。諸君は、初等学校の教育範囲に大きな拡がりを与えたから、中等学校は不要になった。じっさい、初等学校は中央学校で教えられる知識の萌芽をすべて提供するのである。中間的な教育施設、地区やカントンの学校は余計である。才能のあるものだけが、学校の階層秩序の新しい段階である中央学校に進むべきであり、才能が初等学校と中央学校をつなぐ紐帯《ちゅうたい》になるであろう。中等学校は、今日では、貴族主義的な制度になっている。財産がなく、中等学校に通うために転居しなければならない若い市民が、国民の善意の援助で中等学校に進学するとしよう。この場合には、諸君は、過酷な課税によってしかまかなうことのできない出費を国民に強いることになるだろう。反対に、能力はあるが自分の費用では中等学校に進むことのできない若者にたいして、諸君が国民の気前のよい援助を与えないとしよう。この場合には、財産のない生徒は、技芸の道で成功を収める運命を自然から授かっていても、中等学校に進めないことになる。いずれの場合においても、中等学校は反人民的な創造物、平等原理にたいする血も涙もない侮辱にほかならないであろう。

他方では、青年期の教育は基礎知識に限るべきだといつも考えられてきたが、これらの基礎知識は、初等学校において、もっと多彩でもっと自由に選択できるような仕方で教えられるであろう。たしかに初等学校では、これらの基礎知識は言語についての基礎知識と混ぜ合わされてはいない。言語はたしかに有用だが、言語があらゆる観念の唯一の伝達手段になれば、人生の最初の数年間における人間精神の歩みを無限に遅らせるおそれがあるからである。したがって若者はより短時間でよりよく教育されるであろう。もっと広い教育を受けることを望んではいない若者の大多数が、初等学校を卒業して、一田畑や作業場や商店や陸海軍に配置されることは良いことだし、必要なことである。一世代の大半をなす若者のすべてが、これらのさまざまな職業にありながら、市民の地位を立派に果たすのに必要なすべての知識を初等学校において見出すことができるであろう。有用な人々を国家から奪い取り、自然が天与の才を与えなかった平凡な人々を、さらに数年間、新しい学校に引きずりこむのは、国家にとって有害であろう。

しかし祖国の栄光にとって、また人間精神の進歩にとっては、自然が特別扱いして凡人から除いた若者が、自分の才能を飛躍させることのできる領域を見つけることが必要である。彼らがたまたま生まれついた身分が何であれ、また彼らの財産がどのようであれ、国民は彼らの天分をしっかりとつかみ、彼ら自身のためにも国民のためにも彼らを教育しなければならない。国民は自分の費用で、彼らをユークリッド、ダランベール、クィンチリアヌス〔古代ローマの修辞家〕、ロック、コンディヤック、ドレイク〔イギリスの提督〕、ラ・ペルーズ〔フランスの探検家、一七四一―八八〕のような人物に育てなければならない。国民はこの大事業のために、所有する財源のすべてを集めなければならない。財源をこのように用いることは、財源を浪費することでなく、増加させることだからである。国民はこのような機関のための支出を出費とは考えないであろう。軍事力が国民の政治的存在と根本的に結びついているのと同じように、このような機関が国民の肉体的および道徳的存在と不可分に結びついていることを、国民は知っているからである。「諸個人の利害と自尊心、あるいは天賦の才を生み出した自然が、われわれにこれらすべての利益を保障してくれる」などと、国民は言わないであろう。国民は、自分の重大な利害をそれとは無縁な利害の計算や自然の僥倖に任せたりしないからである。国民は、この機関の設立をもっと好都合な時期が来るまで延期したりしないであろう。その時期は抵抗しがたい必然性、しかり、抵抗しがたい必然性によって指示されているからだ。暴政がもっとも高名な天才たちを貪り食った。半ば消えかかった科学の炎が、幾人かの孤立させられた孤独な諸個人をかろうじて照らし出した。もし諸君がこの炎を急いで再び燃え上がらせなければ、共和国は闇のなかに消え去るであろう。

衛生将校の育成がどれほど急を要するかは、すでに明らかにされた。(3) コミューンは、いつも戦火のもとにあって、もっとも緊急に援助を求めている軍隊に、衛生将校を譲り渡した。諸君は、生命にかんする科学を、かつてのように解読不可能な決まり文句や、すべてに適用できるが、したがって何にも適用できない諺によってではなく、動物界、植物界、鉱物界を保持するために、それらの相互作用と相互援助を結びつけた自然の深い研究をつうじて広めなければならない。われわれの医学理論を形成するのは、この永続的な結合についての知識である。この医学理論は、才人の皮肉や哲学者の軽蔑を免れることができるだろう。この医学理論に精通する人は人類の真の保護者になるだろう。この医学理論は身体の病気を治療することによって、奇妙に見えるが現実的な結びつきをつうじて、癒しがたい狂信に最大の打撃を与えるであろう。医師が病気を治療することができれば、民衆はもはや無力な聖遺物に助けを求めたりしないであろうからである。民衆をこの技術に熟達した人のもとに行かせることができなかったからこそ、ギリシャは民衆のために医神アスクレピオスの神殿を開いたのである。

すべての技術、すべての科学はたがいに関連し組み合わされている。しかしより緊密な結びつきのある技術と科学がある。またいわば優位にある技術と科学があり、それらが、衛星のように従属する一群の技術を渦巻きのなかに引きずり込む。それらはそれぞれの光をたがいに反射し合うように作られているのである。こうして物理学、化学、解剖学、博物誌は、それぞれ個別の領域をもち独立した存在であるとはいえ、医学のまわりに配置される。これらの科学の講座を設け研究を行なうときに、はじめて諸君は、医学に役立つ学校を設立することができるであろう。これらの科学は同じ身体の四肢であり、そのうちの一つでも欠ければ、他のすべてのものの活動は止まり、妨げられるのである。

われわれは長いあいだ、文学を無視してきた。また深い考えの持ち主だと思われたい人々は、文学の研究を取るに足りないものと見なした。もし彼らが人間精神の歩みを観察したならば、彼らは必ず、文学が科学の曙光のように立ち上るのを見たことであろう。文学こそ精神を理性の光で啓発し、心に感銘を与えるであろう。文学は本能を道徳性に変え、諸国民を洗練し、彼らの判断力を鍛え、諸国民を法律にたいしてもっと敏感かつもっと従順にし、重要な美徳を行なうことができるようにする。歴史に名を残している古代人においては、文学があらゆる科学の代わりをした。彼らは本物の知識をほとんどもっていなかったが、文学にはつうじていた。彼らは詩人、雄弁家、道徳的著述家をもっていたし、世界の目から見て偉大であった。

ジュネーヴの高名な哲学者は、啓蒙された諸国民は堕落していると考え、文学が彼らを堕落させたと結論した。(4) しかし彼は、文学によってではなくて、文学にもかかわらず彼らは堕落した、と言うべきであっただろう。文学は、この堕落した状態にあっても、悪徳を正し、時には心中に名誉の炎をふたたび燃え上がらせたのだ。しかり、人々がなした濫用にいたるまで、あらゆるものが文学を善用しえたことを証明しているのだ。

したがって文学の研究と向上を奨励せよ。古代人の宝物でわれわれの宝物を豊かにするために、古代語を甦らせよ。古代の著作家たちは、神聖な祖国愛、自由への熱情、高潔な憎しみ——感情的存在であれば、人類の抑圧者にたいして抱くはずの高潔な憎しみ——を印象づけたのだ。近代の主な言語に親しませよ。そのことによってはじめて、諸君の言語は完全なものになるであろう。そして諸君の観念は、外国のあらゆる観念の導入によってはじめて拡大し、正されるであろう。そのときから、詩と音楽と雄弁は自由な一人民にきわめて強力に働きかけ、それらがもつはずだがけっしてもつことのなかった性格をフランスにおいて獲得するであろう。そのとき、諸君はアナクレオン〔宮廷生活を背景に、酒と恋を歌った古代ギリシャの詩人〕ではなくて、テュルタイオス〔兵士を称揚する詩を作った古代ギリシャの詩人〕やホメロスのような詩人をもつだろう。そのとき、諸君はイソクラテス〔ギリシャ統一とペルシャ遠征を主張した古代アテナイの雄弁家〕ではなくて、デモステネス〔アテナイの自由を守ろうとした政治家・雄弁家〕のような雄弁家をもつだろう。とりわけ、諸君の制度によって、共和主義の道徳の原理が民衆のものとなり、諸君の至上の法律が少数の人々の科学ではなくなったときには、そうなるであろう。

一般的にいって、人々はこれらの分野の教育の必要を感じてきた。人々が思い違いをしたのは、目的と手段にかんしてだけであった。しかしなぜ農業や商業や工芸の学校がなかったのだろうか。なぜそれらは本能による習慣的な行動や貪欲な利害にゆだねられてきたのだろうか。それらを原理に還元することはできないと考えたのだろうか。それともこの分野では、誤解も大した結果を生まないし、改善にも価値がないと考えたのであろうか。諸君は、諸国民が工芸、農業および商業を忘却してきたことの償いをしなければならない。王たちがしたように、荘厳な儀式の日に犂《すき》の刃先に庇護の手を置く儀式をするのではない。この空虚な儀式は、それが育てるように見えるすべてのものを駄目にしてしまう。そうではなくて、諸君は、産業の歩みを促進し確実にする教員を任命しなければならないのだ。経験がこの種の施設の有用性を証明している。有名なアダム・スミスはエジンバラで商業についての講義を行なった。その講義は、おそらくヨーロッパの諸国民にとってもっとも有益な著作である『諸国民の富』にまとめられた。農業の始まりは世界の始まりのころにさかのぼるが、完成にはほど遠い。犂はたまたま作り出されたのであって、けっして考察に導かれて生まれたのではなかった。農業がテムズ川の川岸で栄えたとすれば、それは、祖国が耕作者に感謝の目を注いだからであり、軍艦の材料になるドングリの種をそこに最初に蒔いた人が、不滅の尊敬を得たからである。若者を育てる訓練のうちで、おそらく、国民教育から除き、個々人の想像力にゆだねることが絶対に必要な多くの訓練がある。しかし数理諸科学の教養を確実に高め深化させることは、祖国の重大な関心事である。数理諸科学は真理探求の習慣を与えるし、数理諸科学がなければ、天文学と航海術は指針をもたず、民間の建築物や船舶の建造にはもはや基本原則がなくなり、砲術や攻城の科学は土台を失うからである。要するに、諸君の無償の教育体系において、何らかの有用性のあるものはどれも無視してはならないのであり、製図も無視してはならない。製図はこれまで絵画との関係でのみ重視されてきたが、感覚の完成の観点からすれば、製図は眼を自然の特徴の把握に慣れさせ、音楽が耳の幾何学であるように、いわば眼の幾何学なのである。

以上が、われわれが中央学校と名付ける新しい学校で、一定の範囲で扱われる主な教科である。中央学校と名付けるのは、この学校が各県の初等学校の中央に、すべての学生の手の届くところに配置されるからである。

各県の知識が一堂に会する学堂が共和国全土に設立されるのは、なんと素晴らしい光景であろう。諸君が廃止しようとしているコレージュの啓蒙された人々を中央学校に集めなければならない。また、これらの学堂を師範学校の卒業生と結びつければ、これらの人々もこの方針に従わざるをえないであろう。書斎の奥に隠れて独りで才能の火を燃やしつづけている文学者は、この学堂で喜んで感化を広めるであろう。さらに、多くの有名な戦闘ののちに、技術好きの軍人がこの学堂にやって来て、戦闘と同じように有益だがより危険でない仕方で、祖国に奉仕し、文学の栄誉を勝利の栄冠に結びつけるであろう。最後に、諸君は、複製に役立てるべきさまざまな芸術作品を、各県のあらゆる地点からこの学堂に集めなければならない。これらの作品は散在していれば、意味もないし役にも立たない。集められて公衆の賞賛を受け、才能のある人の競争心にさらされれば、それらの作品を生み出した火を人々の心にともすであろう。しかしこの点で、われわれは平等と友愛の偉大な模範を国民に与えなければならない。パリには、この種の信じがたいほどの富がある。この科学と芸術の首都で、芸術家や学者がもっとも豊かなコレクションを見出すことは、おそらくこのうえなく重要なことである。しかし豊かさを無駄に独占してはならない。パリの図書館や陳列室で余っているものをどうして各県に配分しないのであろうか。一つしかない傑作はすべて護らなければならない。傑作が、それらの生まれた場所の誉れとなるのは当然だ。しかし絵画や書物や彫像や機械や何らかの研究対象になるものの複製は、各県の学校に配布し、各県の学校を豊かにしなければならない。このようにして、すべてを浄化する天分の火が、共和国の果てまで運ばれるであろう。そこから、当然にも中心にふたたび向かう相互作用の効果によって、社会の健康と生命になくてはならない循環が形成されるであろう。

　師範学校は、教育を完成するのに必要な補完物をフランスに示したが、その補完物は中央学校のなかにしかありえない。建物を未完成のままにしておいてはならない。未曾有の革命の嵐の真只中で、大罪を犯して罰せられた二〇の国民との戦争の騒乱にあえいでいた危機(5)のなかで、また国内では、片手で犯罪と不道徳を打ちのめし、残る手で、親殺しの子供から祖国が受けた傷をふさぎながら、諸君は疲れを知らぬ天分をもって、共和国を巻き込もうとしていた無知と文化財破壊にたいしてたゆみなく闘い、すべての技術と芸術、すべての科学、すべての産業分野のために壮大で不滅で前例のない殿堂を建設したこと、諸君がこの傑作によって、わが軍隊の勝利がわれわれに与えた優位よりもはるかに栄光に満ちた優位を、フランス国民にたいして、世界の諸国民にたいして確固たるものとしたことを、世界と後世は知るであろう。

(Lakanal : Rapport et projet sur les écoles centrales, fait au nom du Comité d'instruction publique, par Lakanal, J. Ayoub et M. Grenon, VII, pp. 244-249)

（1）ラカナルの計算間違いで、正しくは一五六〇万リーヴルである。
（2）五四六〇万リーヴルという額は、先に挙げられた六二四〇万リーヴルと四六八〇万リーヴルの平均であり、「せいぜい五四六〇万リーヴル」という記述は不正確である。
（3）一七九四年一二月四日に、パリ、モンペリエ、ストラスブールに医学校が設立された。
（4）ルソー『学問芸術論』のこと。
（5）ヴァンデの反乱のこと。

二一　公教育の成立

解説　「われわれは最良の人々によって統治されなければならない。最良の人々とは、もっとも教育があり、法の維持にもっとも関心をもつ人々である。」ボワシー・ダングラスは、テルミドール後の政治体制を定める共和国三年憲法(一七九五年)の提案演説でこう述べた。諸権力の厳格な分立と「最良の人々」による統治こそ、恐怖政治の再現と王党派の台頭を防ぎ、革命の成果を社会に定着させる唯一の道だと考えたのである。

共和国三年憲法の起草者の一人であるドーヌーが提出した公教育法案は、この路線を教育の場で実現しようとするものであった。ドーヌーはこの法案を、コンドルセ案を継承するものと位置づけているが、その狙いは「最良の人々」による統治の条件を整えることに置かれた。じっさい、報告では初等教育については何もふれられず、法案でも初等教育の教科内容は読み書き計算と共和主義的道徳に限定されているのにたいして、専科学校を中心とする高等教育には大きな比重が与えられているのである。革命を開始した啓蒙によって革命を終わらせる、というのがドーヌーの主張であったが、啓蒙の内容はコンドルセが考えたものとは大きく異なるといわなければならない。

ドーヌー法は、国民公会が解散する前日の一七九五年一〇月二五日に採択され、一八〇二年にナポレオンによって廃止される。しかしドーヌー法の基調であるエリート主義的複線教育はその後もフランスの教育の基調として生きつづけた。

ドーヌー

公教育にかんする報告

共和国四年ヴァンデミエール二三日(一七九五年一〇月一五日)

人民の代表者諸君、

文芸は三年このかた、国民公会と同じ運命をたどってきた。文芸は諸君とともに、ロベスピエールの圧政の下で苦しみ、諸君の同僚とともに死刑台に上った。そしてこの災厄の時代に、愛国心と諸科学は後悔と悲嘆をないまぜにしながら、同じ墓にたいして、いずれも同じように貴重な犠牲者を返してくれるように求めた。テルミドール九日(一七九四年七月二七日、ロベスピエール派が逮捕され、モンターニュ派の独裁が終わった)以後、諸君は権力と自由を取り戻し、それらをまず慰藉と芸術の奨励に捧げた。国民公会は、王たちがしたように、才能ある人々に施しを懇請するように強いて、彼らを堕落させようとは思わなかった。国民公会は、その貧窮と名声によって、国民の責任を問うている人々にたいして、名誉ある救いの手を差し伸べることを急いだ。(1) これらの人々こそ、国民を啓蒙して国民の名を高めたのである。しかしいまや、諸君はもっと遠くにまで配慮を行き届かせなければならない。諸君が設立した諸権力を補完するのに役立つ精神的権力を組織しないうちに、国民公会の記念すべき会期(2)が終了するようなことがあってはならないのだ。それゆえ私は、十一人委員会と教育委員会の名において、憲法第一〇(3)編の展開であり、公教育を対象とする法案を諸君に再提出する。

一七八九年の時点においては、教育はたしかに不備だったが、組織されてはいた。高等教育の諸機関、すなわち、アカデミー、学術団体、リセ、劇団といった、いわば教育の頂点をなすすべてのものは、すべての文明国民から見て、フランス国民に名誉を与えるものであった。そこではつねに、前任者にふさわしい後継者が、世代から世代へと、一世紀以上にわたって科学や栄光という豊かな財産を受け継ぎ、立派に担ってきたのである。そこでは、偉人たちの思想が偉人たちによって受け継がれた。ときには雄弁と哲学が結束して、不安に怯えている玉座の足下に、偏見と誤謬の昔ながらの闇を貫く啓蒙の光を投げかけた。そこでは、一種の公論が形成された。たしかにそれはいつも清浄だというわけではなかったし、ゆっくりと、またかなり狭い範囲でしか流布しなかったが、それでも政府について不平を言うことをつねとし、ときには政府を怖気づかせさえした。

要するに、ダランベールやコンディヤックのような人々の著作、とりわけあの『エミール』の不滅の著者、間違って、現代という時代に投げ込まれ、奴隷の群のなかに古代と自由の代表者として投げ込まれたように見える、あの不滅の著者の著作を深く考え始めた一国民のあいだに、教育がまったく存在しなかった、などと言うことはできないであろう。

高等教育について考察した場合、これが一七八九年のわれわれの状況であった。しかし不平等という災いが、社会のすべての構築物を避けがたく襲ったかのようであった。専制政治は啓蒙思想の大胆さと反抗に復讐しようとするかのように、たえず啓蒙をおしとどめ、その流れを堰き止めることに努めた。政府は多くの障壁を設け、いわば科学がそこに隔離され、それより下方には広まることのできないカーストが生まれた。すべてのものの配置が、知識にたいする意欲の前進を鈍らせ、知識の流布を妨げた。一言でいえば、中等教育機関には高等教育機関の特徴も性質もほとんど見出されないようにするために、すべてのものが配置されたのである。いくつかの大学やコレージュが教師の手腕や弟子の切磋琢磨のせいで評判にならなかったというのではない。しかし彼らが従うように命じられていた計画のために、彼らの才能は正しい方向からはずれ、活動は裏切られた。子供を疲れさせ、堕落させたあの奇妙な教育機関、少年期を単語の耐え難い習得で消耗させた教育機関のことをここでくりかえして言おうとはまったく思わない。それは教育のむなしい模造品であり、そこでは記憶しか鍛えられず、一年かけてもやっと本を一冊よけいに知るだけで、理性はさまざまな推論の形式で傷つけられた。そこでは、いかなるものも人間形成はおろか、その開始すらも目指してはいなかったのである。しかし小学校の入口においてこそ、無知や狂信やあらゆる種類の偏見が監視の目を光らせているのだ。これらの学校で、もっと良いことに振り向ける価値のある熱意をもちながら、骨の折れる不毛な仕事を果たしている勤勉な人々の恩を忘れないようにしよう。この教育の水源に毒を盛り込んだ責任のすべては圧制にのみあるのだ。最上級の教育が進歩を遂げても、その影響がほとんどすべての国民に容易に届かないようにし、その進歩に不安を抱かなくてもよいようにするために、圧制は教育の泉に毒を盛ったのである。

こうして若干の人々の天分が、科学と理性の踏み固められた道のはるか遠くにまで突き進んだのにたいして、迷信が大衆の精神を早い時期につかみ、普通の知識水準よりも下に引きずり下ろし、大国民を永遠の幼児状態から逃れられないようにしたのだ。一方では人間のすべての知識の完成に向かわせ、他方では諸能力の隷属に向かわせるという、相反する二つの努力の当然の結果として、どれほど大きな知識の不平等が同じ国土の同じ法律のもとでも生じざるをえないかは、周知のところである。しかも専制は、利害のつながりや特別待遇の誘惑や、才能を権力に服従させるあらゆる手管によって、高名な著作家を籠絡していただけに、公教育のこの状態はいっそう嘆かわしいものになった。民衆をあらゆる誤謬《ごびゅう》の屈辱的な支配のもとに服従させた同じ政体が、他方では、もっとも知識のある人々をあらゆる腐敗と悪徳のなかに引きずり込み、堕落させた。この政体の結果は民衆の無知と知識人の腐敗であった。

人民の代表者諸君、諸君がご存じの通り、公教育は諸君が覆した悪弊とあまりにも多くの絆でつながっていたために、革命の衝撃に耐えることができなかった。下級の教育機関は、まもなく、公共理性の進歩、啓蒙の普及、もっとも影響力の強い真理を高みから転落させた天才たちの努力に席を譲り、おそらくはじめて国民全体の賛同のようなものを得て広まり、法の印章をつけるにいたった哲学的観念の突然の奔流に席を譲らざるをえなかった。同じ攻撃を受けた中等教育の諸機関は、それらを管理していた特権団体とともに、徐々に姿を消した。そして高等教育の諸機関はといえば、それらに特有の腐敗、すでに不吉な萌芽として含まれていた貴族的背徳に押し流された。金銭欲によってこれらの機関は誇りを失っていたから、革命がもたらすおそれのある損失を黙って見逃すことができなかった。われわれは認めざるをえないのだが、これらの高名な団体は、自分たちが長いあいだ待ち望んできた自由が、権利の濫用を容赦しないことを知ったとき、自分たちの主張を撤回したのだ。これらの団体は自分たちの利益のためにその全面的な廃止を免れようとしたのである。それにつづいて、無秩序状態が到来した。無秩序状態はその凶暴な目つきをあらゆる栄光の名残りで覆い隠していたが、文芸団体を解体し、そのかけらを散り散りにすることに躍起になった。もし無秩序状態の支配がもっと長くつづいたなら、すべての文芸団体は消滅したであろう。

しかしもっと直接的に作用する他の原因が、公教育の完全な解体の原因にならざるをえなかった。自由への愛が文芸を遠くまで導き、突如として勇敢な勝利者になった数千の教師と生徒を野営地に派遣したとき、自由への愛そのものが公教育の解体に協力した。共和的フランスは、勝ち誇るローマのように平和のあらゆる才能を光り輝かせるのに先だって、戦士のローマの美徳と価値を示さなければならなかった。この危機と戦闘の数年間、フランス人は勝利の技術というただ一つの技術しか学ぶことができなかった。フランス人がこの点ではかなり長足の進歩を遂げたことは認めなければならない。

そして最後に、公共精神は錯乱し、世論は支離滅裂になり、党派の紛争、分派間の戦争、打ちつづく思想の逸脱が起こった。こうしてすべてのもの、さらには公教育を改善しようとする意図さえもが、公教育の歩みを中断させ退歩に導かざるをえなかった。市民諸君、これが、改革が近いと発表された場合の当然の結果であり、改革を迫られる諸機関は改革の発表そのものでぐらつく。何らかの手が差し伸べられて、古臭くなり束の間の存在となった諸機関を、勇気をもって維持したり再建することがなければ、これらの諸機関はみずからの重みで倒壊する。人々は一種の漠然とした不安で意気阻喪しているのだ。人々にはもはや、成功の欲求や希望が与える熱烈な競争心や労をいとわない活力がない。労働と努力の空しさがまことしやかに見えるために、怠惰の魅力が増し、人は自信を失い、もはや科学に到達する唯一の力である堅固な意志をもって科学を追究しないのである。

この六年間に提出されたきわめて多くの公教育案のうちで、委員会がとくに注意を払うべきだと考えたのは二つの案である。一つは立憲議会の最後の会期に提出された案(4)で、十九世紀が『百科全書』の序論と並んで、後世に誇りをもって伝えることのできる国民の文献の記念碑になっている。『百科全書』の序論はより若々しく、多彩で、輝きの大きい作品であるけれども、この案もそれと同じほど人間の知識の大胆で壮大な序曲である。この労作は国民の知識の壮大な一覧表であり、その未来の進歩の里程標の一種であるが、不幸なことに、この労作を締めくくる法案は、それと同じほど巧みに、教育の物質的組織にかんする法的体制を提案してはいない。この労作に見られる、古い教育形式の過度の尊重、教員を厳格に拘束するという考え、役に立たない地位や文芸にかかわる大臣部局を増やす願望――これらすべてのものが、素晴らしい前文に驚嘆した人々の期待を結論のところで裏切っているのだ。

おそらくこの欠陥は、高名で不幸なコンドルセの提案――追放されて逃亡し、死の間際まで祖国にもたらすべき幸福に心を砕き、人々の忘恩の犠牲者になったこの共和主義的知識人が、人間の自己完成能力の立派な体系を展開した提案――について人々が非難する欠陥とは反対の欠陥である。コンドルセは特権団体の敵だったが、国民教育にかんする彼の計画で一つの特権団体を確立した。彼はいわば一つの学術的な教会を据えたのである。それは、王の敵であるコンドルセが、公的諸権力の均衡のなかで王権にたいして置こうとした一つの抑止力だったが、自由な国制のなかに置くと怪物じみた存在であり、自由を愛するすべての人々の警告と危惧の対象となり、拒否された。

あえていえば、おそらくわれわれがようやくたどりついたこの時点においてはじめて、公教育の再生に巡り会うように定められていたのだ。社会制度のこの部分は自由の奨励と秩序の保護とを同じように必要とするから、腐敗した王冠のかたわらに打ち立てることはできないし、無秩序状態の血まみれの狂乱の真只中に打ち立てることもできない。率直にいえば、より大きな魅力によって、人々を黙想の楽しみと文学的栄光にたいする穏やかな野心に立ち戻らせるには、おそらく、うんざりするような喧噪の長い経験と波乱に満ちた運動に倦むことが必要でもあったのだ。要するに、公教育制度は共和国という国制のかたわらにのみ身を置くことができたのである。公教育制度は共和国という国制を必要としたが、今日では、この国制が、他の何ものをもってしても補うことのできない支柱として、公教育制度を求めているのである。

公教育委員会は、メッシドール六日[5]（一七九五年六月二四日）に諸君に提示し、今日、再提出した提案をまとめるにあたって、この問題に専念した高名な人々がすでに広めた豊かな思考に喜びと光栄を覚え、心を奪われた。われわれが行なったことは、彼らのばらばらに存在する思想を一つにまとめ、共和国の諸原理に合致させたことだけである。われわれはこの提案をコンドルセ、タレイラン、および他の数人の著作家の名において提案することを光栄としている。ロベスピエールだけは打ち捨てておいた。ロベスピエールも諸君に公教育について語ったが、彼は、この仕事のなかにさえ、父の手から子供を奪い取る野蛮な措置によって彼の愚かしい圧制の刻印を押しつける秘策を見出した。彼は教育の恩恵を耐え難い隷属に変え、自然のもっとも甘美な義務、父というもっとも神聖な役割を自分で果たすことを望み、また果たすことのできた父親たちを投獄と死で脅したのである。(6)

われわれとしては、われわれが諸君に提出する法案の自然的な限界がどこにあるかをまず探究しなければならないと考え、その限界を、憲法が諸君に尊重するように命じる個人的諸権利に見出した。われわれは、家庭教育の自由、私立の教育機関の自由のことを考えた。われわれはさらに教育方法の自由を付け加えた。人間の能力を培う技法のうちには、人目につかない細目がほとんど無数にあり、それらは法のまったくふれることのできないものである。法がふれることはできないという理由は、それらの細目がきわめて微妙であるために、あえていえば、それらを表す用語が立法者の用語にはないことや、教師がこれらの細目に忠実であるかそれとも無視しているかが、いつもほとんど明らかでなく、実行を監督することのできない事柄を法律が規定することはよくない、といったことだけではない。むしろ、手慣れた教師たちの手で、日々の経験をつうじて改良することのできる技法を法令によって定めたり規定したりしてはならない、というのがとくに重要な理由である。

私はここでは、初等学校と中央学校については語らない。それらの組織についてはずっと以前から諸君に知られているからである。これらの学校を設立するために、数カ月前に諸君が各県に派遣したわれわれの同僚の五人(7)の観察を集めることによって、われわれは、これらの学校の組織を完全なものにするための手段を発見した。彼らは、彼らがしばしば出くわした難点をわれわれに教え、われわれは、公教育の恩恵を広大な国土のあらゆる地点に効果的に広める方策を彼らと協議した。しかし諸君に言わなければならないが、教育施設の成功は、とりわけよい教師の選択と政府の熱意と初等教科書の作成にかかっているのである。

私が諸君の審議に付した法案の第三編は、専科学校、すなわちもっぱらある科学、ある技術、ある職業の教育に向けられた学校を対象としている。専科学校の制度はこれまでほとんど知られていないか、少なくともほとんど実行されていないが、人々の知的努力を特定の目的に向かってより直接により積極的に導くものである。それは、つねに手近にある目標をいつも効果的な仕方で見せることによって、たえず学生の競争心を活気づける。それは、成功や名声や財産のイメージを生徒の目の前に置くことで怠惰の誘惑を退ける。それは、人々が好んで拡散させてしまうことのあまりにも多い力を集中させる。それは、あらゆる分野について凡庸な人間の数を減らし、国民の栄光と公共の利益にかなうように、ただ一つの分野で優れた人間の数を増加させる。あらゆる偏見を揺るがし、あらゆる種類の無分別な運動にたいする崇拝を捨て去ろうとしている人民のもとで、この種の教育を定着させることは容易であるにちがいない。専科学校のもとで、諸科学はいっそう合理的かつ冷静に解明されるであろう。人々はもはや諸科学のために祭壇を建てるのではなく、その恩恵を尊重するであろう。人々は諸科学にたいして盲信ではなく、感謝の念をもつであろう。最後に、科学と技術をつねに関連づけ、進歩と効用の絶えることのない相互作用のもとに科学と技術を置くことになるはずの制度から、計り知れないほどの幸運な結果が生じるであろう。

われわれはコンドルセとタレイランから国立学術院のプランを借りた。これは偉大で荘厳な着想であり、共和的フランスの生涯が王政的フランスのもっとも輝かしい時代を顔色なからしめたように、この着想を実現すれば、王たちのすべてのアカデミーの輝きをなくさせるにちがいない。それはいわば学術界の縮刷版、文芸の共和国を代表する団体であり、科学と才能のあらゆる大望の名誉ある目標、多大の努力と大きな成功のもっとも豪華な褒章になるだろう。それはいわば国立の神殿であり、その扉はあらゆる陰謀にたいしてはつねに閉ざされ、公正な世評にたいしてのみ開かれるであろう。国立学術院は教育のすべての分野と結びつくであろう。それは教育のすべての分野にたいして、天分を深く悲しませたり、その飛翔を遅らせたりすることのない統一性のみを与えるであろう。それはあらゆる発見を公表し、その結果、もっとも完成に近い発見は評価を受けて自由に影響を及ぼし、最良のものと認められて普遍的になるだろう。フランスの豊《ほう》饒《じょう》な大地のうえで、毎年、偉大で有益で美しいものを花開かせるはずのすべてのものが、この共通の中心に導かれ、自然で必然的な傾向によってそこにもたらされるのが、見られるであろう。学術院では、学識のある大家が科学と知識の宝庫を分類し、広め、あらゆるところに送り返すであろう。見識のある人々が優れた才能に栄冠を授け、いたるところで切磋琢磨の刺激を与え、フランスの活力が生み出すことができ、またフランスが必要としている非凡な人々を学術院に招き寄せるであろう。そこでは、ともにいるのにもっともふさわしい人々が出会い、愛し合い、理解し合うであろう。彼らは、あらゆる分野の文芸の栄光の代表者として一堂に会するであろう。たしかにいまこそ、栄光も普遍的平等の影響を受け、パスカルやダランベールを継ぐ学者、ラシーヌの再来である詩人、雄弁家、歴史家、芸術家にたいして、また、戯曲の傑作に所作や眼差しや声で魂を与えて、コルネイユやヴォルテールの作品を完成する著名な俳優にたいして、栄光の門戸を開くときである。

市民諸君、しかしながらわれわれの提案では、共和国は科学、文芸、技術の進歩を支援する他の多くの手段を保持している。すなわち共和国は、努力を奨励し、成功に報い、見識をもって教育のすべての費用を負担し、尊重すべき試みや学究的旅行や壮大な実験——天才が自然に問いかけ、真理を明らかにし、人間の感覚能力と認識能力を拡大する実験——に寄与するのだ。共和国はいたるところで競争心のもつ力を呼び起こす。競争心は高貴な感情、人間の活動のもっとも純粋な原理であり、それがなければ、社会的平等は、暴君が犠牲者の足を切り落とすベッド〔古代ギリシャの盗賊プロクルステスは、旅人をベッドに寝かせ、ベッドよりも足が長ければ切り落とし、短ければ引き伸ばした〕に似たものになるであろう。最後に共和国は、国土のさまざまな地点に、自然と諸技術のもっとも教育的な記念物と、とりわけ書物——長い年月が伝え、今日では国民的富のもっとも貴重なものの一部となっている遺産――を配置する。人民の代表者諸君、まさにこれらの手段によって、諸君は、才能ある人々に彼らの使命と意欲と能力を認識させて、その誕生と成長を助ける原動力や、少なくともその機会を増やし普及させることができるであろう。

しかし公教育のもっとも壮大な手段は国民祭典の設立にある。国民祭典においては、自然がはっきりと姿を現し、生き生きと活動する。それにたいして書物は、人を欺く偽りの様相で自然を描かない場合でも、自然の曖昧で弱々しいイメージしか映し出さない。したがって諸君は、光り輝く祭典、かつてギリシャの共同集会にあらゆる楽しみと才能と栄光のうっとりするようなスペクタクルを提供したあの光り輝く祭典をフランスに迎え入れたまえ。いくつかの村落の名前に不滅の思い出を結びつけた、あの古代の競技以上に、活気と感情にあふれ、人々に力と能力の自覚を与えるために行なわれ、天分に深い感情を刻み込み、偉大で厳かな思想に結びつけた情景が世界の年代記にあるかどうか、私は知らない。諸君はこの手段のみを求めるべきであり、そうすれば、このような奇跡が諸君の県の真只中で再現されるだろう。諸君は楽しく豊かな国土に住んでいるではないか。諸君は活発で勤勉な人民を設立しようとしているのではないか。たしかに、諸国民と諸時代の前で豊かで実りの多い活動を繰り拡げ、自由と栄光がどれほど長続きするかを競争と盛大な楽しみの祭典のなかで見定めることは、古代ギリシャの人民の場合と同じく、この人民にふさわしいことである。これらの有益な制度を復活させたまえ。いまこそ、その時なのだ。これらの祭典に、あらゆる年齢の人々の教練、音楽とダンス、競走と闘技、軍隊の散開と野外舞台での上演を結集したまえ。住民のすべての富、産業と技術のすべての富をそこに陳列したまえ。国民の活力がすべての分野における国民の進歩の程度を示すようにしたまえ。国民祭典には、商業が工業製品をもたらし、芸術家たちが傑作を、学者たちが自分たちの発見を展示するようにしたまえ。他方では、歴史と詩と雄弁が自由の勝利を宣言し、偉大で有益で共和主義的で高貴なすべてのものを不滅の輝きで覆うであろう。

これまで公共の祭典の設立にとって、最大の障害になったのは、かつて公共の祭典に与えられた旬日祭の名称である。私が諸君に提案する義務を負っている提案には、少なくとも、国民祭典が個々の信仰と競合せずに存在しうることをはっきりと理解させるという利点がある。さらに、われわれが諸君に提案しようとしているものは、時代が良くなれば有益な発展を遂げるはずの試みにほかならない。共和国の法律に従って、さまざまな信仰が自由に行なわれているなかにあって、愛国心はまもなく全フランス人の共通の信仰になるであろう。

人民の代表者諸君、われわれは多くの激しい動揺、多くの不安に満ちた疑惑、多くの必然的な戦争、多くの高潔な警戒心の時代を経験した。この苦悩と努力と犠牲にあふれた五年間の経験ののちに、もっとも広く感じられている欲求は、博愛心、和睦、結合、さらに甘美な情念と穏和な感情にくるまれた休息の欲求である。ところで、公教育以上に、この全国的な宥和の任務をうまく遂行することのできるものがあるだろうか。教育は、少なくとも、単に先入見にそそのかされて不和になった者たちが、いたるところから立ち戻ってくるべき中心ではないだろうか。学芸の神殿は、祖国にたいして大きな影響を及ぼすにふさわしいすべての人たちがいそいそと集まるべき不可欠の避難所ではないだろうか。というのも、これらの人たちは、いつの日か同じ栄光の台帳のなかでともに相まみえることに結局は同意しなければならないからであり、一時的に不和になっていても、彼らの名前と作品は同じ不滅の記録簿に収録されなければならないからである。しかり、文芸が始めた革命を終わらせ、あらゆる不和を根絶し、文芸を開拓したすべての人々の和合を再建する仕事は、文芸にゆだねられている。そして、十八世紀のフランスにおいて、啓蒙の支配のもとでもたらされた開明された人々のあいだの平和が、世界の平和の口火であることを認めないわけにはゆかないであろう。

(Daunou : Rapport sur l'instruction publique, présenté au nom de la Commission des onze et du Comité d'instruction publique, dans la séance du 23 vendémiaire, par P. C. F. Daunou, J. Ayoub et M. Grenon, VIII, pp. 615-626)

ドーヌー

公教育組織にかんする法令

共和国四年ブリュメール三日（一七九五年一〇月二五日）

第一編　初等学校

第一条　共和国の各カントンに一校ないし数校の初等学校が設けられる。その学区は県の行政当局によって定められる。

第二条　各県にはいくつかの教育審議会が設けられる。教育審議会の数は六以下とし、各審議会は県当局の任命した三名の委員で構成される。

第三条　初等学校の教員は市町村の行政当局の推薦にもとづき、教育審議会の一つの試験を受け、県行政当局によって任命される。

第四条　教員は、当該行政当局と教育審議会の答申が一致し、本人の釈明を聴取したのちでなければ、解任されえない。

第五条　各初等学校では、読み、書き、計算、および共和主義的道徳の基礎が教えられる。

第六条　初等学校の各教員には、住居用および授業期間中に生徒を受け入れるための施設が共和国から提供される。

またその施設に付属する庭も提供される。

県行政当局が適切と判断した場合には、先の施設と庭の代わりに年額の住宅手当が支給される。

第七条　初等学校の教員は、中央学校および専科学校の教授と同じく、俸給と年金を合わせて受け取ることができる。

第八条　初等学校の教員は、県が定めた年額の謝礼を各生徒から受け取ることができる。

第九条　市町村の行政当局は、各初等学校の生徒の四分の一にたいして、貧困を理由として上記の謝礼を免除することができる。

第一〇条　初等学校の運営にかんする規則は、県行政当局によって決定され、総裁政府の承認を得るものとする。

第一一条　市町村の行政当局は初等学校を直接に監督し、上級の行政機関の法律と政令の執行を順守させる。

第二編　中央学校

第一条　共和国の各県に一校の中央学校が設けられる。

第二条　中央学校の教育は三部門に分けられる。

第一部門には、(一) 製図の教授一名、(二) 博物誌の教授一名、(三) 古典諸語の教授一名、(四) 現代語の教授一名、が置かれる。現代語については、県の行政当局が適当と判断し、立法府の承認を得たうえで設けられる。

第二部門には、(一) 基礎数学の教授一名、(二) 実験物理学および実験化学の教授一名、が置かれる。

第三部門には、(一) 一般文法の教授一名、(二) 文学の教授一名、(三) 歴史の教授一名、(四) 法学の教授一名、が置かれる。

第三条　第一部門の受講は一二歳以上、第二部門の受講は一四歳以上、第三部門の受講は少なくとも一六歳以上の生徒にのみ認められる。

第四条　中央学校に近接して、公共図書館、庭園、博物陳列室、化学・実験物理学の陳列室が付設される。

第五条　中央学校の教授は、教育審議会によって試験され選任される。審議会による選考は、上記の行政当局の承認を受けなければならない。

第六条　中央学校の教授は、当該行政当局が教育審議会の意見を徴し、本人の釈明を聴取したのちに発令する布告によるほかは解任されない。解任の布告は、総裁政府の承認後にのみ効力をもつ。

第七条　各教授の固定年俸は、県の行政官と同額である。さらに教授には、県の行政当局が定めた年額の謝礼が配分される。その額は各生徒につき二五リーヴルを超えてはならない。

第八条　県の行政当局は、各部門の生徒の四分の一にたいして、貧困を理由としてこの謝礼を免除することができる。

第九条　中央学校にかんする他の規則は県の行政当局によって公布され、総裁政府の承認を受けるものとする。

第一〇条　コレージュの名称で認められた教育施設があり、その代わりとなる中央学校が設けられていないコミューンは、コミューンの費用で補足的中央学校を組織するために、コレージュに属する施設を維持することができる。

第一一条　上述のコミューン市民の要求と、市町村の行政当局が提出し、県行政当局の承認を受けた提案にもとづいて、補足的中央学校の組織とその維持費の負担の様式が立法府により布告される。

第一二条　補足的中央学校の組織は、その所在地が許す範囲内で、この法律によって設けられる中央学校の計画に類似したものとする。

第三編　専科学校

第一条　共和国には、次の研究を専門とする学校が設けられる。

(一)天文学、(二)幾何学・力学、(三)博物誌、(四)医学、(五)獣医術、(六)農村経済、(七)考古学、(八)政治学、(九)絵画・彫刻・建築、(一〇)音楽

第二条　上記の学校のほかに、聾唖者の学校と生来の盲人の学校が設けられる。

第三条　これらの学校のそれぞれの数と組織は、公教育委員会の報告にもとづいて、個別の法律によって定められる。

第四条　本編の第一条で挙げた学校には、砲術、工兵術、土木工学、航海術および他

の公共事業にかんする学校は含まれない。それらの学校は、現在行なわれている方式で維持されるか、もしくはそれにかかわる個別の法令によって設立される。

第四編　国立学術院

第一条　国立学術院は共和国全体に属し、パリに置かれる。その目的は以下の通りである。(一)たゆみない探究、発見の公表、外国の学術団体との交流による科学と技芸の向上、(二)総裁政府の法律と政令にもとづいて、公益と共和国の栄光を目的とする科学および文芸に従事すること。

第二条　国立学術院は、パリ在住の会員と、共和国の各地に在住する同数の協力者とで構成される。国立学術院は、各部門八名、計二四名の外国人学者と協力する。

第三条　国立学術院は三部門に分けられ、それぞれの部門は次表〔次頁〕に従い、いくつかの部会に分けられる。

第四条　学術院の各部門には、集会の場所が与えられる。

いかなる会員も二つの異なる部門に属することはできない。ただし他の部門の会合に出席し、その仕事に協力することはできる。

部　門	部　会	パリの会員	各県の協力者
(一)物理学・数学	1. 数学	6	6
	2. 力学	6	6
	3. 天文学	6	6
	4. 実験物理学	6	6
	5. 化学	6	6
	6. 博物誌・鉱物学	6	6
	7. 植物学・植物物理学	6	6
	8. 解剖学・動物学	6	6
	9. 医学・外科学	6	6
	10. 農村経済学・獣医術	6	6
		60	60
(二)精神・政治科学	1. 感覚・観念の分析	6	6
	2. 道徳	6	6
	3. 社会科学・法学	6	6
	4. 政治経済学	6	6
	5. 歴史学	6	6
	6. 地理学	6	6
		36	36
(三)文学・芸術	1. 文法	6	6
	2. 古代語	6	6
	3. 詩	6	6
	4. 遺跡・歴史建築物	6	6
	5. 絵画	6	6
	6. 彫刻	6	6
	7. 建築	6	6
	8. 音楽・朗読	6	6
		48	48

第五条　学術院の各部門は、毎年、その発見と業績を公表する。

第六条　国立学術院は年四回、公開の集会を開催する。三部門はこれらの集会に参加する。

学術院は、毎年、立法府に学術の進歩と各部門の業績を報告する。

第七条　学術院は、毎年定められた時期に、各部門が授与すべき賞の計画を公表する。

第八条　立法府は、毎年、総裁政府の提出する報告書にもとづいて、国立学術院の維持と仕事のための金額を確定する。

第九条　国立学術院を設立するために、総裁政府は四八名の会員を任命し、その四八名が残りの九六名の会員を選定する。この一四四名の会員が集会をもち、協力者を任命する。

第一〇条　学術院が組織されれば、空席の会員の任命は、欠員の生じた部門の提出する少なくとも三倍の候補者名簿のうちから、学術院が選任する。フランス人であると外国人であるとを問わず、協力者も、同様の仕方で選任される。

第一一条　学術院の各部門の施設には、自然および人工の産物の収集品と、その部門がかかわる科学と技術にかんする図書館を置く。

第一二条　学術院の会期と仕事にかんする細則は学術院自身が作成し、立法府に提出する。立法府は法律とすべきあらゆる提案を検討するのと同じ形式でそれらの細則を検討する。

第五編　助成、褒賞、表彰

第一条　国立学術院は、毎年、二〇人の市民をコンクールで選び、共和国の諸県と外国を旅行させ、農業にかんする観察を行なわせる。

第二条　前条でいうコンクールには、次の諸条件を満たす者のみが参加しうる。

(一) 二五歳以上であること、(二) 一筆の経営地をなす農地の所有者もしくはその息子、または少なくとも三〇年以上の賃貸契約によって一ないし数シャリエ〔三〇—五〇ヘクタール〕のまとまった農地を借りている借地農もしくはその息子、(三) 主な農作業の理論と実践を知っていること、(四) 算数、初等幾何学、政治経済学、博物誌一般、とくに植物学と鉱物学の知識を有すること。

第三条　学術院によって任命された市民は、共和国の費用で、立法府の定める手当てを支給されて、三年間旅行する。

彼らは観察日誌をつけ、学術院と連絡を取り、三カ月ごとに学術院に研究成果を送付する。それらの成果は公表される。

任命される者は各県から順次選ばれる。

第四条　国立学術院は毎年六名の会員を指名して、全員一緒に、あるいは別々に旅行させ、農業以外のさまざまな分野の知識を研究させる。

第五条　これまで絵画、彫刻、および建築を学ぶ生徒のために設けられていたローマの国立宮殿はこの用途で使用される。

第六条　この施設は、イタリアに在住し、総裁政府が六年の任期で任命する画家によって管理される。

第七条　この目的のために学術院によって指名され、総裁政府の任命を受けたフランスの芸術家は、ローマに派遣される。彼らは五年間国立宮殿に滞在し、従来と同じく、共和国の費用で扶養される。彼らは旅費を支給される。

第八条　国家は、この法律の第二編および第三編で規定された各学校の二〇名の生徒にたいして臨時の給費を与える。その最高額は、毎年、立法府が定める。

この給費を支給される生徒は、教授と県行政当局の推薦にもとづいて、総裁政府によって指名される。
第九条　この法律によって設立された学校で、二五年間、職務を果たした教員と教授は固定俸給と同額の年金を支給される。
第一〇条　国立学術院は、毎年、公開の集会においていくつかの賞を授与する。
第一一条　国立学校のとくに優秀な生徒には、公共の祭典で褒賞が与えられる。
第一二条　有益な発明と発見、技術上の際立った成功、善行、家庭的美徳および社会的美徳の変わることのない実践にたいしても同様に、この祭典で褒賞が与えられる。
第一三条　立法府は、偉人たちに、その死の一〇年後に、パンテオンに祀られる名誉を与える。

第六編　国民祭典

第一条　共和国の各カントンで、毎年、次の七つの国民祭典が挙行される。
共和国建国祭典――ヴァンデミエール一日、若者の祭典――ジェルミナル一〇日、夫婦の祭典――フロレアル一〇日、感謝の祭典――プレリアル一〇日、農業の祭典――メッシドール一〇日、自由の祭典――テルミドール九、一〇日、敬老の祭典

——フリュクチドール一〇日

第二条　カントンの国民祭典の祝賀行事は、愛国歌の斉唱、市民道徳にかんする講演、友愛の宴会、各地方に固有の公開競技、表彰式で構成される。

第三条　各カントンの国民祭典の式次第は、市町村の行政当局が前もって決定し告示する。

第四条　立法府は、それが所在するコミューンにおいて挙行されるヴァンデミエール一日の祭典の式次第と様式を、毎年、その二カ月前に布告する。

(Daunou : Décret sur l'organisation de l'instruction publique du brumaire an IV, J.-B. Duvergier, Collection complète des lois, décrets, ordonnances, règlements, et avis du Conseil-Etat, Paris, 1824-1835, VIII, pp. 435-439)

（1）　共和国三年ヴァンデミエール一七日（一七九四年一〇月八日）、国民公会はグレゴワールの提案にもとづいて、学者、芸術家の救済のための基金を設けることを決定した。

（2）　国民公会は共和国四年ブリュメール四日（一七九五年一〇月二六日）に解散する。

（3）　共和国三年憲法第一六条は「若者は読み書きができ、手工芸を身につけていることを証明できなければ公民台帳に登録されることはできない。農作業は手工芸に属する。この条項は共和国一二年を待って施行される」と規定し、第一〇編で公教育について以下のように規定した。

第二九六条　共和国には、生徒が読み書きと計算の初歩、および道徳の初歩を学ぶ初等学校が設置される。共和国は、初等学校の教員に住居費を支給する。
第二九七条　共和国の諸地域には上級学校が設置される。その数は少なくとも二県に一校とする。
第二九八条　発見の受理と、科学と技術の改善の責任を負う国立学術院が全共和国のために設置される。
第二九九条　公教育の諸機関のあいだには、いかなる従属関係も接続関係もない。
第三〇〇条　市民は、私立の徳育および知育の施設ならびに科学、文芸および技術の進歩に協力する団体を自由に設立する権利をもつ。
第三〇一条　市民の連帯を維持し、市民に憲法・祖国・法律への愛着をもたせるために国民祭典が設けられる。

（4）一七九一年九月一〇日に提案されたタレイランの「公教育にかんする報告」のこと。
（5）ドーヌーは国民公会でメッシドール六日（一七九五年六月二四日）に公教育組織についての報告を行なったが、国民公会はその審議を憲法発布まで延期することを決定した。
（6）これは誇張である。ロベスピエールが一七九三年七月二九日に提案した「国民教育案」の第三条は、子供に国民教育を受けさせなかった親は公民権を剝奪され、二倍の租税を課されると定めている。
（7）共和国三年ジェルミナル一八日（一七九五年四月七日）、国民公会は中央学校の設立を促進するために、デュピュイ、バライヨン、ラカナル、バイユール、ジャール＝パンヴィリエの五人の委員を各県に派遣することを決定した。

一二　公教育についての総括

解説　中央学校は、コレージュに取って代わり、イデオローグの教育理想を担うものとして発足したが、発足後まもなく、初等教育との断絶、教科内容とその配分などを中心に、さまざまな批判にさらされることになった。

こうした批判にたいして、デステュット・ド・トラシーは、学識階級と労働者階級という二つの階級の存在はいかなる社会においても不変であり、両者の教育は根本的に異質であること、世論は学識階級の影響のもとで形成されること、国民全体に教育を普及することは現状では不可能であることを主張する。この観点から、デステュット・ド・トラシーはまず学識階級の教育に力を注ぐべきであり、中央学校がその中核だと述べて、中央学校を擁護する。中央学校が設立されたときから、教育にかんする複線主義路線が考えられていたが、デステュット・ド・トラシーはそれを明確に主張したのだった。デステュット・ド・トラシーの主張とともに、人民全体の啓蒙という革命の理想は終わった。

デステュット・ド・トラシー

現在の公教育制度についての観察

共和国九年(一八〇一年)

公教育の完全な制度を立案することが問題であれば、私はこれほど難しい問題の解決を志願しなかったであろう。この課題は私の手に余ると考えたであろう。しかし私が自分に課する課題ははるかにやさしいものである。つまり、私は次のことだけを立証しようと考えたのである。すなわち、われわれは優れた教育制度をもっていること、その根本原理には何らの改善の余地もないこと、この教育制度はすでに多くの良い結果を生んでおり、悪い結果は一つもないこと、この教育制度から期待すべきすべての利点を引き出すうえで重要なのは、この制度の諸部分を次々に働かせ、連携させ、とくに制度全体から生じる部分的な方策が制度全体を狂わせたり、まったく別物にしてしまったりするのを避けるために、制度の精神をよく認識することだけであること、である。これが、私の立てる目標であり、いくつかのきわめて単純な考察を用いれば容易に達成することのできる目標だ、と私は考えた。

私はまず、あらゆる文明社会には、必ず二つの階級が存在することに注目した。一つは自分の手の労働で生計を立てる階級であり、もう一つは自分の財産の収入、または肉体労働よりも精神労働が重きを占めるある種の職務の収入で生計を立てる階級である。前者は労働者階級であり、後者は私が学識階級と呼ぶ階級である。

労働者階級に属する人々は、早くから子供の労働を必要とする。そして子供たち自身も、自分たちが従事することになる厳しい労働についての知識と、とりわけその習慣と習俗を早い時期に身につけることを必要としている。彼らは学校で長い時間を過ごすことはできないのだ。したがって彼らには、数年間で与えられる簡潔でそれ自体で完結した教育が必要であり、それを終えるとすぐに、作業場に入るか、家庭もしくは農村の仕事に従事できるようにすることが必要である。さらに、彼らがこの簡略化された教育を受ける学校は、彼らが親元を離れずに授業を受けられるように、彼らの手近な所に配置することが必要である。

それにたいして、学識階級の子供は学習にもっと多くの時間を費やすことができ、彼らには多くの教育を与えなければならない。彼らには、自分の使命を果たすために学ばねばならない多くの事柄と、年齢を加えて精神が一定の成長段階に達したときにはじめて理解することのできる事柄がある。さらに彼らは、親元を離れて学校の近くに移り住むことができる。彼らには、寄宿舎に入ったり、家庭教師に来てもらうことも必要である。というのは、彼らに必要な学習には、授業を受けたあとでしなければならない勉強を、家庭教師が監督し指導することが不可欠だからである。こうした勉強がなければ、彼らの受ける教育は何の役にも立たないだろう。

以上に述べたことは人間の意志にはまったく属さない事柄であり、人間と社会の本性から必然的に生じる事柄である。人間にはそれを変える力はないのだ。したがって、この不変の事実から出発しなければならないのである。

以上のことから、学識階級の子供の学校が多数設立される必要はない。彼らのための学校をより良いものにし、その成功に必要なすべての公的および私的な施設を配置するためには、その数をかなり制限することさえ必要である。彼らの学習期間はかなり長期でなければならない。

それにたいして、労働者階級の子供の学校は、すべての市民の手の届くものにするために、きわめて多数であることが必要である。これらの学校には大した準備も施設も要らないし、高度な才能のある人も要らないから、多数設立することができるだろう。彼らの学習期間ははるかに短いが、それ自体で完結したものでなければならない。それは他の学校の簡略版でなければならないが、その一部であってはならない。もっと上級の知識を教える学校で最初の二、三年間に行なわれる教育を代用することによって、目的を達成することができるなどと考えてはならない。書物の最初の数ページを取り、残りのページを捨てることは、書物の簡略版を作ることではないのだ。したがって、この二つの学習コースは、まったく異なっていなければならない。その目的は同じでないし、教育方法も異なっているからである。

結論をいえば、よく統治され、市民の教育に十分な配慮が払われている国ではどこでも、まったく共通点のない二つの完結した教育制度が存在しなければならないということである。これは、わが国において少なくとも計画されていることでもある。いわゆる初等学校とさまざまな手仕事の徒弟修業、これが労働者階級の教育である。中央学校と専科学校、これが学識階級の教育である。私は、職人になるべき子供に学識階級の教育を授けることも、政治家ないし文人になるべき子供に労働者階級の教育を授けることも勧めない。私が勧めるのは、一方を簡略にし、他方を延長すべきだということである。

もう一度くりかえせば、これら二つの教育は、必然性というあらがうことのできない権力によって根本的に区別されているのである。習俗、欲求、もっている手段、これらすべてのものが、人間のこの二つの種で異なっている。初等学校について話せば、このことはもっとはっきり分かるであろう。

私はこの考察をくどいほど力説した。その理由は、初等学校が中央学校と結びつくべきであり、その入口であるべきだと考えるのは重大な誤りであり、この誤謬《ごびゅう》は良識のある人々にさえ浸透していると考えるからである。おそらくこの誤謬は、初等段階を意味するように見える初等学校という名前から来ているのだろう。言葉は観念に大きな影響を及ぼすからである。それゆえ、私はこの名称を変更すべきだと思う。初等学校が示唆する間違った見方がひとたび採用されれば、われわれの公教育制度の真の精神を理解することはまったく不可能になる、と私には思われるのである。

この基本的な点について明らかにしたので、まず学識階級の教育について述べよう。その理由は、第一に、現時点では、他の教育を十全に実行する手段と、教師と生徒が、われわれには欠けていると考えるからである。第二に、正しい観念と良い方法を普及させようとすれば、それらを知り、高く評価する人々を集め、用いること、それらをもっと多くの人々の頭に浸透させるために彼らを利用することから、始めなければならないからである。それについでこれらの人々から、正しい観念と良い方法が次第に広まり、やがて社会の最下層の階級にまで浸透するのである。連隊に新しい軍事演習を教えようとすれば、まずそれを教える隊長が必要である。次に隊長がそれを個々の士官に教え、士官は下士官に教え、下士官は兵士に教える。あらゆる教育において事態は同じである。社会の学識階級の教育がひとたび完全に成功すれば、労働者階級のための優れた教師がそのなかで形成されるであろう。そして多数の教育手段が労働者階級に提供され、それを利用しようという希望が彼らのあいだで湧き上がるだろう。希望がなければ、何ものも可能ではないのである。だから学識階級の教育に専念することから始め、その期間について述べよう。

人生の長さは限られている。人生は、われわれが変えることのできない固定した時期に区分されている。この点でも、われわれにはどうすることもできない自然の法則がある。したがって、その法則にわれわれの制度を合わさなければならない。かりに徴兵法が、二〇歳になれば若者は祖国に積極的に奉仕するために召集され、またその能力をもたなければならないと述べていないとしても、たしかにこの年齢になると、わが国の風土では人は完全に成長し、体力と情熱は完全な活力を獲得するから、活動し始めなければならず、もはや将来のために材料を蓄えることに終始するわけにはゆかない。したがって本来の教育は、ほぼこの時期に終わらなければならない。

この二〇年間のうち最初の八年は、子供には一般に、勤勉に勉強したり、熱意をもちつづけたりする能力がないから、公開の授業に出席したり、寄宿舎に入ったりすることができないうちに過ぎ去る。彼らが出席すれば、授業の程度は低くなり、妨げられるだろう。学校は乱され、子供は何の現実的成果も得ず、おそらく多くの点で有害な気質を受け取りさえするだろう。したがって、この八、九年間は親の目のもとで過ごさなければならない。この期間に、子供が読み書きを学び、いくつかのまったく予備的な観念を受け取るならば、また、良い教育と自由主義的な習俗を身につけた人々が普通に作る社会が多かれ少なかれ必ずもたらす好ましい精神傾向を身につければ、この期間は十分活用されたことになる。くりかえすが、子供が全生涯にわたって果たすべき役割の準備をしに行くべきなのは、一般的にいって、少なくともいわゆる初等学校ではない。初等学校には別の使命がある。

それはともかく、私が学識階級と名付けた階級、また時間をかけて、学識階級になるべき階級には、一一ないし一二年間が残っており、その期間は中央学校と専科学校に分けられる。専科学校はその名が示すように、若者が就くべき職業にとくに必要な知識を若者に与えることを目的としている。われわれの公教育制度は、正当な理由から、専科学校に三ないし四年間をあてている。中央学校にはおよそ八年間があてられ、人はまず中央学校に入り、どんな職業に就くにせよ、十分教育のある人間に必要なすべての一般的知識をそこで獲得しなければならない。* この理由から、私は専科学校と対比して、中央学校を一般学校と呼ぶ方がよいと思う。その方がその真の使命にふさわしいであろう。いずれにしても、まず中央学校について述べ、次に専科学校に移ろう。

* 実際には、ブリュメール三日の法律は、一二歳になってはじめて中央学校に入学できると定めている。しかしこの条項は公教育制度全体と矛盾している。おそらくこれは不注意によるものであり、何らかの状況の結果であろう。さらにこの欠点を正すことは容易であり、また、他のすべての条項を実行できるものにするために必要である。

われわれの公教育制度が示し、理性が証明していることだが、あらゆる完全な教育に必要な一般的知識は、言語と文学、数学と物理学、精神・政治科学の三つの主要項目にかかわる。体育、製図、および人を楽しませるその他の技芸については述べないでおこう。それらはきわめて有益な付属物だが、教育の基礎ではない。若者には自分でそれらの訓練をする時間を十分に準備してやるだけでよい。それらを自分の職業にするために学ぼうとする者は、早い時期からもっぱらそれらの科目に専念しなければならないので、早く実習を積む必要から簡略な教育に限られているクラスに再入学することになる。彼らは中央学校の製図の教授の授業を活用することができるが、実際には学識階級のための教育に出席することは不可能である。こういったからといって、私が彼らを無知のままに置いておこうと考えているなどと思わないでいただきたい。きわめて狭い限界のなかに押し込めることが、私が簡略な教育と呼ぶ教育の本質ではないことについては、のちに考察しよう。中央学校の主な対象である学科目に戻ろう。

これらの学科目は言語と文学、数学と物理学、精神・政治科学の三つの主要項目にかかわる、と述べた。*じっさい、この三つの分野の知識は社会のすべての知的職業の基礎である。言語と文学は文芸と学識にかかわる職業にとくに必要である。土木工学と軍事工学のすべての分野、医学と他のいくつかの職業は、とくに数学と物理学にかかっている。すべての世俗の職務ないし政治的職務には、精神・政治科学に精通していることが絶対に必要である。したがって、各人が十分に準備を整えてこれらの職業にかかわる専科学校に進むためには、それに必要な知識を中央学校で手に入れることが不可欠である。

＊　私は、博物誌を物理学に、人間の知性の歴史を精神科学に含める。

しかしこれが、これら三分野の知識が中央学校で教えられなければならない唯一の理由ではない。もっと強力なもう一つの理由がある。それは、われわれが述べた職業のそれぞれが、それに対応する三分野のうちのどれかの教育を必要とするだけではなくて、ある程度まで三分野すべての知識をもっていなければ、そのうちのどの職業においても成功を収めることはできない、ということである。じっさい、少なくとも物理学と数学について表面的な知識をもっていなければ、文学者にも学識者にもなりえない。他方では、少なくとも一つの外国語を知っていなければ、数学と物理学の研究で成功することはできない。精神・政治科学はそれらの助力なしですますことはできない。最後にすべての人間は、人間として、自分の知的能力を認識する必要があり、社会的人間として、私的道徳と公的道徳の原理を認識する必要がある。こうしてこれらの知識はすべて、ある程度までは全員に等しく必要であり、＊この最低限の知識は中央学校で教えられなければならないのである。それ以上の知識はそれぞれの専科学校の領域になる。

＊　それゆえ、初等学校の教育を分析すれば、あまり知的でない階級の教育にかんしても低い程度でで

はあれ、以上のすべての点を認めることができる。

以上で述べたことは、中央学校を設立した法律のはっきりした意図でもある。この法律によれば、各中央学校には一人の古代語の教授、一人の文学の教授、一人の博物誌の教授、一人の物理学の教授、一人の数学の教授、一人の一般文法の教授、一人の道徳・法律の教授、一人の歴史学の教授が置かれている。これこそまさに、私が述べた三分野の教育である。誰もが経験からその必要を感じているように、古代語の二人目の教授が加えられれば、三分野はそれぞれ三人の教授をもつことになる。さて、この九人の教授をいかに活用するか、彼らが教える教科内容、その順序、教授間の相互関係を考察しよう。要するに、教育計画を示そう。これこそ緊急を要することなのだ。素材は一定の秩序で配置して、はじめて建物になるのである。

かつてのコレージュにおける学科目の配置には何の結びつきもなかったことには、あまり注意が払われてこなかった。コレージュの学科目にはその必要もまったくなかったのである。私が述べた三分野の知識のうち、コレージュの学科目はじっさいにはただ一つの分野、言語と文学しか含んでいなかった。六、七年間、ラテン語を学び、次の一、二年間、修辞学を学ぶように配置するには、深い考察は必要でなかった。じっさいにはコレージュの教育の終わりに、自然学と形而上学にかんする、いくつかの取るに足らないかそれとも間違った観念からなる、いわゆる哲学の講義が置かれていた。しかしこの哲学はまったく不完全で役に立たないことが広く知られていたので、やむをえない状況に強制されなければ、生徒は誰も学ぶ素振りさえ見せなかったし、誰もそれを気にしなかった。まさにこの一般的な無視のせいで、哲学がさまざまな時期に教えられるべきいくつかの有用な知識としての地位を占めていること、もし哲学の学習をつづけるとすれば、教育期間を法外に延長しなければならないことに、気づかずにきたのである。じっさい、コレージュの九、一〇年間は知的職業のための専科学校の準備課程にすぎなかった。したがってじっさいには誰も教育の順序や期間のことを考えなかった。このことは真の公教育を実現するうえで、些細な障害などではなかったし、生徒も教授もさまざまな学科目の調整をすることになれていなかった。したがって、学科目の本当の計画は創り出さなければならないことなのである。制度の精神を検討すれば、この計画がおのずと創られることが分かるであろう。

中央学校と呼ばれる学校では、言語と文学、数学と物理学、精神・政治科学が教えられる。そこでは、知識の三分野について、全員が知る必要のあることと、各分野について、それ以外の分野でもある程度成功するために知ることの必要なことだけが教えられる。したがって、中央学校という制度の意図は、三分野の知識をさまざまな学年でばらばらに教えたり、それぞれの学科目がいわばたがいに排除し合い、八年間のうちに次々に教えられ次々に忘れられるといったことにあるのではない。そうではなくて、中央学校の意図は、子供が、各学科目の始めから終わりまで、段階を追って教わり、保持しつづけるようにすること、最終学年には、それぞれの生徒が、できれば、三分野すべてを等しく身につけ、全員が等しく、三分野に対応する専科学校に入学する準備を整えることにある。

したがって学科目はつねに同時に進められなければならない。各学科目には、どの学年においても多少の時間を取り、けっして視野から完全に消え去ることのないようにしなければならない。

さらに各学科目がたがいに助け合うようにしなければならない。書物で出会ったことを少しでも理解するためには、異なった分野の若干の予備的な観念をもっていなければならないし、書物の助けで言葉を学ぶこともできる。自分の行なっている演算について考察することができるためには、第二の分野の学習をすでに始めていることと計算のやり方についての観念をもっていることが必要である。演算についての簡単な知識が今度は言語と文学の学習を容易にし、それにたいして、物理学と数学の学習が法律と歴史をじっさいに学ぶのに必要になる。そして今度は法律と歴史が人間精神の哲学的歴史と、精神を導き説得する手段、すなわち修辞学と論理学に新しい光を投げかける。したがって、同時に進行する三分野の学習の諸部分は巧みに組み合わされ、いわば歯車が嚙み合うように、必要に応じてたがいに連動するようにしなければならないのである。

最後に、同じ系列に属する知識は数年間つづけて教えられなければならないし、そのあいだに生徒の能力には大きな変化が生じるであろう。それゆえ、初年度には上っ面の観念を与えねばならなかった部分は、学年が進めばもっと深めることが必要になる。このことはけっして悪いことではない。経験の教えるところによれば、ある主題をいくつかの側面から異なった状況のもとで考察することによって、はじめてそれをわがものにすることができるからである。

したがって知識のこの三つの系列の学習は同時に進められ、相互に関連づけられなければならないが、そのうちのいくつかの部分は何度かくりかえし教えられ、それぞれの学年で新しい様相のもとで考察されなければならない。

以上が満たさなければならない三条件である。すなわちさまざまな学習を同時に進めること、それらを相互に関連づけること、各分野のうちのいくつかを何度かくりかえし取り上げること、である。付表に記した学習計画はこれらの条件をすべて満たしていると私は考えている。一瞥して学習計画全体を把握し、より容易に批判できるように、表の形で学習計画を提出しよう。〔トラシーは、かなりのページを費やして、この表に即して各欄と

学年	言語と文学	数学と物理学	観念学と精神・政治科学	
第一学年	ラテン語とフランス語の基礎知識	計算の基礎知識		製図
第二学年	その継続	地理学、物理学、博物誌の基礎知識		
第三学年	ラテン語とギリシャ語の講義	純粋数学の講義	一般文法の講義	
第四学年	その継続	その継続	その継続	
第五学年	その継続	博物誌と化学の講義	道徳と法律の講義	
第六学年	その継続	その継続	その継続	
第七学年	文学の第一講義（修辞学）	応用数学と一般物理学の講義	歴史学の講義	
第八学年	文学の第二講義（観念学）	その継続	その継続	

各学年の教科内容を詳しく説明し、さらに、予想される反対意見――博物誌、化学、物理学を純粋数学と応用数学の中間に置くことは数学の学習の中断をもたらすという意見、歴史の講義は中央学校には不必要だという意見、理論的道徳、とくに観念学は、トラシーがその学習に割り当てている学年には高度すぎるという意見――に答える。それにつづいて、トラシーは専科学校について述べ、精神・政治科学、文学、法律の専科学校を設立する必要を強調する。〕

私が労働者階級の教育と呼ぶものは以上述べてきたこととは異なっており、それについて語ることが残っている。労働者階級の教育にはまったく別の考察が必要であり、その完全な成功は必然的に遠い将来のことである。明確な講義を受けることが少なければ少ないほど、人々は同胞との往き来や生活の偶然の状況から受け取らざるをえない考えをいっそう多くもつことになる。彼らのうちでもっとも秩序だった学習をした者でさえ、その意見を検討すれば、そのうちのもっとも重要なものの大部分は、彼らを取り囲む環境、彼らが暮らす社会の状態の結果である。それゆえに、社会の諸制度が教育のもっとも重要な部分なのである。貧しい階級はとくにこのケースにあたる。この階級はほとんど正式の教育を受けないから、彼らの学ぶことはほとんどすべて、間違いなくそのような性質のものである。彼らが受け取る印象、それが彼らの講義であり、暦が彼らの書物である。こうして彼らの教育はつねに暦を作る人々の教育に比例し、彼らがかかわり合う人々の教育に比例するであろう。したがって、学識階級の教育を十分に整えれば、彼らの教育の四分の三は成し遂げられる。他の点でも、彼らの教育は学識階級の教育に依存している。彼らに教員、学習計画、方法を提供するのは啓蒙された階級だからである。そしてこの点に最大の難問があるのだ。

貧しい人々には資力がほとんどないから、あらゆる種類のものについて、誰もがもつことのできるものしか享受しえない運命にある。土製の壺、鉄鍋が工芸の傑作であるかぎり、彼らはそれを手に入れることはけっしてできない。彼らがそれを手に入れることができるようになったときには、他の人々はすでに陶器や銅引きの鍋をもっている。工芸製品にかんしても理論上の結論にかんしても事態は同じである。ある真理は、それと結びついた他の多くの真理が発見されたときに、はじめて広く流布するのである。ときとして、人は、貧しい人々が多くの誤謬の虜になることに驚く。無知は何も考え出さないといわれているからだ。彼らにはすべてが教え込まれるのだ。ところで、不合理なお話よりも合理的な思想の真理を納得させることの方がはるかにやさしい。それでは、多くの笑うべき意見がこれほどもてはやされるのは何故であろうか。それは、こうした意見がほとんど吟味されずに提示され、その間違いに気づくにははるか遠くにまで進まなければならないからだ。それぞれの設問には、人を惑わせる方法が無数にあり、うまく解決する方法は一つしかない。その方法に巡り会ったと確信するには、時間のかかることの多い多数の関連知識が必要である。ところで、例外なしに、どんな人も、十分な理由にもとづいてその方法を確実に築いたと確信できるまで、判断を中止するだけの力をいつももっているわけではない。それゆえ無数の間違った意見が、かりのものとして形作られるのである。そして真理が発見されたときには、真理の占めるべき場所はすでに誤謬によって占められているのである。また、かつての上流階級の真理のうちで、民衆の抱く真理でないものは一つもない。民衆はいつも時代に後れるのだ。それが彼らの唯一の誤りである。だから、民衆の教育に目を配る者は、理論と実践のあらゆる点にしみ込んだ考えに取って代わった新しい考えを民衆に知らせるように、いつもひたすら心がけなければならないのである。

私は、あらゆる点、と言った。というのは、もっとも教育のない人の薄弱で間違った知識は、もっとも啓蒙された人の貴重な知識とまったく同様に、さまざまな主題に拡がっているからである。話をするものは誰でも、文法と雄弁術と論理について自分の考えをもっている。太陰暦のある決まった日にエンドウ豆を蒔けば、三倍の収穫が得られると考える人は、物理学と計算についての彼なりの原理をもっている。小麦の価格を引き下げるために、小麦粉商人を撲殺しようとする人は、商業の自由が繁栄の基礎であり、暴力的手段はあらゆる悪の源だということを知っている人と同じく、自分なりの道徳的、政治的意見をもっているのである。たしかに、これらの粗雑で混乱したちぐはぐな偏見はすべて、科学の名にも体系の名にも値しない。しかし、民衆をこのような有害な誤謬にゆだねたままにしておかないために、われわれが上位の階級の教育において指摘した三分野の知識の真理を彼らに教えなければならないことに変わりはない。各分野にかんして、民衆の教育と学識階級の教育は程度の差にすぎない。しかし民衆にはそれにあてる時間も判断能力も不足している。だからといって、誤謬をより簡略な命題として民衆に勧めるべきだ、ということにはならない。民衆に示さなければならないのは、詳しい説明や説明するさいに用いるべき微妙な議論ではなく、健全な結論である。これが、民衆に与える教員と書物を注意深く吟味し、それらがある点で有益であり、他の点でもけっして重大な不都合のないことを十分に確かめなければならない重要な理由である。そうしなければ、食物に毒を混ぜることになり、毒をいっそう危険なものにすることになる。すでに改善された社会においてはとりわけ、民衆の教育を事物の自然な推移にゆだね、他の多くの事柄と同じく、この点でも社会組織と個々の産業の緩やかだが確実な効果に任せる方が、国家の名において、彼らにたった一つでも根本的な欠陥のある教育を与え、その結果、誤謬に公的権威の重みを加えるよりも、ずっと良いと私は思う。そうしたやり方は、真実が明らかにされる――その日は必ずやって来る――ときに、公的権威の失墜を命じることになるからである。

以上の考察をはじめに述べたことと結びつけて、私は、人々が私と同じように、次のように考えることを期待している。労働者階級の教育は学識階級の教育から根本的に区別されること、それは学識階級の教育の一部ではなく、その要約でなければならないこと、労働者階級の教育は学識階級の教育の結果であり、そのあとをずっと離れて、またかなり長い間隔を置いて追うことしかできないこと、労働者階級の教育をあちこちに同時に、また有益かつ十分な仕方で確立することは不可能であること、である。現時点でこの点にかんしてなすべきことを考察しよう。

労働者階級の教育は二つのものからなる。一つは初等学校であり、労働者階級にとっては中央学校にあたる。もう一つはさまざまな仕事の徒弟修業であり、彼らにとって専科学校にあたる。政府はこの後者を直接に改善することはできない。労働者が育成されるのは農耕および製造業の作業場においてである。彼らがそこでより広くより正しい基礎知識を受け取るためになしうることは、これらの作業場の指導者の知識と手立てと熱意を増やすことに尽きる。つまり、科学においてなされた新発見と技術においてなしうるその巧妙な応用を早く作業場の指導者に伝えること、人が望むなら、これらの発明を遅滞なく検証し議論し採用する施設を設立すること、である。このように、この分野で可能なことはすべて、技術と学識階級の教育のいくつかの分野を奨励することに関係しているが、その目的は労働者階級を直接に教育することではありえない。したがってこれらの点はここで述べるべきことではない。

残っているのは初等学校の問題である。おそらく、未来のために現在を犠牲にしてはならないし、最良のことをかなえるために可能な善を犠牲にしてはならないであろう。これはあまりにもよく忘れられてきた原則だが、いかなる種類の事柄においても時間の順序に先行することはできないし、熟さないうちに収穫することもできない。ところで、本当によい初等学校を共和国全土に設立するのに、どれほど多くのことが不足しているかは、すでに見たところである。したがって私は、まずまずの初等学校を創設し、可能性があるかぎりで部分的かつ徐々にそれを遂行していくべきだと考える。私の考えはこうである。コミューンが初等学校の設立を望み、その指導にふさわしい人物を推薦し、設立に必要だと考えられる費用の半分ないし四分の三をコミューンが提供する場合には、大臣は自分自身の知識や、私が先に述べたような協会の助けで、県の教育審議会の能力を確認したのだから、審議会にその管轄下にあるコミューンの要望を受け入れ、さらにはそうした要望を出させる任務を負わせるべきだ、ということである。

私は初等学校の設立に二つの条件を求めた。第一の条件が必要なのは、無能な人の手にゆだねられれば、初等学校は有益であるよりも有害になるからである。審議会は推薦された教員の能力の審議会でなければならない。

第二の条件も同じように必要だと考える。その理由は、初等学校の設立に要する巨額の費用の国庫負担を軽減するということだけでなく、どんな授業もそれを受けることを望む者がいるところでしか有益でないからである。ところで授業を受けることを本当に望んでいるかどうかをもっともよく証明するのは、その費用の一部の支払いに同意することである。さらにそれは地方の有する可能性を活用する手段でもある。それは、各地域で可能なすべてのことを行ない、不可能なことは企てないことであり、諸個人の意欲を刺激し、全体については大きな節約をもたらすことである。それは、よく起こるように一般利益を犠牲にするのではなく、一般利益と、より先見の明がありより積極的な地方的利益を結びつけることである。このようにして、家畜の子を与えるよりも、売ることによって良い種を広めることができ、村道の建設を求める人々に費用を分担させることによって、より有益でより多くの合意にもとづいた村道を建設することができることを、人々は学んできたのである。

このような手段を取れば、熱意が欠けていたり、適切な人がなかったり、金銭上の手段がないために、さしあたりは明らかに、多くのコミューンが初等学校に事欠くことになる。また、初等学校が設立されたところでも、初等学校が一般的にいってはじめのうちは優れたものでないことも確実だと思われる。これは避けがたいことだ。しかしそれでも、人々は初等学校でいつも読み書きを学び、いくつかの有益な基礎知識を受け取るであろう。教員は注意深く選ばれたのだから、有害な教育が行なわれることはないであろう。したがって多くの良い結果がもたらされ、悪い結果は一つももたらされないであろう。これこそ、現在、人々の望んでいることのすべてである。

初等学校の数が増え、もっと良いものになるためには、初等学校にかんする訓令をまとめ、教科書を作ること、初等学校を運営する能力のある人物を増やすことが必要である。しかしこれらのことは学識階級に与えられる教育からのみ生じる。民衆の教育という任務を成功裡に担うことができるのは、教育を受けた人々だからである。また、民衆の教育は高等教育の簡略版、要約版でなければならないから、高等教育が完全なものになり、影響を及ぼすようになってはじめて、あまり豊かでない階級の簡略化された教育にもち込むべきものをそこから引き出すことができるのである。

このきわめて望ましいときが来れば、容易に分かるように、中央学校の教育計画、中央学校の教授のノート、私が述べたすべての教育施設、そこで用いられている人々の才能を活用することができる。このときが来れば、多くの市民に純粋でよく理解された知識を広めることがどれほど容易であるかは、すでによく理解されている。だから、現在は実行できず、実行できるときが来れば、私が述べたよりも見事に実行できるであろうことを、さらに詳しく述べる必要はない。この素晴らしい結果に導く唯一の道だと思われる道を指し示すだけで十分だ、と私は思う。私はこの考察をここで終える。この考察の唯一の目標は、われわれの現在の教育制度の基本原理が優れたものであり、そこから最良の結果を生み出すには、それを完成すればよいだけであることを証明することにあるからである。現在の教育制度の精神を発展させて、その解体を予防することができれば、これほど幸せなことはない。私には、一冊の大著を書き、創案者を気取ることもできたであろう。しかし私が望んだのは有益であることだけであった。私が思い違いをしていたとすれば、それは、有益だと信じるために、これほどの誠意と苦労を費やさねばならなかったということである。

(Destutt de Tracy : Observations sur le système actuel d'instruction publique; par le citoyen Destutt-Tracy, Paris, an IX)

解　説

一

「公教育はもはや存在しないし、存在しえないであろう。なぜなら祖国のないところでは、市民は存在しえないからである。祖国と市民、この二語は近代語から抹殺すべきである。……私は、コレージュと呼ばれる、かの笑うべき施設が公教育の場だとは考えない。」ルソーは『エミール』(一七六二年)でこう書いた。それ自体で独立した全体である「人間」と、祖国というより大きな存在と完全に一体になりその一部となった「市民」とはまったく異質な存在であり、人間を育てる教育と市民を育てる教育もまったく異なる。市民が存在するには、祖国が存在しなければならないが、ヨーロッパにはもはや祖国は存在せず、したがって市民を作る公教育はありえない、というのがルソーの主張である。ルソーは、ヨーロッパにおける公教育の可能性に絶望して、人間を育てる私教育の指針として『エミール』を書いたのだった。

ルソーの議論ほど尖鋭ではないが、旧体制下のフランスの教育がきわめて憂慮すべき状態にあることは、啓蒙の知識人たちの一致して認めるところであった。その中核をなしていたのはイエズス会などの運営するコレージュだが、その教育は多くの知識人の批判のまとだった。コレージュはギリシャ語とラテン語についての不完全な知識、役に立たない修辞学と哲学の知識、浅薄な宗教知識を教えるだけだ、とダランベールは手厳しい批判を加えている。啓蒙の知識人はコレージュの有害無益な教育を、自然科学、現代語、外国語を中心とする世俗的で有用な知識を教える教育に変えることを要求した。

教科内容だけが問題ではなかった。コレージュの教育が国民の育成を目指していないことも、それに劣らず重大な問題であった。コレージュを運営しているのは、フランス王国よりもローマ教皇に忠誠を誓う連中であり、こうした連中の行なう教育からは必然的に国民教育という視点が欠落する、とレンヌの高等法院の検事総長でイエズス会追放の発端を開いたラシャロテーは批判する(『国民教育試論』一七六三年)。教育は国制や法律と緊密に結びついているから、国民として守るべき美徳を教える国民教育でなければならないし、国家の権能に属さなければならないというのが、ラシャロテーの積極的主張であった。

こうして有用な知識と国民として守るべき美徳を教える教育の必要が主張されるが、しかし彼らは、このような教育を民衆に与えることには否定的ないし懐疑的であった。彼らにとって、民衆は指導される存在であり、啓蒙の対象ではなかった。民衆には自分の仕事に必要な知識があれば十分であり、その習得は労働をつうじてなされるから、読み書き計算以外の教育は不必要である。もし民衆に過度の教育を与えれば、彼らは苦しい労働を忌避するであろう。その結果、農業や工業の厳しい労働に従事する人口が減少し、フランスの繁栄は妨げられるであろう。教育によって神を畏れなくなった民衆は邪悪な存在になるだろう。したがって、教育は国家に有用なエリートにのみ与えられるべきだというのが、啓蒙の知識人の共通の意見であった。

フランス革命は、公教育の可能性を一挙に開いた。自分は、公教育を遠い未来の世界でしか実現されない夢想だと考えてきたが、「突然、一つの幸運な出来事が人類の経験に広大な道を開いた」とコンドルセは書いた(『公教育についての五つの覚書』)。革命は、国民全員、しかも主権者になった国民を教育するというかつてない機会をもたらしたのである。

革命の指導者たちにとって、公教育は革命が果たすべき義務であった。革命は、国民を専制的な政治権力とその基礎をなす宗教的偏見や無知から解放する義務を負っている。だから革命は、国民に自分の権利を教え、科学的な知識を教えなければならない。そのためには旧来の教育から根本的に断絶した新しい公教育を設立することが必要であった。まず必要なのは、宗教的教育を公教育から排除することであった。また知的能力の成長に合わせて、教育を初等、中等、高等といった具合に編成し一貫したものにしなければならなかった。革命前においても、読み書き計算を教える小学校、コレージュ、大学といった教育施設が存在したが、それらのあいだには宗教教育のほかには何のつながりも一貫性もなかったのである。さらに、新しい知識を教えるには、その能力のある教員を育成することが必要である。「知識を教える技術」を教える師範学校は彼らの創意を示すものであり、共通の知識を同じ仕方で教えることによって教育の平等を全国で実現するものと期待された。もっとも、師範学校は彼らの期待通りには機能せず、短期間で閉鎖された。

他方で、フランス革命が打ち立てた人民主権の原理は、それをわがものにした国民に支えられなければ、みずからを維持し展開することはできない。革命によって生まれた新しい国家には、生まれ変わった国民が不可欠なのだ。人間変革は革命の後退を防ぎ、その真の勝利を実現するための条件であり、その鍵は公教育制度にあるというのが、革命の指導者たちの一致した考えであった。ミラボーは、突然の死(一七九一年四月二日)のために議会に提出できなかった公教育案の草稿で書いている。「諸君は人々の心を憲法の水準に速やかに引き上げ、憲法が事物の状態と習慣のあいだに突然作り出した空隙を埋める手段を求めている。この手段は公教育の優れた制度以外にはない。この制度によって諸君の建設したものは不滅になる。」

この観点からすれば、学校は公教育の一部でしかない。学校は未来の世代を育てるうえでは有効だが、差し迫って必要なのは大人を生まれ変わらせ、統一的な意志をもつ国民にすることである。そのためには、全員に一様で強力な印象を与え、理性よりも感情に働きかけることが重要であり、その場として各種の祭典が重視された。十進法にもとづく新しい度量衡や共和暦も、日々の経験をつうじて革命を定着させるうえで重要な役割を担った。言語の統一は知的な教育の普及の条件であるが、それと同時に憲法や法律をフランス全土に浸透させ、国民的統一を実現するためにも不可欠であった。要するに、全フランス人の生まれ変わりを促進するためにあらゆる機会を活用しなければならないのである。

公教育は理念の面からはこのように位置づけられたが、現実面から見ても、公教育の確立は緊急に解決すべき問題であった。公教育は空白に近い状態にあったからである。一七五〇年代には数百のコレージュがあったが、一七六二年から始まったイエズス会追放によって、その三分の一ほどにあたる一〇〇校あまりが消滅した。学校の空白化は革命の初期にはいっそう加速した。十分の一税の廃止(一七八九年八月一一日)がコレージュの存続に大きな打撃を与えた。聖職者民事基本法によって僧侶は公民としての宣誓が求められ、宣誓を拒否した僧侶は教育から排除された。一七九二年四月にはソルボンヌ大学が廃止され、八月には教育の一翼を担っていたキリスト教修道会が廃止された。「すべてを再建するにはすべてを破壊しなければならない」とミラボーは先の草稿に書いたが、事態はまさにこの方向に進んだ。その結果生み出された学校教育の空白状態は早急に埋められなければならなかった。

二

公教育の確立は革命の指導者たちの重大な関心事だったが、議会における公教育の審議は、オーストリアとの開戦、国王裁判、国民公会からのジロンド派の追放などの差し迫った出来事によってしばしば中断された。しかし三つの議会(立憲議会、立法議会、国民公会)は公教育委員会を設置して公教育制度の確立に取り組んだし、三つの憲法(一七九一年憲法、ジャコバン派の一七九三年憲法、テルミドール派の共和国三年憲法)のいずれも、公教育にかんする条項を含んでいる。革命の教育的使命という表象は、権力の変転を超えて、革命期の政治家たちをとらえつづけたのである。

しかしこのことは、彼らの公教育にかんする意見が一致していたということを意味するのではない。公教育が新しい国民の育成に不可欠だという点では、彼らの意見は一致した。そのための教育が過去を払拭した根本的に新しい公教育でなければならないという点でも、彼らの意見は一致していた。けれども、新しい国民とはいかなる存在であるべきなのか、また新しい国民を作るにはどのような教育が必要なのかという点に議論が進むと、一致は崩れてしまう。いかなる方向で新しい社会的結合を構想するか、社会的結合を支える個人はいかなる存在であるべきかをめぐって、鋭い対立があらわになるのである。公教育は革命の賭金であると同時に、あるべき人間と社会にかんする構想が闘う場であった。

とりわけ鋭く対立したのは、社会的結合を、理性にもとづけて知的な公教育を主張する立場と美徳＝祖国愛にもとづけて国民の徳育を主張する立場であった。

前者の立場を代表したのはコンドルセである。公教育の目的は、各個人が生来の能力を伸ばし、自分の生業を完成し、その権利と義務を認識し行使できるようにすることにある。だから、教育は普遍的で平等に与えられるものでなければならない。さらにそのためには無償であることが必要である。社会的結合についていえば、真の社会的結合は自由で独立した個人が自己の理性にもとづいて行なう結合でなければならない。祖国を愛し法を守ることは市民の義務だが、これらの義務は超越的な義務ではなく、各人の理性的な批判能力にもとづくものでなければならない。憲法も人権宣言も「崇拝し信じるべく天上から下された書として提示され」(一八ページ)てはならないのである。こうしてコンドルセは理性的な批判能力をもつ市民を育てる知的な公教育を主張する。コンドルセは数学と物理学の教育を重視するが、それは、これらの知識が実用に役立つということだけでなく、それ以上にこれらが分析的で批判的な能力を育てると考えたからである。さらにこの目的のためには、教育は宗教的権力からはもちろんのこと、革命権力からも可能なかぎり独立していなければならない。理性をはぐくむ教育が行き渡れば、知識の不平等とそれにもとづく依存は解消され、平等が実現されるだろう。各人はみずからの理性的判断にもとづいて、祖国を愛し、法を守る真に自由な市民になるだろう。その時が来れば、公教育制度そのものも無用になるだろう、とコンドルセは公教育案を結んでいる。

コンドルセ案は保守派からも急進派からも批判を受けた。保守派からはその反宗教性が批判され、急進派からは知育偏重でエリート主義的だと批判された。とくに、教育の権力からの独立とそれを保証するものとして提案された国立学術院は、旧体制下の特権団体であるアカデミーの復活の試みだとして批判された。しかしコンドルセ案は、民主的社会における教育と文化について考え抜かれた内容を含んでおり、その緻密さ、包括性、近代性、一貫性によって、革命期に提出された他の教育案をはるかに凌駕するものであった。

三

コンドルセ案が提案されたものの、審議もされずに終わってから八カ月後の一七九二年一二月二〇日に、ロムが公教育案を報告した。ロム案はコンドルセ案をもとにしながら、知育も徳育もそれだけが切り離されればよい結果を生まないとして、両者の結合を強調するものだった。ロム案が提出された時期は国王裁判の真只中であり、国王に変わる新しい統合の中心のもとに国民を結集することが緊急の課題になった時期であった。新しい統合のイデオロギーを作り出し、国民に浸透させることに成功しなければ、生まれたばかりの共和国は瓦解するであろう。こうした状況のもとで、社会的結合を美徳=祖国愛にもとづける主張がコンドルセ案とロム案の批判として登場する。状況からして、この主張が優位を占めるのは必然であった。

翌日演壇に立ったラボー・サン=テチエンヌは、さらに歩を進めて徳育を優先させるべきだと主張する。知育は優れた知性を生むことによって社会の輝きを示すが、徳育は国民をはぐくみ社会に安定と力をもたらすからである。さらに知育は未来の世代においてはじめて実を結ぶが、われわれが必要としているのは、現在の世代の習俗を一挙に変革することであり、そのために徳育を優先させなければならない。知育と徳育は姉妹だが、徳育が姉なのである。

ルペルティエはスパルタの模範にしたがって、平等主義的で国家主義的な国民教育を主張した。五歳から一二歳までのすべての子供は「国民学寮」に入る。国民学寮では読み書き計算が教えられるが、とくに重視されたのは体育である。さらに、平等、祖国愛、規律、労働の習慣といった共和国市民の備えるべき美徳が徹底的に教え込まれる。「共和主義の鋳型」である国民学寮を出るときには、子供たちはこれらの美徳を完全に身につけ、立派な共和国市民になるはずだというのが、ルペルティエの主張である。

同じように祖国愛を教育の中心に据えながら、ブーキエはルペルティエ案とは対照的な教育案を提出した。その要点は公教育の中心を学校から民衆協会に移すこと、勝利した革命的実践を教育のモデルとすることであった。「革命自体が公教育を組織し、とくに教育の汲み尽くせぬ泉をいたるところに配置した」(二二四ページ)からである。ブーキエ案の特徴は、「自由な国民には……思弁的な学者のカーストは要らない」(二二一―二二二ページ)という強烈な反知性主義、反エリート主義であった。徳育は全員の道徳的一致を目指すものだから、徳育が強調されるにつれて、人々のあいだに差異を生み出すおそれのあるものは排除されることになる。こうして知育は疑惑の目で見られることになるのである。知育は能力の不平等を拡大させ、エゴイズムを助長することによって、全員一致を崩壊させるというのである。

こうして国民の徳育が公教育の中心に据えられるが、ルペルティエの国民学寮は財政的にも不可能だったから、徳育の場は一方では社会に、他方では祖国愛を育てるための教科書の配布に置かれた。前者については、市長に引率されて労働者の働いているさまを見学するとか、民衆協会に行って父親たちの議論を聞くとかいったことが、その内容だった。旬日祭や各種の祭典も有力な徳育の場として活用された。後者については、『英雄的市民行動選』といったパンフレットが作成され配布された。共和暦も重要な武器であった。

こうしてモンターニュ派の独裁のもとで、公教育はイデオロギー偏重になった。しかしこの時期の教育はまったく不毛だったわけではない。一七九四年二月、公安委員会は「硝石を精製し、火薬を製造し、大砲を製造し切削する技術のための革命的講義」を行なうことを決定した。これは三週間の講義で、武器製造の技術者を速成して、武器と職人の不足に対処しようとするものだった。モンジュ、ベルトレ、フルクロワといった一流の科学者が、全国から集められた約一〇〇〇人の頑健で能力のある市民に講義を行なった。これは理論と実践を結びつける試みであり、大きな成功を収めた。この教育方式はエコール・ド・マルス、理工科学校、国立工芸院、師範学校で採用された。それは、教授が十年一日のごとく同じ講義を毎年くりかえし、学生はそれを筆記するという、旧来の教育を根本的に変える試みであった。

テルミドール派は、恐怖政治を終わらせることがみずからの教育的使命だと考えた。しかしどのようにして終わらせるのか。恐怖政治は無知な民衆の支持によって力を得たのだから、その再来を防ぐ方策は、理性を社会に根づかせ、啓蒙された世論を育成することにある。しかしすべての国民を一挙に教育することは、現状では不可能である。デステュット・ド・トラシーによれば、文明社会には労働者階級と学識階級の二つの階級が存在する。労働者階級には労働以外に生きる手立てがないから、教育に多くの時間を割くことはできない。だから教育に時間を割く余裕のある学識階級の教育を優先させ、学識階級をつうじて労働者階級のあいだに健全な知識が広まり、啓蒙された世論が形成されるようにしなければならない。民衆に「理性の習慣」を根づかせる方策は、上から下へという回路に求められるのである。こうして公教育の重心は初等教育からエリートの教育に移される。カバニスはボナパルトのクーデタのさいに、「すべては人民のために人民の名においてなされなければならない。しかし何事も人民によって直接に、その無思慮な指図によってなされてはならない」と述べたが、この主張は政治だけにかかわる言説ではなかった。それは、公教育のあり方にもかかわる言説であった。

四

公教育を論じることは、あるべき社会、あるべき人間を論じることであったから、議論はそれだけいっそう理念主義的、原理主義的になった。そのうえ、社会は自己自身のみにもとづいてすべてを決定できるというのが、革命家たちの社会にかんする表象だったから、教育にかんしても社会がすべてを決定することができる、と考えられた。社会が決定しさえすれば、子供の教育を家庭から国民学寮に移すこともできるし、学校から民衆協会に移すこともできる。他方で、革命家たちは教育に人間変革をもたらす無限の力を賦与した。しかし教育にかんしてすべてが可能であり、教育によってすべてが可能になるという確信は、公教育の現実的な組織化を進めるうえでは肯定的な結果をもたらさなかった。議論は錯綜し、すべてが可能であるがゆえに、すべてが論じ尽くされねばならないかのようであった。

その結果、革命期の公教育論争は熱心に展開された議論に見合うほどの現実的成果を生み出さなかった。革命の最初の五年間は公教育にかんする議論がつづいただけであり、次の五年間にはもっと真面目な試みがなされたが、それは「学校教育の深刻な低下以外の結果を生まなかった」(A. Duruy, *L'Instruction publique et la Révolution*, Paris, 1879, p. 360)という評価は、成果の面から見れば、妥当である。しかしそれは、提案につぐ提案をつうじて、国民的統一において教育の果たす役割、教育と権力の関係、民主政と教育の関係、知的教育と道徳教育の関係など、近代社会における教育の基本的な問題の存在をこのうえなく尖鋭に提起した。公教育論争はフランス革命における思想的展開に光を投げかけると同時に、教育にかかわる根本的な問題をわれわれに提起している。

五

訳語にかんして、二つのことを記しておきたい。

一つは instruction と éducation の区別である。両者が明確に区別され、対立的に用いられている場合には、前者を知育、後者を徳育とした。

もう一つ苦労したのは art の訳語である。この時代においては art という語の覆う範囲はきわめて広く、手で物を作る術から天文、算術、音楽、美術などの頭を使う術を含んでいる。これまで、この語には工芸、技芸、技術などの訳語があてられてきたが、本書では基本的に技術とした。工芸には、たとえば工芸品という語に見られるような芸術的なニュアンスが含まれており、そぐわないと考えたからである。今日では、技術といえば科学にもとづく工学的技術を思い浮かべがちだが、ここでは職人的な技をも含むもっと広い意味で理解していただきたい。また訳語の統一という点では問題があるが、文脈を考えて、たとえば農業と対照されているような場合には工芸、もっと広い意味で用いられていると考えられる場合には技芸と訳した箇所もある。

翻訳にあたっては、凡例に記したように、使用したテキストのほかにB. BaczkoとD. Juliaの書物を参照した。Baczkoの書物は訳註をつけるうえで、Juliaの書物は年表を作成するうえで有益であった。

すでに邦訳ないし抄訳のあるものについては、コンドルセ『革命議会における教育計画』(渡辺誠訳、岩波文庫、一九四九年)、河野健二編『資料 フランス革命』(岩波書店、一九八九年)の該当箇所を参照し、大いに参考にさせていただいた。訳者の方々にお礼を申し上げる。また、巻末に付した地図は河野編の同書に拠った。

二〇〇二年一月一四日

阪 上 孝

人物略伝

グレゴワール(Grégoire, Henri Baptiste, 1750-1831)　農民の子として生まれ，ナンシーのイエズス会のコレージュで学ぶ．ナンシー教区の僧侶身分代表として三部会議員に選出され，貴族と教会の特権の廃止を主張し，僧侶民事基本法を支持するなど，革命支持の僧侶の中心として活躍した．また，「黒人友の会」代表として奴隷制の廃止を要求し，ユダヤ人の解放を主張して，人種差別撤廃の運動でも活躍した．テルミドール期には，国立学術院会員として「イデオローグ」とともに活動し，恐怖政治期の文化財破壊(ヴァンダリスム)を強く批判した．国立工芸院の設立はその一環である．ミッテラン政権のもとで挙行されたフランス革命200周年記念行事のさいに，人種差別撤廃にかんする功績によってパンテオンに祀られた．

コンドルセ(Condorcet, Marie Jean Antoine Nicolas de Caritat, marquis de, 1743-94)　フランス北東部の農村の貴族の家に生まれ，22歳で書いた「積分論」がダランベールの称賛を受けて数学者として名をなし，科学アカデミー会員になった．財務総監のテュルゴのもとで造幣局総監を務める一方，社会科学を科学として確立する方法論に情熱を傾けた．1789年には「憲法友の会」や「黒人友の会」に属し，翌90年にはシエースらと協力して「1789年協会」を結成して，合理的な政治の確立に力を注いだ．立法

議会においては公教育委員会の中心メンバーとして，公教育案をまとめ，国民公会においては，共和政にふさわしい憲法を制定するための憲法制定委員会で新しい憲法の作成に中心的な役割を果たした．1793年5月末から6月初め，パリの民衆は国民公会を包囲し，29人のジロンド派議員を逮捕した．コンドルセはこの不法な実力行使とそれを煽動したモンターニュ派を激しく非難し，それがもとで7月8日にコンドルセにたいする逮捕状が出された．この時から，コンドルセは逮捕を逃れて潜伏を余儀なくされ，翌年3月28日パリ郊外の小村で逮捕，翌29日，村の牢獄で自殺した．逃亡中に執筆した『人間精神進歩の歴史の素描』は，最後の啓蒙哲学者の遺言ともいうべき書である．フランス革命200周年記念行事のさいに，公教育と女性解放にかんする功績によりパンテオンに祀られた．

デステュット・ド・トラシー(Destutt de Tracy, Antoine Louis Claude, comte, 1754-1836)　パリの軍人の家に生まれ，三部会に貴族代表として選出された．恐怖政治期に投獄されたが，テルミドール政変により釈放されて国立学術院会員に選ばれ，非宗教的で合理主義的な公教育制度の確立に活躍した．コンディヤックの感覚論を基礎とする「観念学」(イデオロジー)を提唱し，「イデオローグ」を代表する人物になった．

ドーヌー(Daunou, Pierre Claude François, 1761-1840)　外科医の家に生まれ，オラトワール派の学校に学び，1790年にパリ司教区の副司祭になった．公教育委員会では，コンドルセ案を支持したが，ジロンド派として93年6月に

告発され，同年10月に投獄された．テルミドール政変により釈放された後，公教育案をまとめ，国立学術院の設立に力を注いだ．

バレール(Barère, Bertrand, 1755-1841)　タルブの名門の家に生まれ，ツールーズ高等法院の弁護士となり，三部会の第三身分の代表に選ばれた．革命期には急進化の度を強め，モンターニュ派として活躍した．彼が国民公会の演壇に登場しない日はないといわれるほど，多くの法令，決定に関与した．ロベスピエール失脚のさいには反ロベスピエール派に協力したが，95年に逮捕され，流刑の宣告を受けた．

ブーキエ(Bouquier, Gabriel, 1739-1810)　ブリーヴのコレージュで絵画を学び，三部会に提出するテラソンの第三身分の陳情書の作成にたずさわった．ドルドーニュ県から国民公会議員に選出され，国王裁判で国王の死刑に賛成したが，あまり目立った活躍はしていない．テルミドール政変後は政治生活から退いた．

フルクロワ(Fourcroy, Antoine François, comte de, 1755-1809)　薬剤師の家に生まれ，ヴィック・ダジールのもとで医学を学ぶが，化学に興味を抱き，化学用語の確定にかんしてラヴォアジェに協力し，科学アカデミー会員に選出された．国民公会の補欠選挙で議員に選ばれ，ジャコバン派として活躍した．とくに共和国防衛のための硝石・火薬の製造で重要な役割を演じ，テルミドール政変後は理工科学校，医学校の設立を提案した．

ラカナル(Lakanal, Joseph, 1762-1845)　キリスト教教育修道会の一員で，僧侶民事基本法のもとで立憲派副司教とな

る．アリエージュ県から国民公会議員に選出され，国王裁判においては国王の死刑に賛成した．ラカナルの活躍の舞台は公教育委員会で，師範学校，中央学校の設立のほか，著作権法や東洋語学校の設立など，教育・文化にかかわる多くの法令の制定に力を尽くした．王政復古後，アメリカに亡命したが，7月革命後にアカデミー会員に選ばれ，1837年に帰国した．

ラボー・サン＝テチエンヌ(Rabaut Saint-Etienne, Jean-Paul, 1743-93)　南仏ニームのプロテスタント派の牧師の家に生まれ，ローザンヌの神学校に学んだ．ニームで牧師になり，ニームの僧侶身分代表として三部会議員に選ばれた．1792年9月には国民公会議員に選出され，ジロンド派に属したが，93年5月末のパリ民衆の国民公会包囲のさいに陰謀者として逮捕状が出され，同年12月パリ近郊で逮捕され，処刑された．

ルペルティエ(Lepeletier, Louis Michel, marquis de Saint-Fargeau, 1760-93)　法服貴族の家に生まれ，革命前にはパリ高等法院のモルチエ部長を務め，パリの貴族代表として三部会議員に選ばれた．立憲議会では貴族の称号廃止を主張し，国王裁判では国王の死刑に賛成した．1793年1月20日，つまりルイ十六世の処刑前日に，王党派によって暗殺された．

ロム(Romme, Charles Gilbert, 1750-95)　オーベルニュ地方の検事の家に生まれ，オラトリオ派のコレージュで学ぶ．数学に才能を示し，パリに出て医学を学ぶ．1779年にロシアのストロガノフ公の息子の家庭教師になり，5年間を

ロシアで過ごす．89 年にパリに帰り，91 年に立法議会議員に選ばれ，ジャコバン派に属した．公教育委員会では知育と徳育を結びつける教育案をまとめるとともに，共和暦の制定に努めた．テルミドール政変後，95 年 5 月の民衆蜂起に加わり，逮捕され自殺した．

年　表

1762		ルソー『エミール』
1763		ラシャロテー『国民教育試論』
1764		イエズス会の解散を命じる王令
1789	7. 9	立憲議会成立
	8. 4	封建制の廃止
	8.26	人間と市民の権利の宣言
1790	5.10	度量衡委員会設置
	10	立法議会，憲法委員会に教育案作成を命じる
1791	2	コンドルセ『公教育についての5つの覚書』
	9.10	タレイラン，立憲議会で公教育について報告
	10. 1	立法議会召集
	10.14	立法議会，公教育委員会を設置
	11.25	公教育委員会，タレイラン案を否決
1792	1.30	コンドルセ，公教育案を公教育委員会に提出
	4. 5	ソルボンヌ大学廃止
	4.20	対オーストリア宣戦布告，コンドルセ，議会で公教育案を報告
	8.10	国王の権利停止(8月10日の革命)
	8.18	教会施設における公教育を禁止
	9.21	王政廃止
	9.22	共和国宣言，共和国第1年となる
	10. 2	国民公会，公教育委員会を設置
	10.17	公教育委員会，コンドルセ案を修正可決
	12. 4	国王裁判開始
	12.12	ラントナス，国民公会で初等学校設置案を報告
	12.20	ロム，公教育にかんする報告

	12. 21	ラボー・サン＝テチエンヌ，国民教育案を演説
1793	1. 21	国王処刑
	5. 31	パリの民衆，国民公会を包囲
	6. 2	ジロンド派議員 29 人の逮捕
	6. 24	1793 年憲法採択
	6. 26	ラカナル，国民教育法案を国民公会に提出
	7. 13	マラー暗殺，ロベスピエール，ルペルティエの「国民教育案」を国民公会で朗読
	8. 1	十進法による度量衡法の制定
	8. 8	グレゴワールの報告にもとづき，アカデミー廃止
	8. 13	国民公会，ルペルティエ案を修正採択
	9. 20	ロム，共和暦を提案
	10. 5	共和暦採択
	10. 21	初等教育にかんする法令の審議と採択(〜10. 30)
	11. 24	ファーブル・デグランティーヌの提案にもとづく共和暦発布
	12. 19	国民公会，ブーキエの公教育にかんする法令を採択
1794	1. 23	初等教育教科書のコンクール始まる
	1. 27	バレール，フランス語の教育にかんする報告
	2. 19	「硝石の精製などにかんする革命的講義」開始
	3. 11	バレール，国民公会に公共事業中央学校設立を提案
	3. 28	コンドルセ，パリ郊外の小村で逮捕され，翌日自殺
	4. 13	ブーキエ，最高段階の教育についての報告
	6. 1	バレールの報告にもとづき，技術将校速成のためのエコール・ド・マルス設置
	6. 4	グレゴワール，方言とフランス語にかんする報告
	7. 27	ロベスピエール派の逮捕
	9. 28	フルクロワの提案にもとづき，公共事業中央学校設立
	10. 10	グレゴワールの提案にもとづき，国立工芸院設立
	10. 30	ラカナルの提案にもとづき，師範学校の設立を可決

	11. 17	ブーキエの初等学校にかんする法令を廃止し，新たに初等学校法を制定
	12. 4	パリ，ストラスブール，モンペリエに医学校設立
	12. 16	ラカナル，中央学校設立にかんする報告
1795	2. 25	中央学校設立案採択
	3. 30	東洋語学校設立
	5. 19	師範学校閉鎖
	6. 23	ボワシー・ダングラス，憲法草案についての演説
	8. 22	共和国3年憲法採択
	9. 1	公共事業中央学校を理工科学校と改称
	10. 15	ドーヌー，公教育にかんする報告
	10. 25	公教育組織にかんする法令(ドーヌー法)採択，国立学術院設立
	10. 26	国民公会解散
	10. 28	総裁政府体制発足
	11. 5	ラカナル，初等教育教科書のコンクールにかんして，五百人会に報告
1798	10–11	五百人会で中央学校にかんする論争
1799	5	中央学校にかんする調査
	11. 9	ボナパルトのクーデタ
	11. 10	執政(ボナパルト，シエース，デュコ)の任命，執政政府成立
1800	2	公教育評議会，中央学校の教育にかんする調査報告
1801		デステュット・ド・トラシー「現在の公教育制度についての観察」
1805		中央学校廃止

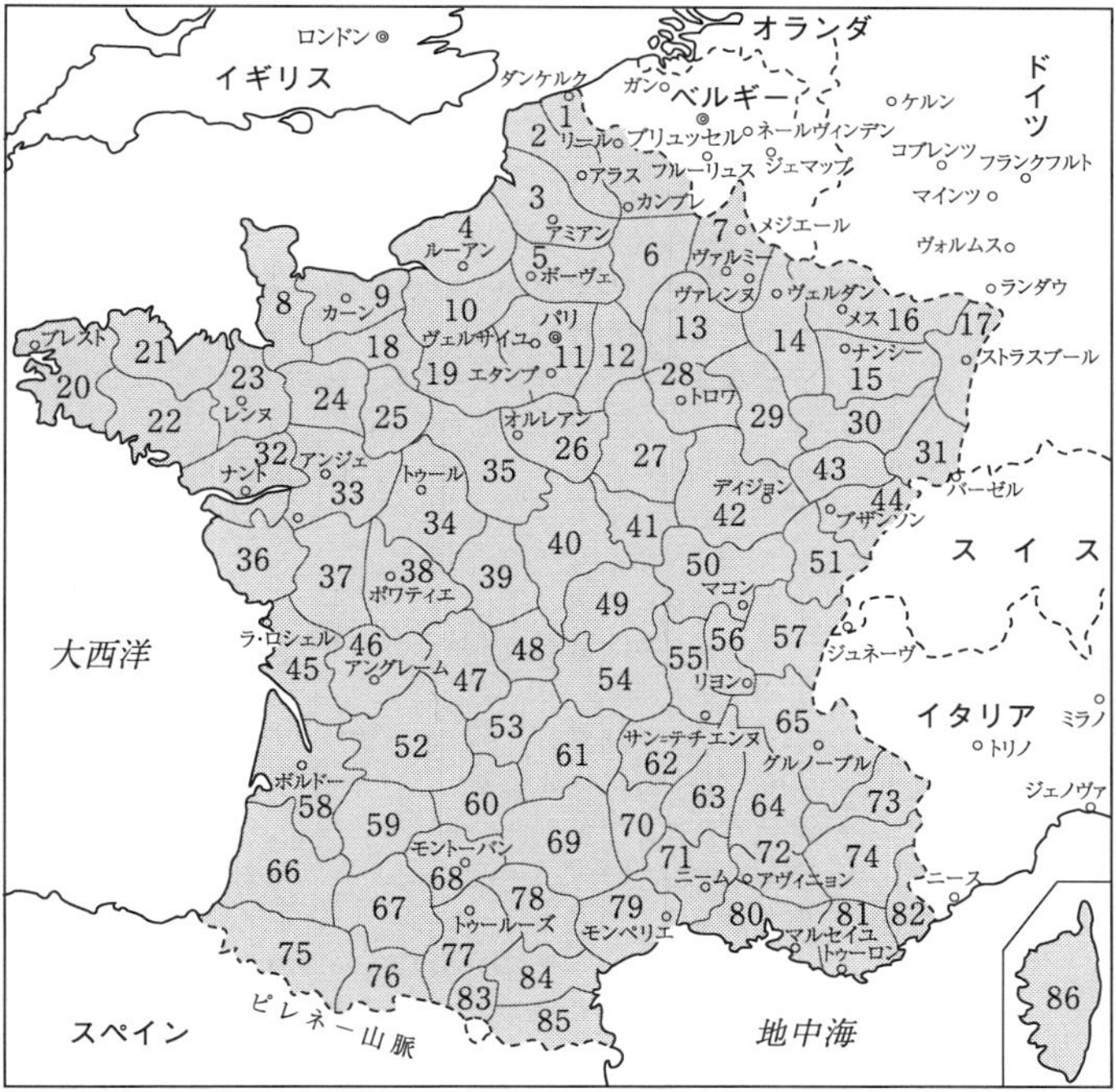

県名

アヴェロン……………………………69
アリエ…………………………………49
アリエージュ…………………………83
アルデーシュ…………………………63
アルデンヌ…………………………… 7
アリプ＝マリチーム…………………82
アン……………………………………57
アンドル………………………………39
アンドル＝エ＝ロワール……………34
イゼール………………………………65
イル＝エ＝ヴィレーヌ………………23
ヴァール………………………………81

フランス革命期《かくめいき》の公教育論《こうきよういくろん》　コンドルセ他著

2002年1月30日　第1刷発行
2022年5月13日　第2刷発行

編訳者　阪上《さかがみ》　孝《たかし》

発行者　坂本政謙

発行所　株式会社 岩波書店
〒101-8002 東京都千代田区一ツ橋2-5-5

電　話　案内 03-5210-4000　営業部 03-5210-4111
文庫編集部 03-5210-4051
https://www.iwanami.co.jp/

印刷・三秀舎　カバー・精興社　製本・中永製本

ISBN 4-00-337011-2　　Printed in Japan

読書子に寄す

——岩波文庫発刊に際して——

岩波茂雄

真理は万人によって求められることを自ら欲し、芸術は万人によって愛されることを自ら望む。かつては民を愚昧ならしめるために学芸が最も狭き堂宇に閉鎖されたことがあった。今や知識と美とを特権階級の独占より奪い返すことはつねに進取的なる民衆の切実なる要求である。岩波文庫はこの要求に応じそれに励まされて生まれた。それは生命ある不朽の書を少数者の書斎と研究室とより解放して街頭にくまなく立たしめ民衆に伍せしめるであろう。近時大量生産予約出版の流行を見る。その広告宣伝の狂態はしばらくおくも、後代にのこすと誇称する全集がその編集に万全の用意をなしたるか。千古の典籍の翻訳企図に敬虔の態度を欠かざりしか。さらに分売を許さず読者を繫縛して数十冊を強うるがごとき、はたしてその揚言する学芸解放のゆえんなりや。吾人は天下の名士の声に和してこれを推挙するに躊躇するものである。このときにあたって、岩波書店は自己の責務のいよいよ重大なるを思い、従来の方針の徹底を期するため、すでに十数年以前より志して来た計画を慎重審議この際断然実行することにした。吾人は範をかのレクラム文庫にとり、古今東西にわたって文芸・哲学・社会科学・自然科学等種類のいかんを問わず、いやしくも万人の必読すべき真に古典的価値ある書をきわめて簡易なる形式において逐次刊行し、あらゆる人間に須要なる生活向上の資料、生活批判の原理を提供せんと欲する。この文庫は予約出版の方法を排したるがゆえに、読者は自己の欲する時に自己の欲する書物を各個に自由に選択することができる。携帯に便にして価格の低きを最主とするがゆえに、外観を顧みざるも内容に至っては厳選最も力を尽くし、従来の岩波出版物の特色をますます発揮せしめようとする。この計画たるや世間の一時の投機的なるものと異なり、永遠の事業として吾人は微力を傾倒し、あらゆる犠牲を忍んで今後永久に継続発展せしめ、もって文庫の使命を遺憾なく果たさしめることを期する。芸術を愛し知識を求むる士の自ら進んでこの挙に参加し、希望と忠言とを寄せられることは吾人の熱望するところである。その性質上経済的には最も困難多きこの事業にあえて当たらんとする吾人の志を諒として、その達成のため世の読書子とのうるわしき共同を期待する。

昭和二年七月

《ドイツ文学》〔赤〕

ニーベルンゲンの歌 全二冊 相良守峯訳
若きウェルテルの悩み ゲーテ 竹山道雄訳
ヴィルヘルム・マイスターの修業時代 全三冊 ゲーテ 山崎章甫訳
イタリア紀行 全三冊 ゲーテ 相良守峯訳
ファウスト 全二冊 ゲーテ 相良守峯訳
ゲーテとの対話 全三冊 エッカーマン 山下肇訳
スペインの太子 ドン・カルロス シルレル 佐藤通次訳
改訳 オルレアンの少女 シルレル 佐藤通次訳
ヒュペーリオン —希臘の世捨人 ヘルデルリーン 渡辺格司訳
青い花 ノヴァーリス 青山隆夫訳
夜の讃歌・サイスの弟子たち 他一篇 ノヴァーリス 今泉文子訳
完訳 グリム童話集 全五冊 金田鬼一訳
黄金の壺 ホフマン 神品芳夫訳
ホフマン短篇集 池内紀編訳
O侯爵夫人 他六篇 クライスト 相良守峯訳
影をなくした男 シャミッソー 池内紀訳

流刑の神々・精霊物語 ハイネ 小沢俊夫訳
冬物語 —ドイツ ハイネ 井汲越次訳
芸術と革命 他四篇 ワーグナー 北村義男訳
ブリギッタ・森の泉 他一篇 シュティフター 宇多五郎 高安国世訳
みずうみ 他四篇 シュトルム 関泰祐訳
村のロメオとユリア ケラー 草間平作訳
沈鐘 ハウプトマン 阿部六郎訳
地霊・パンドラの箱 ルル二部作 F・ヴェデキント 岩淵達治訳
春のめざめ F・ヴェデキント 酒寄進一訳
ゲオルゲ詩集 手塚富雄訳
花・死人に口なし 他七篇 シュニッツラー 番匠谷英一 山本有三訳
リルケ詩集 高安国世訳
ドゥイノの悲歌 リルケ 手塚富雄訳
ブッデンブローク家の人びと 全三冊 トーマス・マン 望月市恵訳
トオマス・マン短篇集 実吉捷郎訳
魔の山 全二冊 トーマス・マン 関泰祐 望月市恵訳
トニオ・クレエゲル トオマス・マン 実吉捷郎訳

ヴェニスに死す トオマス・マン 実吉捷郎訳
車輪の下 ヘルマン・ヘッセ 実吉捷郎訳
青春はうるわし 他三篇 ヘッセ 関泰祐訳
漂泊《クヌルプ》の魂 ヘルマン・ヘッセ 相良守峯訳
デミアン ヘルマン・ヘッセ 実吉捷郎訳
シッダルタ ヘッセ 手塚富雄訳
ルーマニア日記 カロッサ 高橋健二訳
若き日の変転 カロッサ 斎藤栄治訳
幼年時代 カロッサ 斎藤栄治訳
指導と信従 カロッサ 国松孝二訳
ジョゼフ・フーシェ —ある政治的人間の肖像 シュテファン・ツワイク 高橋禎二 秋山英夫訳
変身・断食芸人 カフカ 山下肇 山下萬里訳
審判 カフカ 辻瑆訳
カフカ短篇集 池内紀編訳
カフカ寓話集 池内紀編訳
三文オペラ ブレヒト 岩淵達治訳
肝っ玉おっ母とその子どもたち ブレヒト 岩淵達治訳

ドイツ炉辺ばなし集 —カレンダーゲシヒテン　ヘーベル　木下康光編訳
悪童物語　ルウドキヒ・トオマ　実吉捷郎訳
ウィーン世紀末文学選　池内紀編訳
ティル・オイレンシュピーゲルの愉快ないたずら　阿部謹也訳
大理石像・デュランデ城悲歌　アイヒェンドルフ　関泰祐訳
チャンドス卿の手紙 他十篇　ホフマンスタール　檜山哲彦訳
ホフマンスタール詩集　川村二郎訳
インド紀行 全二冊　ボンゼルス　実吉捷郎訳
ドイツ名詩選　生野幸吉・檜山哲彦編
蝶の生活　シュナック　岡田朝雄訳
聖なる酔っぱらいの伝説 他四篇　ヨーゼフ・ロート　池内紀訳
ラデツキー行進曲 全二冊　ヨーゼフ・ロート　平田達治訳
暴力批判論 他十篇 —ベンヤミンの仕事1　ベンヤミン　野村修編訳
ボードレール 他五篇 —ベンヤミンの仕事2　ベンヤミン　野村修編訳
パサージュ論 全五冊　ヴァルター・ベンヤミン　今村仁司・三島憲一　大貫敦子・高橋順一　塚原史・細見和之　村岡晋一・山本尤　横張誠・與謝野文子　吉村和明訳
ジャクリーヌと日本人　ヤーコプ　相良守峯訳
人生処方詩集　エーリヒ・ケストナー　小松太郎訳

第七の十字架 全二冊　アンナ・ゼーガース　山下肇・新村浩訳

《フランス文学》〔赤〕

ロランの歌　有永弘人訳
ラブレー第一之書 ガルガンチュワ物語　渡辺一夫訳
ラブレー第二之書 パンタグリュエル物語　渡辺一夫訳
ラブレー第三之書 パンタグリュエル物語　渡辺一夫訳
ラブレー第四之書 パンタグリュエル物語　渡辺一夫訳
ラブレー第五之書 パンタグリュエル物語　渡辺一夫訳
ピエール・パトラン先生　渡辺一夫訳
日月両世界旅行記　シラノ・ド・ベルジュラック　赤木昭三訳
ロンサール詩集　ロンサール　井上究一郎訳
エセー 全六冊　モンテーニュ　原二郎訳
ラ・ロシュフコー箴言集　二宮フサ訳
ブリタニキュス ベレニス　ラシーヌ　渡辺守章訳
ドン・ジュアン —石像の宴　モリエール　鈴木力衛訳
完訳 ペロー童話集　新倉朗子訳
カンディード 他五篇　ヴォルテール　植田祐次訳

哲学書簡　ヴォルテール　林達夫訳
ルイ十四世の世紀 全四冊　ヴォルテール　丸山熊雄訳
フィガロの結婚　ボオマルシェエ　辰野隆訳
美味礼讃 全二冊　ブリア-サヴァラン　関根秀雄・戸部松実訳
アドルフ　コンスタン　大塚幸男訳
近代人の自由と古代人の自由・征服の精神と簒奪 他一篇　コンスタン　堤林剣・堤林恵訳
恋愛論 全二冊　スタンダール　杉本圭子訳
赤と黒 全二冊　スタンダール　桑原武夫・生島遼一訳
ゴプセック・毬打つ猫の店　バルザック　芳川泰久訳
艶笑滑稽譚 全三冊　バルザック　石井晴一訳
レ・ミゼラブル 全四冊　ユーゴー　豊島与志雄訳
死刑囚最後の日　ユーゴー　豊島与志雄訳
ライン河幻想紀行　ユーゴー　榊原晃三編訳
ノートル=ダム・ド・パリ 全二冊　ユーゴー　辻昶・松下和則訳
モンテ・クリスト伯 全七冊　アレクサンドル・デュマ　山内義雄訳
三銃士 全二冊　デュマ　生島遼一訳
エトルリヤの壺 他五篇　メリメ　杉捷夫訳

カルメン　メリメ　杉捷夫訳
愛の妖精（プチット・ファデット）　ジョルジュ・サンド　宮崎嶺雄訳
ボヴァリー夫人 全二冊　フローベール　伊吹武彦訳
感情教育 全二冊　フローベール　生島遼一訳
紋切型辞典　フローベール　小倉孝誠訳
サラムボー 全二冊　フローベール　中條屋進訳
未来のイヴ 全二冊　ヴィリエ・ド・リラダン　渡辺一夫訳
風車小屋だより　ドーデー　桜田佐訳
月曜物語　ドーデー　桜田佐訳
サフォ　パリ風俗　ドーデー　朝倉季雄訳
プチ・ショーズ　—ある少年の物語　ドーデ　原千代海訳
少年少女　アナトール・フランス　三好達治訳
神々は渇く　アナトール・フランス　大塚幸男訳
テレーズ・ラカン 全二冊　エミール・ゾラ　小林正訳
ジェルミナール 全三冊　エミール・ゾラ　安士正夫訳
獣人 全二冊　エミール・ゾラ　川口篤訳
制作 全二冊　エミール・ゾラ　清水正和訳

水車小屋攻撃 他七篇　エミール・ゾラ　朝比奈弘治訳
氷島の漁夫　ピエール・ロチ　吉氷清訳
マラルメ詩集　渡辺守章訳
脂肪のかたまり　モーパッサン　高山鉄男訳
メゾンテリエ 他三篇　モーパッサン　河盛好蔵訳
モーパッサン短篇選　高山鉄男編訳
わたしたちの心　モーパッサン　笠間直穂子訳
地獄の季節　ランボオ　小林秀雄訳
対訳 ランボー詩集　—フランス詩人選(1)　中地義和編
にんじん　ルナアル　岸田国士訳
ぶどう畑のぶどう作り　ルナアル　岸田国士訳
博物誌　ルナール　辻昶訳
ジャン・クリストフ 全四冊　ロマン・ローラン　豊島与志雄訳
トルストイの生涯　ロマン・ロラン　蛯原徳夫訳
ベートーヴェンの生涯　ロマン・ロラン　片山敏彦訳
ミケランジェロの生涯　ロマン・ロラン　高田博厚訳
フランシス・ジャム詩集　手塚伸一訳

三人の乙女たち　フランシス・ジャム　手塚伸一訳
背徳者　アンドレ・ジイド　川口篤訳
法王庁の抜け穴　アンドレ・ジイド　石川淳訳
精神の危機 他十五篇　ポール・ヴァレリー　恒川邦夫訳
若き日の手紙　フィリップ　外山楢夫訳
朝のコント　フィリップ　淀野隆三訳
シラノ・ド・ベルジュラック　ロスタン　辰野隆・鈴木信太郎訳
地底旅行　ジュール・ヴェルヌ　朝比奈弘治訳
八十日間世界一周　ジュール・ヴェルヌ　鈴木啓二訳
海底二万里 全二冊　ジュール・ヴェルヌ　朝比奈美知子訳
結婚十五の歓び　新倉俊一訳
死霊の恋・ポンペイ夜話 他三篇　ゴーチエ　田辺貞之助訳
火の娘たち　ネルヴァル　野崎歓訳
パリの夜　—革命下の民衆　レチフ・ド・ラ・ブルトンヌ　植田祐次編訳
牝猫（めすねこ）　コレット　工藤庸子訳
シェリ　コレット　工藤庸子訳
シェリの最後　コレット　工藤庸子訳

- 生きている過去　レニエ　窪田般彌訳
- ノディエ幻想短篇集　ノディエ　篠田知和基編訳
- フランス短篇傑作選　山田稔編訳
- シュルレアリスム宣言・溶ける魚　アンドレ・ブルトン　巖谷國士訳
- ナジャ　アンドレ・ブルトン　巖谷國士訳
- 不遇なる一天才の手記　ヴォーヴナルグ　関根秀雄訳
- ジェルミニィ・ラセルトゥウ　ゴンクウル兄弟　大西克和訳
- ジュスチーヌまたは美徳の不幸　サド　植田祐次訳
- とどめの一撃　ユルスナール　岩崎力訳
- フランス名詩選　安藤元雄・入沢康夫・渋沢孝輔編
- 繻子の靴　全二冊　ポール・クローデル　渡辺守章訳
- A・O・バルナブース全集　全二冊　ヴァレリー・ラルボー　岩崎力訳
- 悪魔祓い　ル・クレジオ　高山鉄男訳
- 楽しみと日々　プルースト　岩崎力訳
- 失われた時を求めて　全十四冊　プルースト　吉川一義訳
- 子ども　全二冊　ジュール・ヴァレス　朝比奈弘治訳
- シルトの岸辺　ジュリアン・グラック　安藤元雄訳

- 星の王子さま　サン＝テグジュペリ　内藤濯訳
- プレヴェール詩集　小笠原豊樹訳

岩波文庫の最新刊

ジョン・スノウ著／山本太郎訳
コレラの感染様式について
現代の感染症疫学の原点に位置する古典。一九世紀半ば、英国の医師ジョン・スノウがロンドンで起こったコレラ禍の原因を解明する。
〔青九五〇-一〕 **定価八五八円**

森鷗外作
ウィタ・セクスアリス
六歳からの「性欲的生活」を淡々としたユーモアをもって語る。当時の浅草や吉原、また男子寮等の様子も興味深い。没後百年を機に改版、注・解題を新たに付す。
〔緑五-三〕 **定価五二八円**

……今月の重版再開……

ザミャーチン作／川端香男里訳
わ れ ら
定価一〇六七円
〔赤六四五-一〕

高杉一郎著
極光のかげに
―シベリア俘虜記―
定価一〇六七円
〔青一八三-一〕

岩波文庫の最新刊

シェリング著／西川富雄・藤田正勝監訳

学問論

ドイツ観念論の哲学者シェリングが、国家による関与からの大学の自由、哲学を核とした諸学問の有機的な統一を説いた、学問論の古典。
〔青六三一-一〕 **定価一〇六七円**

森鷗外作

大塩平八郎 他三篇

表題作の他、「護持院原の敵討」「堺事件」「安井夫人」の鷗外の歴史小説四篇を収録。詳細な注を付した。（注解・解説＝藤田覚）
〔緑六-一二〕 **定価八一四円**

……今月の重版再開……

十川信介編

藤村文明論集

定価九三五円
〔緑二四-八〕

辻善之助著

田沼時代

定価一〇六七円
〔青一四八-一〕